城市轨道交通职业教育精品教材——运营管理类

城市轨道交通企业班组管理

主 编 ○ 邹 雄　梁晓芳
副主编 ○ 程 翠　胡兴丽

西南交通大学出版社
·成 都·

图书在版编目（CIP）数据

城市轨道交通企业班组管理 / 邹雄，梁晓芳主编．—成都：西南交通大学出版社，2021.1（2024.8 重印）
ISBN 978-7-5643-7882-0

Ⅰ. ①城… Ⅱ. ①邹… ②梁… Ⅲ. ①城市铁路 – 轨道交通 – 班组管理 – 高等职业教育 – 教材 Ⅳ. ①F530.6

中国版本图书馆 CIP 数据核字（2020）第 244571 号

Chengshi Guidao Jiaotong Qiye Banzu Guanli
城市轨道交通企业班组管理

主　编 / 邹　雄　梁晓芳　　　责任编辑 / 罗爱林
　　　　　　　　　　　　　　封面设计 / 何东琳设计工作室

西南交通大学出版社出版发行
（四川省成都市金牛区二环路北一段 111 号西南交通大学创新大厦 21 楼　610031）
发行部电话：028-87600564　028-87600533
网址：http://www.xnjdcbs.com
印刷：成都蜀雅印务有限公司

成品尺寸　185 mm × 260 mm
印张　17　　字数　352 千
版次　2021 年 1 月第 1 版　　印次　2024 年 8 月第 4 次

书号　ISBN 978-7-5643-7882-0
定价　41.00 元

课件咨询电话：028-81435775
图书如有印装质量问题　本社负责退换
版权所有　盗版必究　举报电话：028-87600562

前 言

目前，我国城市轨道交通正处在飞速发展时期。据不完全统计，我国共有70个城市规划了超过700条城市轨道交通线路，总里程超过2.8万千米，而根据交通需求法理论预计，我国远期城市轨道交通仍有约为2.3万千米的需求。城市轨道交通的大规模发展，造成城市轨道交通行业工作人员紧缺，这对担负着该行业主要人才输送任务的职业院校也提出了越来越高的要求。

为了体现以行业为依托的办学标准，依据行动导向的教学理念，本书联合了具有丰富轨道交通岗前培训经验的教师和轨道交通一线工作人员，紧密结合轨道交通现场实际，力求深入浅出、通俗易懂地阐述轨道交通企业班组管理知识，让学生掌握班组管理的基本理论和方法，提高学生班组管理技能。本书通过班组案例分析、班组管理技能讲解等方式再现班组管理情境，使知识与技能相互结合，让学生体验工作环境，尽快掌握工作技能。

本书由重庆公共运输职业学院邹雄、梁晓芳担任主编，由重庆公共运输职业学院程翠、胡兴丽担任副主编。4人均有多年的城市轨道交通行业经验。具体编写分工如下：邹雄负责第一~七章以及附录；梁晓芳负责第八、九章；程翠负责第十章；胡兴丽负责第十一章。邹雄负责全书的结构策划、组织编写和统稿。本书得到了重庆轨道交通集团、贵阳轨道交通集团等单位的大力支持，在此表示衷心感谢。此外，感谢郭倩、王玲玲、王芳梅、冯红艳对本书编写的支持与帮助。

由于时间仓促，加之编者能力有限，本书难免存在不足之处，恳请有关专家、学者提出宝贵意见。

编 者
2020年9月

CONTENTS

目 录

1 认知篇　认识班组与班组长

第一章　认识轨道交通企业班组 ··· 3
　　第一节　认识组织 ··· 4
　　第二节　认识班组 ··· 6
　　第三节　轨道交通企业班组简介 ·· 9

第二章　认识轨道交通企业班组长 ··· 23
　　第一节　认识管理者 ·· 24
　　第二节　认识班组长 ·· 29
　　第三节　轨道交通企业班组长简介 ··· 34

第三章　认识轨道交通企业班组长的选聘 ······································· 42
　　第一节　轨道交通企业员工的职级晋升 ····································· 43
　　第二节　轨道交通企业班组长的选聘 ······································· 52

第四章　认识轨道交通企业组织结构 ··· 61
　　第一节　认识企业 ·· 62
　　第二节　认识组织结构 ·· 65
　　第三节　城市轨道交通企业组织结构 ······································· 67

第五章　认识轨道交通车站作业 ··· 79
　　第一节　车站作业概述 ·· 80
　　第二节　车站组织岗位及其职责 ··· 92

管理篇 如何做好班组管理

第六章 班组劳动管理 ················· 103
第一节 班组劳动管理概述 ············ 104
第二节 班组5S管理 ················· 105
第三节 班组考勤管理 ················ 118
第四节 班组培训管理 ················ 123

第七章 班组安全生产管理 ············· 132
第一节 安全生产管理概述 ············ 133
第二节 轨道交通企业班组安全生产管理 ··· 138

第八章 班组团队建设与管理 ··········· 156
第一节 团队概述 ···················· 157
第二节 轨道交通企业班组团队建设与管理 ··· 163

第九章 班组绩效考核 ················· 177
第一节 绩效考核概述 ················ 178
第二节 轨道交通企业班组绩效考核 ······ 184

第十章 班组沟通与激励 ··············· 196
第一节 班组沟通 ···················· 197
第二节 班组激励 ···················· 210

第十一章 班组会议组织 ··············· 217
第一节 会议概述 ···················· 218
第二节 轨道交通企业班组会议组织 ······ 224

附录一 中华人民共和国安全生产法（部分）··· 232

附录二 生产安全事故报告和调查处理条例 ··· 236

附录三 城市轨道交通运营管理规定（部分）··· 243

附录四 轨道交通运营事故处理规则（修订版）··· 249

附录五 地铁运营公司员工绩效管理办法（部分）··· 260

参考文献 ··························· 265

认识班组与班组长

【篇章导航】

轨道交通企业班组是轨道交通运营企业中最基础的管理单元,是从事城市轨道交通相关生产工作的劳动和管理组织。轨道交通企业班组类别繁多,根据不同工种、不同部门可以分为诸多类型,有从事乘客服务的班组,有从事设备、车辆维修的班组,也有从事调度指挥的班组,等等。轨道交通企业班组分工专业,每个班组都有独特的组织结构与工作职责。轨道交通行业从业者必须要对轨道交通企业班组的组织结构、具体的工作职责、班组长的工作内容等方面有清晰的认识,以为将来的班组工作打下坚实基础。在认知篇中,我们将带领大家认识轨道交通企业班组以及班组长的方方面面。

【篇章目标】

(1)认识轨道交通企业班组的类别、企业组织结构。
(2)了解轨道交通企业班组长的权力与职责。
(3)了解班组长的选聘方式与流程。
(4)了解轨道交通车站作业及岗位职责。

【篇章内容】

第一章 认识轨道交通企业班组
第二章 认识轨道交通企业班组长
第三章 认识轨道交通企业班组长的选聘
第四章 认识轨道交通企业组织结构
第五章 认识轨道交通车站作业

第一章　认识轨道交通企业班组

知识目标

（1）理解组织、班组的概念。
（2）了解组织的构成与分类。
（3）了解班组的特点、作用。
（4）了解典型的轨道交通企业班组。

能力目标

分析一个群体是否是组织与班组。

关键概念

组织、班组、轨道交通企业班组。

知识框架

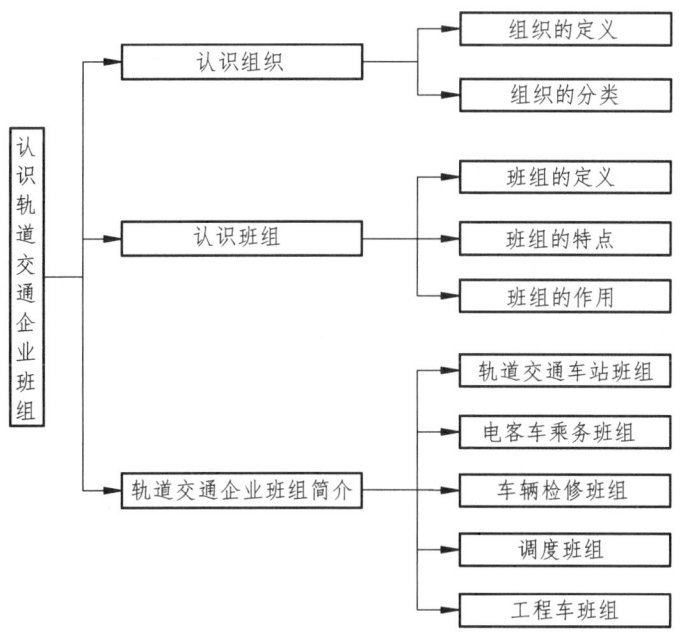

图 1.1　知识框架

第一节　认识组织

一、组织的定义

组织（Organization）是指人们为实现一定的目标，互相协作结合而成的集体或团体，如党团组织、工会组织、企业、军事组织等。

组织是两个以上的人在一起为实现某个共同目标而协同行动的集合体，它是以目的为导向的社会实体，具有特定结构化的活动系统。组织不仅是社会的细胞、社会的基本单元，而且是社会的基础。

【发散思维】

除了书中提到的组织外，想想身边还有哪些组织。

（1）_____

（2）_____

（3）_____

组织是由各子系统组成的一个系统，它具有明确的目标导向和精心设计的结构与有意识协调的活动系统，同时又同外部环境保持密切的联系。

组织必须包含3个共同特征。

1. 人——基本要素

组织必须由两个或两个以上的人组成，这是组织最基本的要素，是具有主观能动性的要素。

2. 共同目标——前提要素

组织必须拥有一个或更多的目的或目标，这是组织存在的理由。

3. 结构分工——载体要素

组织需要具有系统性的结构，用以规范成员的行为，互相协调、沟通。组织成员要有一定的分工，如各个部门、岗位、职责、从属关系等。

【课堂讨论1.1】

组织的判断

一个家庭　　　一个国家　　　轨道交通公司　　　比赛中的对手
一对兄妹　　　一个寝室的室友　共同听演唱会的粉丝　一个班级

以小组为单位进行讨论，以上哪些是组织，哪些不是组织，并将讨论结果写于下方：

（1）_____

（2）_____

（3）_____

二、组织的分类

组织的分类方式有很多种，如按组织规模划分、按分工划分、按职能划分、按地区划分等。本书主要介绍按组织规模和分工划分两种方式。（见图1.2）

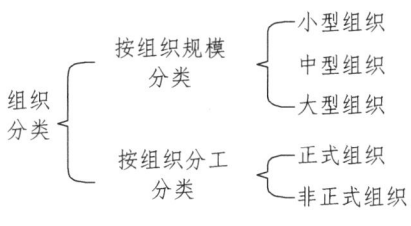

图 1.2　组织分类

（一）按组织规模进行分类

按组织的规模大小分类，组织可分为小型组织、中型组织和大型组织。

比如，同是企业组织，就有小型企业、中型企业和大型企业；同是医院组织，就有个人诊所、小型医院和大型医院；同是行政组织，就有小单位、中等单位和大单位。

按这个标准进行分类具有普遍性，不论何类组织都可以做这种划分。以组织规模划分组织类型，是对组织现象的表面认识。

（二）按组织分工分类

按组织内部是否有正式分工关系进行分类，组织可分为正式组织与非正式组织。

1. 正式组织

正式组织（Formal Organization）是指人们按照一定的规则，为完成某一共同的目标，正式组织起来的人群集合体，是具有一定结构、同一目标和特定功能的行为系统。

如果一个组织内部存在着正式的组织任务分工、组织人员分工和正式的组织制度，那么它就属于正式组织。在正式组织中，其成员保持着形式上的协作关系，以完成组织目标为行动的出发点和归宿点。比如政府机关、军队、学校、工商企业等都属于正式组织。

2. 非正式组织

非正式组织（Informal Organization）是指以情感、兴趣、爱好和需要为基础，以满足个体的不同需要为纽带，没有正式文件规定的、自发形成的一种开放式的社会组织。

如果一个组织的内部既没有确定的机构分工和任务分工，没有固定的成员，也没有正式的组织制度等，这种组织就属于非正式组织。非正式组织形成的原因很多，如工作关系、兴趣爱好、血缘关系等。非正式组织常出于某些情感的要求而采取共同的行动，比如学术沙龙、文化沙龙、业余俱乐部等都属于非正式组织。

除了以上分类方式，还可以按组织的社会职能进行分类，将组织分为文化性组织、经济性组织和政治性组织等。

【课堂讨论 1.2】

班组的组织分类

轨道交通企业班组属于哪一类组织？为什么？

以小组为单位进行讨论，并将讨论结果写于下方：

（1）_____

（2）_____

（3）_____

第二节　认识班组

一、班组的定义

班组（Working Team）是指在劳动分工的基础上，把生产过程中相互协同的同工种工人、相近工种或不同工种工人组织在一起，从事某种特定目的生产活动的一种正式组织。（见图 1.3）

图 1.3　班组

城市轨道交通企业班组是指从事城市轨道交通相关生产工作的劳动和管理组织，如轨道车站班组、检修工班、乘务车队等。城市轨道交通企业班组是轨道交通运营企业中最基础的管理单元。

班组是企业中基本作业单位，是企业内部最基层的劳动和管理组织，在现在企业中也多按照"最小行政单元"来进行划分。班组是企业的细胞，班组管理是企业管理的基础，班组安全工作是企业一切工作的落脚点。班组是加强企业管理、搞好安全生产、减少伤亡及各类灾害事故的基础和关键。

【课堂讨论 1.3】

班级与班组

思考一下，一个班级算不算一个班组？为什么？

以小组为单位进行讨论，并将讨论结果写于下方：

（1）_____

（2）_____

（3）_____

二、班组的特点

轨道交通企业的所有生产活动都在班组中进行，所以班组工作的好坏直接关系着企业经营的成败。只有班组充满勃勃生机，企业才会有旺盛的活力，才能在激烈的市场竞争中长久地立于不败之地。班组就像人体身上的一个个细胞，只有人体的所有细胞全都健康，人的身体才可能健康，才能充满旺盛的活力和生命力。班组是企业最基本的生产单位，也是承担企业具体工作的基层组织。班组具有以下特点（见图1.4）：

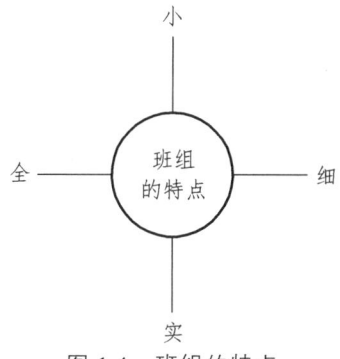

图 1.4 班组的特点

1. 小

"小"主要表现为组织规模小。班组为企业最基层的单位，结构最小，不能再划分。一个班组少则几个人或十几个人，多则二三十人，与整个企业相比，无论从哪个角度看，都显得小。

2. 全

"全"主要表现为制度齐全。班组虽然是企业中最小行政单元，但是其质量、安全、生产、工艺、劳动纪律等管理制度却很齐全，麻雀虽小，五脏俱全。

3. 实

"实"主要表现为企业所有管理内容最终都要落实到班组之中。上面千条线，下面一根针，企业的各项管理工作通过多层次的分解，最终都要落实到班组。班组是企业组织的基础，班组工作是企业一切工作的落脚点。

4. 细

"细"主要体现为班组工作非常具体，分工很细，班组工作需要班组员工耐心、细致地完成。班组的各项工作必须细分成若干个小任务并将其落实到每一个成员身上。班组工作需做到管理精细、把关仔细，才能达到细中求实的目的。

【课堂讨论 1.4】

你心目中的班组

在你心目中，班组是一个什么样的组织？轨道交通企业中的班组又是什么样的？以小组为单位进行讨论，并将讨论结果写于下方：

（1）_____

（2）_____

（3）_____

三、班组的作用

班组是企业发展建设的前沿阵地，无论企业采取何种组织结构，有多少管理层次，都离不开班组这一组织。因此，班组在企业中处于十分重要的地位，发挥着独特的作用，主要表现有以下 3 个方面。

1. 企业基本组成

班组是现代企业的必要组成部分，是现代企业最基本的组织，没有班组企业的各项工作就找不到落脚点，生产也无从谈起。一个班组虽然只是一个局部小组织，但如果它与部门或中心整体脱节，则不能完成既定的工作任务，进而会破坏企业的生产平衡，所以班组是不可缺少的组织。

2. 员工素质提升场所

班组是提升员工素质的基本场所。班组看似平凡，却拥有非凡的生命力和创造力，是现代企业基层职工对企业负责的直接对象。班组成员都长期工作在一线，掌握着生产现场最新的信息,通过不断地总结交流可以快速地提高班组员工的业务水平。同时,班组通过结合生产任务开展日常技术培训和日常教育工作,可以不断提高员工的业务技能素质和思想文化素质。

3. 企业管理的基础

班组管理是企业管理的基础,企业管理的各项管理制度、作业及工艺标准最终还是要靠班组来落实,大量的记录、统计台账等都是在班组完成的。班组在实践活动中的大量原始数据和信息及可行性操作方法,又可为企业制定各项规章制度、作业规程、技术指标提供有效的依据。企业管理中制度的完善程度需要到班组中实践、检验,存在的问题与不足之处,也最易在班组中反映出来,班组各项工作水平反映了整个企业经营管理水平。

第三节　轨道交通企业班组简介

班组是轨道交通企业的组成单元,是企业开展工作的基础,根据不同工种、不同部门,班组可以分为诸多类型,有从事乘客服务的班组,有从事设备、车辆维修的班组,也有从事调度指挥的班组。轨道交通企业的班组分工专业,数量也很庞大,如2014年南京地铁公司的人数约为1万人,其基层班组数量有600～700人。以下介绍轨道交通企业中比较具有代表性的班组。

一、轨道交通车站班组

车站班组主要从事车站行车组织、客运组织、乘客服务、票务服务等车站运营工作。(见图1.5)

图1.5　轨道交通车站班组

车站班组人员是乘客乘坐轨道交通时接触最多的工作人员,是轨道交通企业的服务窗口。

车站班组主要由值班站长、行车值班员、客运值班员、站务员等岗位组成。(见图1.6)

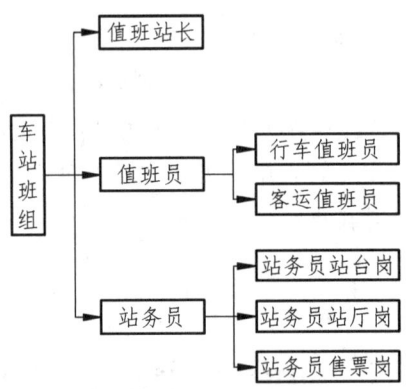

图1.6　车站班组岗位结构

1. 值班站长

值班站长负责本班全站日常的行车、客运和票务管理、乘客服务、事故处理、设备日常管理、安全管理、员工培训、执法管理等工作。乘客无论任何时间到车站乘车都会有值班站长在岗。值班站长带领车站工作人员为乘客提供服务,保障运营安全。

2. 值班员

值班员工作岗位分为行车值班员和客运值班员。

行车值班员在值班站长的领导下,负责本站的行车组织、施工管理、乘客广播等工作。

客运值班员在值班站长的领导下,主管车站客运、票务管理工作,组织站务员从事客运服务工作。

3. 站务员

站务员工作岗位具体分为站台岗、站厅岗、售票岗(客服中心岗)。

站务员(站台岗)在值班站长与车站值班员领导下,负责车站站台区域的安全管理、乘客服务、突发事故处理等工作,第一时间守护乘客上下车安全。

站务员(站厅岗)在值班站长与车站值班员领导下,负责车站站厅区域的安全管理、乘客服务、突发事故处理等工作。

站务员(售票岗)在值班站长与车站值班员领导下,负责车站的售票及乘客问询工作。

【拓展阅读 1.1】

车站站务员工作内容

车站站务员主要负责乘车指引、信息咨询、票卡异常处理、兑零等乘客服务工作，同时也负责车站日常管理，是乘客乘坐地铁时接触最多的人员（见图1.7）。运营期间，乘客在车站遇到任何问题都可以向站务人员寻求帮助，如需向地铁公司提出意见或建议时也可直接向站务人员反映。

图 1.7 车站站务员

以工作时间为顺序，车站站务人员每日的主要工作流程如下：

（1）运营前检查。

为确保运营期间设备状态良好，每日运营前需要先做好运营前检查。检查内容包括自动售票机、闸机、道岔、站台门等设备，逐一确认设备功能正常。

（2）开站。

开站前，客服中心岗和站台岗人员要提前到岗，准备好当班所需物品。车站于本站首班车到达前10分钟开站，便于乘客提前进站购票。

（3）客流组织。

地铁站的客流组织主要由 3 个部分组成：进站组织、出站组织以及换乘组织。以安全、及时、有效为基本原则，及时疏导客流，保证乘客安全有序地乘车。

（4）乘客服务。

处理乘客的各项服务需求，乘客在车站遇到进出站异常、物品丢失、线路查询、意见或建议等问题时，均可以直接向站务人员寻求帮助。

（5）关站。

本站末班车到达前 5 分钟停止售票、进站，车站会提前播放提示广播。末班车开出后，站务人员会全面巡站，确保没有乘客滞留在车站后再关闭车站。

（6）票款清点。

每日运营结束后，车站人员对当日营收、票卡进行清点统计，确保账实相符，保证地铁票务安全。

（7）施工办理。

运营结束并不是站务人员一天工作的结束，为保障运营安全，需要有计划地对地铁各个系统及设备进行维修维保。为了不影响正常运营，这些工作大多在夜间进行。站务人员负责请销点的办理和施工防护，保障施工人员安全的同时确认物品没有遗留在隧道内，以免影响次日运营安全。

——引自徐州地铁。

二、电客车乘务班组

电客车乘务班组主要从事乘客运输作业，要求按照列车运行图驾驶地铁电动列车，严格执行驾驶各项规章制度，以确保列车运行安全、准点、快捷、舒适。（见图1.8）

图1.8　电客车乘务班组

电客车乘务班组处在轨道交通运营的第一线，直接承担着运输服务最前端的工作，同时把守着地铁运营安全的最后一关。电客车乘务班组主要由电客车队长、电客车司机、指导司机、安全员等岗位构成。（见图1.9）

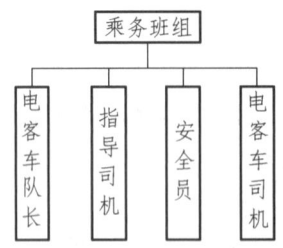

图1.9　电客车乘务班组岗位构成

1. 电客车队长

电客车队长负责车队的日常管理工作；带领车队人员完成上级下达的各项运营任

务；根据运营需求合理调配人员，处理相关突发事件，以完成运营任务；组织车队人员的安全、业务技能培训，提高大家的业务水平和安全生产意识；检查和监督车队作业等工作。

2. 指导司机

指导司机负责地铁列车值乘驾驶，完成轮乘图规定的运行任务；车队人员正线值乘的临时调配、监督，以满足运营需要；车队人员行车安全方面的管理；协助车队队长临时处理正线故障列车；组织车队的安全、业务培训等工作。

3. 安全员

安全员（兼职）负责协助队长、指导司机做好安全工作；督促车队人员正确使用劳保用品、作业工具；组织车队人员学习安全文件，定期召开车队安全会，督促车队人员严格执行安全规章制度；定期检查各种安全相关设备；在班前会中进行安全生产教育，根据不同时期及不同情况提出预防性安全措施等。

4. 电客车司机

电客车司机负责按照列车运行图、运管时刻表的要求驾驶电客车，严格执行各项规章制度，确保列车运行安全、准点、快捷、舒适；发生车辆故障与突发事故时，按相关要求进行应急处置，确保行车与人身安全；负责车场带电区域的电客车调车作业，并保证调车作业安全；加强自身业务和理论知识学习，不断提高自身业务素质等。（见图1.10）

图1.10　电客车司机

【拓展阅读1.2】

电客车司机工作内容

列车在正线运行的过程中，需要电客车司机对列车进行一系列操作，如列车启动、牵引、制动、开关车门、发车等。

随着信号系统的发展，目前大部分地铁线路中，列车已经可以实现自动驾驶操作，也就是ATO模式驾驶。除此之外，还有其他驾驶模式，如ATPM、RM、NRM、STBY（不同车型，运行模式叫法不尽相同）。

虽然现有的大部分地铁系统都已经实现了自动驾驶，但这并不意味着司机就可以完全解放。恰恰相反，司机需要时刻保持警惕，时刻观察信号显示屏、列车的工作状态。列车在运行中如果有突发情况，比如区间有障碍物等异常情况时，应立即紧急停车，并报告控制中心的行调或车站值班员。

列车到站后，司机一般会用手指比画，嘴巴呼唤，这是一套必须做的动作，又称"手指口呼"。然后开门，下车。在端门旁（在头端上车的乘客往往能看到他们的身影）待乘客上下车完毕，再做一套手指确认动作。随后，关门，手指确认，继续前往下一站。所有的这些动作，一天可能要重复几百次。行业内的人对"手指、眼看、嘴呼唤"这个"口诀"肯定不会陌生。圈外人或许会认为他们在自言自语，事实上，正是这些严谨的、规范的作业步骤，每天才得以将千千万万的乘客安全地运抵目的地。

列车到达终点站后，一般要进行折返作业。常见的就是自动折返方式。当然也有其他的人工折返方式，也有在中间站折返的。一般每天值乘规定的圈数（几个来回）后，地铁司机才算结束了一天的工作，才会退勤下班。

当然，上述只是举例说明了某一种班制的司机的大致情况。同样，不同地铁运营公司的制度都会有所差别，有些地铁运营公司的地铁司机采用轮班制。

——引自《地铁图》。

三、车辆检修班组

车辆检修班组主要负责对轨道交通车辆的维修、保养工作，以确保车辆运营的安全性，并尽可能地延长车辆的使用寿命，从而降低轨道交通运营成本、提高效益。（见图1.11）

图1.11 车辆检修班组

目前，国内城市轨道交通车辆普遍采用预防性计划检修制度，按照车辆运行周期进行计划检修。车辆的检修修程可分为厂修、架修、定修、月检、列检 5 级，相应的有厂修班组、架修班组、定修班组、月检班组、列检班组。每个检修班组均由工班长、检修工、安全员等岗位组成。

具体的岗位构成如图 1.12 所示。

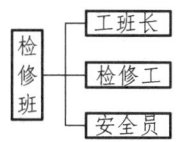

图 1.12　车辆检修班组岗位构成

以车辆列检班组为例，列检班组包括检修工班长、安全员、检修工等岗位。

1. 检修工班长

检修工班长全面负责本班组的安全生产工作；负责组织班组员工完成车辆检修及正线车辆抢修工作；负责检修记录表、车辆故障抢修记录表等报表的记录汇总并上报；负责班组会议的召开；协助车间做好责任库区、基地道路公共区域的内保管理工作；负责员工思想教育及思想动态了解等。

2. 安全员

安全员负责协助班组长做好班组安全工作；负责组织班组成员学习有关安全的规程、管理制度及安全相关事件材料报告；根据不同时期和不同情况提出预防性安全措施；负责班前会、开工会上的安全教育；监督和督促班组成员管好、用好工具、设备和劳动保护用品；完善各项安全记录台账等。

3. 检修工

检修工在班组长的组织下，严格按《地铁车辆列检规程》要求范围进行检修作业，保证检修过程的安全性；对列车的行车安全相关部分进行日常性技术检查，包括对受电弓、转向架、空气制动装置、车门、车体、车灯、蓄电池箱等主要部件进行外观检查；对危及行车安全的故障进行重点修理；加强自身业务和理论知识学习，不断提高自身业务素质等。

【拓展阅读 1.3】

列检员：轨道交通安全的守护者

每当夜幕降临，最后一班地铁送走夜归的人们后缓缓入库，列检员便开始了一天繁忙的工作。（见图 1.13）这个昼伏夜出、在大众视野之外的职业，却在默默坚守中保障着长春每天近百万人次的出行安全。

1.13 列检员

晚高峰已过，轨道交通1号线永春车辆段停车列检库门口，轨道交通集团运营事业总部车辆中心永春分部运行班的黄某和同事在迎接回库列车。他们正用"耳听鼻嗅"法对列车进行"初步诊断"。

"列车入库，要先用耳朵听有没有异响，用鼻子闻有没有特殊味道。"黄某说，凭借工作经验，他们能在一片嘈杂声中辨认出不寻常的故障声。原理就跟听汽车声一样，不和谐的声音，一下就能听出来。

待车停稳，黄某登上列车，首先检查司机室的门。"塞拉门开关有无异常现象，上下滚轮和摆臂是否活动正常。"黄某介绍，一扇不足3平方米的门，每一个小螺丝上都画有位移线，位移线一旦不在一条直线上，就说明螺丝松动需要拧紧。从司机室出来，黄某打开了客室门上方的盖子，自动操纵列车门开关的各种零部件露了出来。他拿着小手电，仔细检查门控器接线是否都连接良好，拽一拽电磁铁是否灵活，上滚轮是否出现异常。

每晚一个12人的列检运行班需要检车17组，检查内容包括884个车门和动态地图、1 020个客室LCD屏、3 591个客室照明装置……"8 000多个部位都需要列检员认真检查，工作到次日凌晨那是常有的事儿。"

每走到一个车下部位，他都仔细观察外观有无损伤，还会停下来仔细听风路。转向架上的齿轮箱和电机在运行了一整天后余温不减，让盛夏的夜晚显得格外"火热"。在车下走了好几趟的列检员早已浑身湿透。"转向架下的温度最高达60 ℃，一到夏天，我们就轮班到车下享受免费'桑拿'。"

长春市每天有近百名轨道交通列检员在深夜不辞辛苦地工作，正是他们的默默付出，保障着每日城市轨道交通线路的正常运行，守护着长春市民的安全出行。

——引自《长春新闻网》，2020-07-16。

四、调度班组

调度班组是轨道交通运营的"大脑",负责对行车、客运、施工等业务进行调度指挥,及时准确下达调度命令和发布口头指示,确保轨道交通运营的安全有序。(见图1.14)

图1.14 调度班组

调度班组由值班主任、行车调度员、电力调度员、维修调度员、环控调度员等岗位构成。调度班组的岗位结构如图1.15所示。

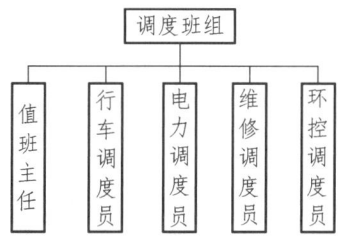

图1.15 调度班组岗位结构

1. 值班主任

值班主任负责对各岗位调度员进行综合管理,按照列车运行图的要求组织本班做好日常调度指挥工作;监督各调度施工作业安全控制;监督行车、电力和环控系统的运作,掌握全线列车运行、客流及设备情况;负责组织突发事件时调度指挥、外界协调、支援联络,做好应急信息的发布工作等。

2. 行车调度员

行车调度员负责指挥与协调行车各岗位的运行,组织实施各种行车工作计划,确保行车工作的正常进行;按照《运营时刻表》监控列车运行,确保列车运行安全、准点;组织工程车开行和安排施工作业,监督施工作业和人员安全;传达上级有关运营工作的指令,发布调度命令,布置、检查、落实行车工作计划,确保行车工作顺利进行;处理运营中出现的紧急事件,及时调整列车运行,尽快恢复正常运营等。

3. 电力调度员

电力调度员负责所辖范围内的供电生产工作，保证整个地铁供电系统安全运行和持续供电；负责地铁控制中心与供电局供电范围内有关工作的协调与联系；执行供电系统的运行方式，制定故障下系统的紧急运行模式；负责对供电系统的电压调整、继电保护、安全自动装置设备进行管理；负责审批调度范围内供电系统设备的停电检修计划，根据供电特点和事故处理原则处理各类事故等。

4. 维修调度员

维修调度员负责所辖线别范围内非车辆专业设备、设施的日常维修的组织协调及监督工作；负责所辖线别范围内非车辆专业设备、设施的故障（事故）抢修指挥、组织、协调及监督工作；负责对所辖线别范围内非车辆专业设备、设施的故障信息的收集、统计、分析等工作；负责收集、跟踪分部生产调度所组织的非车辆专业设备的抢修组织处理情况及设备状态。

5. 环控调度员

环控调度员负责指挥地铁系统按计划实现安全、高效、经济的运行，为乘客提供一个舒适的乘车环境；负责对车站扶梯、车站应急照明、一般照明、屏蔽门进行监视，对全线各站的火灾报警、气体灭火系统、防淹门、消防风机、消防泵、水喷系统进行监控，全面掌握各车站机电设备运行状况；审批所辖设备的维修、施工作业计划；在发生火灾、行车事故等情况下，执行合理的通风模式，确保国家财产、乘客、工作人员的安全等。（见图 1.16）

图 1.16 环控调度员

【拓展阅读 1.4】

在地铁"神经中枢"守岁的调度人

大年三十是千家万户的团圆时刻，当大家沉浸在吃团年饭、行花街的喜悦中时，还有很多人放弃了与家人的团聚，坚守在工作一线。为了保障市民的安全出行，掌管地铁"神经中枢"的调度人选择在岗位上守岁。

调度是地铁运营的"大脑",关系着地铁运营的安全有序。值班主任是控制中心的定心丸,他的工作就是统筹全局。除夕夜,镇龙控制中心调度大厅里巨大的屏幕上显示着3条线(14号线、21号线、知识城线)的运行情况,调度二班正当值。值班主任和各专业调度各司其职,全面把控着镇龙控制中心所辖3条线的运行状态。

大年三十晚上,大家也许围坐家中看春晚、刷手机,在调度员眼前的,则是显示屏上列车行驶的位置、安全门开闭状态……系统上每一个不同颜色的数字,每一个闪烁的线条,都在调度员的脑海里转化为运营过程中的一个场景。在鼠标的敲击和此起彼伏的电话铃声中,每天有上百条调度指令从这里发出,传递到各个生产岗位上……

冯某是一名电力调度员,负责的是14号线电力调度工作,相当于地铁线路电力的"大脑"。"对于我们调度员来说,电力调度不容有失,只有五班倒,不存在节假日概念,越是重大节假日,越要保障电力的安全运行。"他说。

走进他的工作台,调度电话、公务电话和各类报表整齐地摆放着,而给人印象最深刻的就是那一排显示器,上面密密麻麻地显示着全线各站的供电系统设备状态、环控设备的运行。显示器上光标闪烁,图形数字文字交错,丝毫的改变都逃脱不了他的眼睛。常人不能忍受的枯燥,精神高度集中所带来的疲劳,却只是调度员的工作常态。

官某是除夕的夜班行调,需要13个小时全程盯控设备运行状态,高度专注地指挥地铁行车。在1 500多平方米的镇龙控制中心调度指挥大厅,他和搭档在这里指挥列车运行,盯控设备,接电话、做记录,处理故障,看运行图,下发调度指令。

年三十是合家团聚的日子,虽然总是缺席年夜饭,但家人对他的工作也表示理解和支持。除夕这万家团圆的日子却是调度员最繁忙的时刻。为了保障上千万的乘客安全出行,需要调度员全程高度专注地盯控行车数据,"每一分钟心都绷着一根弦,每一项操作、每一个命令,都要非常谨慎,确保地铁运行安全"。

——引自《广州日报》,2019-02-06。

五、工程车班组

工程车班组主要负责轨道行车施工、段内调车、救援保障等工作任务。

工程车有别于电客车,并不是用于运送乘客,而是用于列车的调车、救援,以及线路或供电等设备施工、维修时的作业,包括内燃机车、轨道车、接触网作业车、磨轨车、接触网检测车、电动工程车等。

工程车班组主要由工程车工班长、工程车司机、安全员等岗位构成(见图1.17)。工程车班组采用四班制,负责工程车辆的操作,配合相关专业的施工、检修作业和抢修作业，设工班长1人上常白班，1人备班。工程车司机采用四班倒班作业。

1. 工程车工班长

工程车工班长负责对班组员工进行综合管理；与班组成员一起完成轨道行车施工、段内调车、救援保障等工作任务；组织班组人员的安全、业务技能培训，提高大家的业务水平和安全生产意识；检查和监督班组作业等工作。

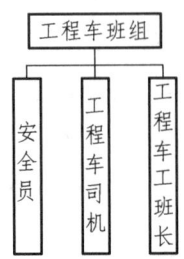

图1.17　工程车班组岗位结构

2. 安全员

安全员负责协助工班长做好安全工作；督促车队人员正确使用劳保用品、作业工具；组织车队人员学习安全文件，定期召开车队安全会，督促车队人员严格执行安全规章制度；定期检查各种安全相关设备；在班前会中进行安全生产教育，根据不同时期及不同情况提出预防性安全措施等。

3. 工程车司机

工程车司机负责轨道线路配属的各型号、各用途工程车辆的驾驶；完成线路限界检测、隧道清洗、钢轨打磨、道床道砟运输、接触网检测及维修、客运车辆紧急救援等作业；对车辆进行日常维护、保养、检修、检测及校验工作。

【拓展阅读1.5】

你不知道的地铁"变形金刚"——工程车乘务部

在地铁日常运营中，在享受舒适乘车服务的同时，你有没有想过，这一切都离不开无数幕后英雄和他们的小伙伴的辛勤付出。工程车作为地铁维护的忠实"小伙伴"，在日常维护中起到至关重要的作用。今天，让我们一起走进地铁大本营，去了解幕后英雄"变形金刚"——工程车。

工程车是一个统称，它有多种车型——内燃机车（见图1.18）、蓄电池工程车（见图1.19）、钢轨打磨车（见图1.20）、平板车、检测车等，负责车辆段内调车、救援，正线运输和设备检测等多项作业，承担着保障车辆段正常运转的任务。下面，就让我们与它们来一次近距离接触吧！

图 1.18　内燃机车　　　图 1.19　蓄电池工程车　　　图 1.20　钢轨打磨车

首先出场的是工程车的擎天柱——内燃机车。内燃机车顾名思义是以柴油为动力的一种车型，因为其动力强劲，容易操控，所以顺理成章地成为正线作业的主力。正线作业要求严格，时间紧迫，形势严峻，不容有失，只有内燃机车能担起这份重任。临近深夜，万籁俱寂的时候，它疾驰在地铁线上，或正线检测或物料运输，不为人所知，如黄牛一般默默耕耘。

接下来就是变形金刚中的大黄蜂——蓄电池工程车。作为变形金刚中的颜值担当，它浑身锃亮，精美的造型是工程车辆中的集大成者，如若一个美男子，拥有雍容华贵的气魄。更难为可贵的是，它自带消音器，启机、运转的动静都很小，它是电车，由蓄电池或者第三轨提供动力，能源清洁。它是车辆段内的绝对主力，厂段内的调车都冲在前面，像一只殷勤的小蜜蜂，穿梭在各条轨道之间。

最后我们要说说变形金刚中的爵士——钢轨打磨车。说起钢轨打磨车，那可真是狂拽炫酷，威风凛凛，它是由三节车连挂到一块组成的，所有车型中就它最突出。作业时霸气十足，让人不敢靠近。它的视野也是最为开阔的，脸上最大的就是"眼"，动力也很大，驾驶起来轻松方便。

这就是我们工程车的三种主力车型，它们拥有共同的肤色——工程黄，但它们拥有不一样的面貌，有着不同的原理。他们就像"汽车人"一样，能量巨大，分工明确，共同守护着青岛地铁的安全、有序、高效运营。

——引自青岛地铁。

轨道交通企业班组种类繁多，以上介绍的班组只是其中的一小部分。还有众多的班组共同构成了完整的轨道交通运营体系，一起维持着轨道交通的正常运营。班组管理影响着轨道交通企业各项活动的实施，对于轨道交通企业的正常运行有着重要作用。

【课堂讨论 1.5】

其他轨道交通企业班组

除了书上介绍的轨道交通企业班组外，通过查询轨道交通企业官方网站、微信公众号、微博等搜集企业班组信息，看看其他轨道交通企业班组在企业中的工作职责。

以小组为单位进行讨论，并将讨论结果写于下方：

（1）_____

（2）_____

（3）_____

第二章　认识轨道交通企业班组长

知识目标

（1）理解管理、管理者、班组长的定义。
（2）了解管理者的角色与分类。
（3）了解班组长的工作职责与权力。
（4）了解典型的轨道交通企业班组长。

能力目标

分析班组长的权力与职责。

关键概念

管理者、班组长、轨道交通企业班组长。

知识框架

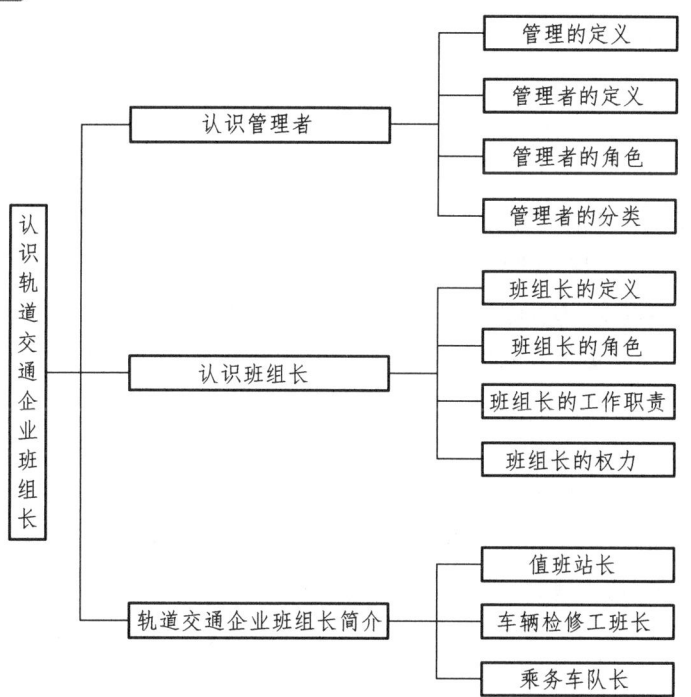

图 2.1　知识框架

第一节　认识管理者

一、管理的定义

认识管理应该从管理的源头开始，人类文明程度及其社会性发展到一定阶段便出现了管理。管理表示掌管、管领、管摄、管主、管治、治理、经理的意思。国外常用Manage（动词）、Management（名词）来表达管理。对于管理，不同学者对其有不同定义。

"科学管理之父"弗雷德里克·泰罗认为："管理就是确切地知道你要别人干什么，并使他用最好的方法去干。"在泰罗看来，管理就是指挥他人能用最好的办法去工作。

"现代管理学之父"彼得·德鲁克认为："管理是一种工作，它有自己的技巧、工具和方法；管理是一种器官，是赋予组织以生命的、能动的、动态的器官；管理是一门科学，一种系统化的并到处适用的知识；同时管理也是一种文化。"

> 【发散思维】
> 　　除了书中提到的管理者外，想想身边还有哪些管理者？
> （1）＿＿＿＿＿＿＿＿＿＿
> （2）＿＿＿＿＿＿＿＿＿＿
> （3）＿＿＿＿＿＿＿＿＿＿

诺贝尔奖获得者赫伯特·西蒙对管理的定义是："管理就是制定决策。"

亨利·法约尔在其名著《工业管理与一般管理》中给出的管理的概念，产生了整整一个世纪的影响，对西方管理理论的发展具有重大影响。法约尔认为，管理是所有的人类组织都有的一种活动，这种活动由 5 项要素组成：计划、组织、指挥、协调和控制。法约尔对管理的看法颇受后人的推崇与肯定，形成了管理过程学派。

现在得到大众普遍认可的管理定义是：管理（Management）是在特定的环境下，对组织所拥有的资源进行有效的计划、组织、领导和控制，以便达成既定的组织目标的过程。

管理可以分为很多种类，如行政管理、社会管理、工商企业管理、人力资源管理、情报管理等。在现代市场经济中，工商企业的管理最为常见。每一种组织都需要对其事务、资产、人员、设备等所有资源进行管理。每一个人也同样需要管理，如管理自己的起居饮食、时间、健康、情绪、学习、职业、财富、人际关系、社会活动、精神面貌（即穿衣打扮）等。企业管理可以划为几个分支：人力资源管理、财务管理、生产管理、物控管理、营销管理、成本管理、研发管理等。在企业管理系统中，又可分为企业战略、业务模式、业务流程、企业结构、企业制度、企业文化等系统的管理。

二、管理者的定义

管理者（Manager）是指在组织中行使管理职能、指挥或协调他人完成具体任务的人。

管理者是管理行为过程的主体，管理者一般由拥有相应的权力和责任，具有一定管理能力从事现实管理活动的人或人群组成。管理者通过协调和监视其他人的工作来完成组织活动中的目标，其工作绩效的好坏直接关系着组织的成败。

管理者是具有职位和相应权力的人，管理者的职权是管理者从事管理活动的资格，管理者的职位越高，其权力越大。组织或团体必须赋予管理者一定的职权。如果一个管理者处在某一职位上，却没有相应的职权，那么他是无法开展管理工作的。韦伯认为管理者有以下3种权力：

传统权力：由传统惯例或世袭得来，如帝王的世袭制；

超凡权力：来源于别人的崇拜与追随，带有感情色彩并且是非理性的，不是依据规章制度而是依据以往所树立的威信获得的；

法定权力：法律规定的权力，通过合法的程序所拥有的权力，如通过选举直接产生的总统所拥有的权力。

管理者是负有一定责任的人，任何组织或团体的管理者，都具有一定的职位，都要运用和行使相应的权力，同时也要承担一定的责任。权力和责任是一个矛盾的统一体，一定的权力又总是和一定的责任相联系的。当组织赋予管理者一定的职务和地位，从而形成了一定的权力时，相应的，管理者同时也就担负了对组织一定的责任。在组织中的各级管理人员中，责和权必须对称、明确，没有责任的权力，必然会导致管理者的用权不当，没有权力的责任则是空泛的、难于承担的。有权无责或有责无权的人，都难以在工作中发挥应有的作用，都不能成为真正的管理者。

【课堂讨论2.1】

如何才能做好管理者

以身边的管理者为例，讨论优秀的管理者需要什么样的能力与素质？

以小组为单位进行讨论，并将讨论结果写于下方：

（1）_____

（2）_____

（3）_____

三、管理者的角色

加拿大管理学家亨利·明茨伯格认为，管理者扮演着10种角色。这10种角色可进一步归纳为3大类：人际角色、信息角色和决策角色。

（一）人际角色

人际角色直接产生于管理者的正式权力。管理者在处理与组织成员和其他利益相关者的关系时，他们就在扮演人际角色。人际角色又包括代表人角色、领导者角色和联络者角色。

1. 代表人角色

作为所在单位的领头人，管理者必须行使一些具有礼仪性质的职责。如管理者有时出现在社区的集会上，参加社会活动，或宴请重要客户等，这时，管理者就在行使代表人的角色。

2. 领导者角色

管理者对所在单位的成败负重要责任，他们必须在工作小组内扮演领导者角色。对这种角色而言，管理者和员工一起工作并通过努力来确保组织目标的实现。

3. 联络者角色

管理者无论是在与组织内的个人和工作小组一起工作时，还是在与外部利益相关者建立良好关系时，都起着联络者的作用。管理者必须对重要的组织问题有敏锐的洞察力，从而能够在组织内外建立关系网络。

（二）信息角色

在信息角色中，管理者负责确保与其一起工作的人员获取足够的信息，从而能够顺利完成工作。由管理责任的性质决定，管理者既是所在单位的信息传递中心，也是组织内其他工作小组的信息传递渠道。整个组织的人依赖于管理结构和管理者以获取或传递必要的信息，从而完成工作。管理者必须扮演的信息角色，具体包括监督者角色、传播者角色、发言人角色。

1. 监督者角色

管理者持续关注组织内外环境的变化以获取对组织有用的信息。管理者通过与下属接触来收集信息，并且从个人关系网中获取对方主动提供的信息。根据这种信息，管理者可以识别组织的潜在机会和威胁。

2. 传播者角色

管理者把他们作为信息监督者所获取的大量信息分配出去。

3. 发言人角色

管理者必须把信息传递给单位或组织以外的个人。

（三）决策角色

在决策角色中，管理者处理信息并得出结论。如果信息不用于组织的决策，这种信息就失去了其应有的价值。决策角色具体包括企业家角色、干扰对付者角色、资源分配者角色、谈判者角色。

1. 企业家角色

管理者密切关注组织内外环境的变化和事态的发展，以便发现机会，并对所发现的机会进行投资，以充分利用这些机会。

2. 干扰对付者角色

管理者必须善于处理冲突或解决问题，如平息客户的怒气，同不合作的供应商进行谈判，或者对员工之间的争端进行调解等。

3. 资源分配者角色

管理者决定组织资源用于哪些项目。

4. 谈判者角色

管理者把大量时间花费在谈判上，谈判对象包括员工、供应商、客户和其他工作小组。

四、管理者的分类

管理者按照不同的分类方式，可以有不同的分类。具体分类如图2.2所示。

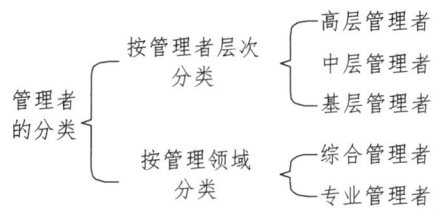

图 2.2 管理者的分类

（一）按管理者层次分类

按管理者在组织中所处的地位划分，管理者可分为：高层管理者、中层管理者和基层管理者。

1. 高层管理者

高层管理者是指组织中居于顶层或接近顶层的人。

高层管理者对组织负全责，主要侧重于沟通组织与外部的联系和决定组织的大政方针。其更为严格的定义是引导者，不属于管理者的范围；注重良好环境的创造和重大决策的正确性。高层管理人员是公司的最高管理层，管理着整个公司。高层管理人员负责整个公司的战略规划，业务经营模式，组织文化搭建等；关注公司的全局、长远、良性的发展问题。因而，高层管理人员需要具备经营意识、领导能力、战略规划能力、决策能力等。

高层管理者的称谓主要有：总裁、副总裁、行政长官、总经理、首席运营官、首席执行官、董事会主席等。

2. 中层管理者

中层管理者处于企业组织架构中的中层位置，在决策层与执行层中间具有桥梁作用，是企业中重要的中枢系统。中层管理者决定企业能否健康持续发展。

中层管理者注重的是日常管理事务，主要职责是正确领会高层的指示精神，创造性地结合本部门的工作实际，有效指挥各基层管理者开展工作。中层管理者是企业的重要组成部分，起着上传下达、承上启下的作用。一方面，关注着高层管理人员制定的战略规划；另一方面，对接企业员工的执行问题。中层管理人员的能力主要包含团队组建、激励机制、交流沟通、系统思维、识人带人等方面。

中层管理者的称谓主要有：项目经理、地区经理、部门经理等。

3. 基层管理者

基层管理者又称一线管理者，具体指班组长、小组长等。

基层管理者的主要职责是传达上级计划、指示，直接向每一个成员分配生产任务或工作任务，随时协调下属的活动，控制工作进度，解答下属提出的问题，反映下属的要求。他们工作的好坏，直接关系到组织计划能否落实，目标能否实现，所以，基层管理者在组织中有着十分重要的作用。基层管理者的技术操作能力及驭下能力要求较高，但并不要求其拥有统筹全局的能力。

基层管理者的称谓主要有：科长、主管、部门组长等。

（二）按管理领域分类

按其所从事管理工作的领域及专业不同，可以分为综合管理者和专业管理者两类。

1. 综合管理者

综合管理者是指负责管理整个组织或组织中某个事业部全部活动的管理者。

高层管理者一般以综合管理者居多，如总裁、副总裁、行政长官等。

2. 专业管理者

专业管理者仅仅负责管理组织中某一类活动或职能，如财务部负责人、技术部负责人等。

【课堂讨论 2.2】

班组长的管理者类别

班组长属于什么类型的管理者？为什么？

以小组为单位进行讨论，并将讨论结果写于下方：

（1）_____

（2）_____

（3）_____

第二节　认识班组长

一、班组长的定义

班组长（Team Leader）是生产管理的直接指挥者和组织者，也是企业中最基层的负责人。

班组长是一个班组中的管理者，负责对班组成员的组织管理工作。班组管理中为完成班组生产任务而必须做好各项管理活动，即充分发挥全班组人员的主观能动性和生产积极性，团结协作，合理地组织人力、物力，充分利用各方面的信息，使班组生产均衡有效地进行，产生"1+1>2"的效应，最终做到按质、按量、如期、安全地完成上级下达的各项生产计划指标。

企业中的班组长，说官不是官，但却是企业的兵头将尾，在发展中有着不可忽视的作用。班组长的素质决定班组各项工作的质量与水平。班组长不但要认真贯彻、严格执行企业的规章制度和决策决定，还要善于灵活处理班组突发事件，最为关键的是在班组全体员工中做好表率，让组员效仿。只有班组长的工作得到员工认可，才能让员工积极地投入班组管理的具体工作中去，才能提升班组的管理水平。

二、班组长的角色

班组长虽说是兵头将尾，但所起的作用不可低估，在企业当中承担着多种角色。一方面，要起到承上启下的作用；另一方面，要带领班组成员开展具体工作。要想成为一名优秀的班组长，首先应该对"班组长"这个角色有所认知。班组长在轨道交通企业中担任着管理者、协调者、执行者三重角色（见图2-3）。

图 2.3 班组长的角色

1. 管理者

对班组员工来说,班组长是其管理者。

班组长直接管理班组工作人员,是生产任务指标达成的最直接的责任者,需要合理安排好班组成员的工作,协调好各种关系,对于所完成的班组工作好坏起着决定性作用。

虽然班组长是管理者,但一定要注意与班组成员之间的平等关系。经常有人认为一旦晋升为班组长,就有了"权力",就可以"管人",所以对员工吆五喝六,引起员工的不满和对抗。班组长多数是从优秀员工中提拔上来的,所以原来的工友对这个转变一般有一个适应过程。如果班组长以帮助者及支持者的身份出现解决工友工作上的困难,相信很快会获得工友的拥戴,以权相压只会适得其反。

2. 协调者

对轨道交通企业来说,班组长是企业当中的协调者。

班组长连接着上级领导与班组员工,是上级与员工之间的桥梁,起到上传下达的作用;同时,班组长对其他班组长来说,是同事,是工作上的协作配合者。作为协调者,班组长需要虚心听取班组团队内、外部其他人在工作方面有价值的意见和建议,对来自其他人的意见,应不带任何偏见地兼收并蓄,对待事情、看问题都能站在比较公正的立场上,保持客观、公正的态度。

3. 执行者

对上级领导来说,班组长是主管人员命令、决定的贯彻者和执行者,同时也是生产工作的直接组织和参加者。

班组长往往是班组当中的技术骨干,是班组当中经验最丰富、技术最优秀的人,当生产过程中出现困难时,班组长往往要带头解决问题,起到模范带头作用。

班组长的特殊地位决定了他要对不同的人员采取不同的立场:面对下属应站在经营者的立场上,用领导者的声音说话;面对经营者应站在反映下属呼声的立场上,用下属的声音说话;面对直接上司又应站在部下和上级辅助人员的立场上说话。

三、班组长的工作职责

班组长是企业中人数相当庞大的一支队伍。班组长的工作关系到企业的政策能否顺利地实施,因此班组长是否尽职尽责至关重要。班组长的工作职责主要包括以下 3 方面(见图 2.4):

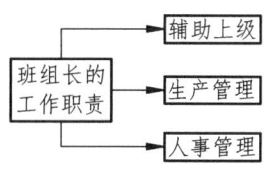

图 2.4　班组长的工作职责

1. 辅助上级

班组长对于其上级领导来说,是上级命令的执行者,应及时完成上级安排的相关工作,并准确地向上级反映工作中的实际情况,提出自己的建议,做好上级领导的参谋助手。

2. 生产管理

班组长作为班组的直接管理者,负有组织班组成员进行生产活动的职责。根据所在班组不同,进行的生产管理内容也不尽相同,如安全管理、客运作业、维修作业、调度作业、施工作业、行车作业等。在生产过程中,班组长不仅仅是组织与管理,还有起到模范带头作用,但不少班组长却仅仅停留在人员调配和生产排班上,没有充分发挥出班组长的领导和示范作用。

3. 人事管理

班组长在进行生产管理的同时,还兼任着班组员工的人事管理工作,如员工的调配、排班、考勤、对新进员工的技术培训、安全检查、生产现场卫生检查、班组的建设等工作。

四、班组长的权力

对任何一名管理者而言,都有一定的权力。班组长身为一名基层管理者,肩负着对班组工作人员的管理职责,需要合理安排好班组成员的工作,协调好各种关系,是使生产任务指标达成的最直接的责任者,对于所完成的班组工作质量起着决定性作用。为了完成班组管理的职能,企业赋予了班组长一定的权力。

班组长的权力可以划分为不同的类别,具体如图 2.5 所示。

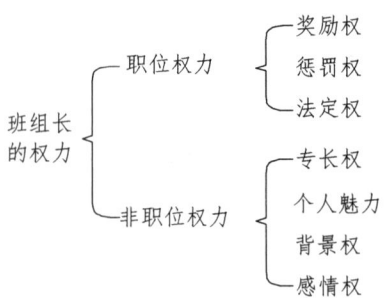

图 2.5　班组长的权力

班组长的权力按照是否与其职位有关，可以分为职位权力与非职位权力两类。

（一）职位权力

职位权力（Position Power）是指与领导主体的职位相联系的正式职权以及领导主体从其上层和整个组织、群体各方面所取得的支持的程度。

职位权力是由于组织中这个职位的存在而存在的，也就是说，职位权力并不绝对属于任何一个具体的个人，它取决于是谁被分配到了这个职位上，只要拥有这个职位，就拥有了与之相应的权力。

职位权力的产生一般有两个途径：一个是由选举产生的职位权力；另一个是由上级组织或个人任命的权力。职位权力不论其来源如何，均需向赋予其权力的组织或个人负责。

职位权力可以分为奖励权、惩罚权、法定权 3 类。

1. 奖励权

奖励权（Reward Power）是指由于某种强大，或由于具有某种优势，使其能够向别人提供诸如奖金、提薪、表扬、升职以及其他任何令人愉悦的东西，从而诱导别人按其意志行事的权力。

如果班组成员能按照规章制度进行操作并且取得了好的成绩、主动分担班组的困难、帮助他人完成任务，或者出现诸如此类值得表彰奖励的行为，班组长有权对其进行物质或精神方面的奖励。一方面，激励取得成绩的员工在今后的工作中做得更好；另一方面，充分发挥优秀员工的模范带头作用，以便有效地带动班组和全体成员都能积极主动地工作，将本职工作做得更好。班组长的这种权力就是奖励权。这种做法即正激励，被形象地形容为"哄着朝前走"。

2. 惩罚权

惩罚权（Penalty Power）是指由于某种强大，或由于具有某种优势地位，使其可向其他人施加种种致使人感到痛苦的惩罚性措施，诸如扣发工资或资金、批评、降职乃至开除等，从而迫使别人按其意志行事的权力。

当班组员工违规操作、造成了一些失误，没有完成任务，没有服从组织纪律、违章违纪，或者出现诸如此类需要引起警戒、惩处的行为，那么就要惩罚他。轻的可以在班组会上口头批评一次，或单独对其进行批评，重的可以向企业反映解除其劳动合同，目的是让其按照既定的目标、遵循规章制度来开展工作、完成任务。这种权力称为惩罚权，也被称为负激励，被形象地形容为"打着朝前走"。

3. 法定权

法定权（Legal Rights）是指个人通过组织中正式层级结构中的职位所获得的权力，即岗位职权。

例如，组织开会的权力，就属于法定权。班组长可以根据本班组的实际情况，决定开什么会、什么时间开、以什么形式开，等等。再如，沟通的权力，班组长承上启下，是联结组织内外的沟通者，是桥梁，是纽带，是广播，那么就上情下达来说，对于上级的文件、会议精神、宣传提纲、不是马上要执行或并非自己班组负责执行的命令指示等，班组长则可以根据情况安排，是立即传达，还是暂缓传达，或者干脆不传达；就下情上达而言，对于下属反映的情况，如果班组长在自己权限内可以解决就不一定需要报告上级，如果不能解决则有权决定是否汇报、通过什么渠道汇报、向谁汇报。此外，工作分工、下达命令、内部制度建立、工作流程设计、监督检查等，也都属于法定权。

（二）非职位权力

非职位权力（Non Position Power）是指与组织的职位无关的权力。

非职位权力并不像职位权力那样可以在短期获得，它需要在组织中经过较长一段时间的培养才能获得。非职位权力与职位权力没有密切的关系，但是非权力因素却能有效地间接影响权力因素的运用。同样是一名班组长，为什么有的班组长能够一呼百应、成为团队领袖，而有的班组长却让员工口服心不服，甚至当面顶撞？除了他们不能正确行使职位权力之外，还有一个重要原因就是，能否正确行使非职位权力。

非职位权力不是由领导者在组织中的职位产生的，而是领导者由于自身的某些特殊条件才具有的。非职位权力主要有专长权、个人魅力、背景权、感情权等。

1. 专长权

知识就是力量，从某种程度上讲，知识也是权力。谁掌握了知识，具有了专长，就有了影响别人的专长权。这种权力源于信息和专业特长，人们往往会听从某一领域专家的忠告，接受他们的建议。

例如，某位权威医生指出某种生活习惯对健康有害，我们往往会设法改变这种生活习惯；如果一位检修班组长建议如何进行检修工作，班组成员往往会听从他的指导。谁掌握的知识、信息越多，谁拥有的专长权就越大。专长权与职位没有直接的联系，许多专家、学者，虽然没有什么行政职位，但是在组织和群体中具有很大的影响力，其基础就是专长权。

2. 个人魅力

这一权力与其他权力不同，是一种无形的，很难用语言来描述或概括的权力。它是建立在个人素质之上的，这种素质吸引了欣赏它、希望拥有它的追随者，从而激起人们的忠诚和极大的热忱。一些优秀的班组长具有这种魅力，让班组成员能自愿听从他的号召与管理。

3. 背景权

背景权是指个体由于以往的经历而获得的权力。例如某班组长是一名劳动模范，基于他的特殊背景和荣誉，员工在初次见到他的时候，就倾向听从他的意见，接受他的建议。

4. 感情权

感情权是指个体由于与被影响者感情较融洽而获得的权力。如果多年的老朋友提出要求、请求一些帮助，无论在工作上有没有关系，都难以拒绝，从而接受他的建议。班组长因为与员工们长时间在一起工作，从而获得了一定的感情权。

【课堂讨论 2.3】

管理者的权力行使

只要是管理者就会有相应的权力。试想一下，我们身边的管理者是如何行使其权力的？

以班级管理者为例，他们在进行班级管理时，是如何行使其权力的？对比班组管理者，两者之间的权力运用有何不同？

以小组为单位进行讨论，并将讨论结果写于下方：

（1）_____
（2）_____
（3）_____

第三节　轨道交通企业班组长简介

班组是轨道交通企业的细胞，是企业一切工作的落脚点，班组长是企业管理的基石。班组长工作的好坏对于基层班组在企业战略落地、班组职责履行、企业文化育成、班组队伍建设等方面起到了重要作用。

每一个轨道交通企业班组都设有班组长一职，故而班组长的类别也非常多。本书选取较为常见的班组长进行介绍。

一、值班站长

值班站长是轨道交通车站班组的班组长，主要负责本班全站日常的行车、客运和票务管理、乘客服务、事故处理、设备日常管理、安全管理、员工培训、执法管理等工作。（见图2.6）

图 2.6　值班站长

值班站长具体的工作职责如下：

（1）服从中心站的领导，组织本班员工开展工作，对本班安全生产工作全面负责。

（2）做好接班前的各项准备工作，与交班值班站长交接车站工作。组织客运、行车班组交接班，开好班前会、班后会，布置和总结当班工作，掌握本班组出勤情况，根据运营需要合理调配各岗人员，并进行监督指导。

（3）负责本班运营安全组织及服务工作，指导车站员工的工作，处理乘客事务，为乘客提供优质服务。

（4）具体负责本班安全生产工作。严格执行各项规章制度，加强对治安、消防、突发事件预案的演练，同时与轨道交通公安协作，共同搞好车站综合治理工作。

（5）巡视、检查本班工作中的各项设备、设施状况，发现故障及异常情况及时处理和报告。

（6）负责对保洁、保安、商铺经营人员等进行属地管理。

（7）组织班组各类学习，提高员工职业道德、业务素质、工作技能、处理突发事件和化解矛盾的能力。

（8）对突发事件发生后的先期处理工作负责。在车站发生异常情况及突发事件时，负责先期处理，及时采取措施，控制局面，减少人员伤亡及财产损失，尽快恢复运营。

（9）负责本班的信息反馈、生产数据统计、工作总结、考勤审核及上报工作，做好班组运营生产和日常管理的原始记录。

（10）负责本班安检工作。指导站务安全员的安检日常工作，协调处理安检工作中出现的各类问题，负责与驻站民警联系。

（11）完成上级交办的其他工作。

【拓展阅读2.1】

地铁值班站长的事业

黄某是武汉地铁3号线范湖站的一名值班站长。"80后"的她一毕业就进入了武汉地铁系统，经历过武汉地铁1号线建立之初的试运营，2号线、3号线的正式开通，再到如今的地铁网络时代。每天，地铁站内来来往往的人数以万计，黄某就在这熙来攘往中看着自己所处的这个城市一点一滴的变化、成长。

14年前，武汉地铁刚刚起步，黄某走进了地铁公司。她回忆，2004年刚入公司时，开通了1号线轻轨从黄浦路到宗关路段的试运行，她只是一名人工售票员。

"当时乘坐轻轨还是分时段售票。4节的编组量轻轨，只有10个站，票价统一定为3元，大多数人是抱着观光的想法去乘坐的，轻轨在那时并不是最常用的出行交通工具。"那时年轻的她认为，这仅仅是一份工作，要做的就是完成好自己的本职工作。

2009年，黄某成为行车值班员，第二年便晋升成为值班站长。每天，她的工作职责都是巡视车站秩序、查看票务运作、确保服务质量等一切与站点有关的工作。

2010年，黄某在徐州新村站担任值班站长，刚上任不久，遇到了让她记忆犹新的一件事。7月的一天，徐州新村站台上一如往常。突然，一名男乘客跳下站台，向区间中部跑去，站台岗发现异常立即通知内勤并按压紧急停车。值班站长黄某接到通知后迅速赶往现场。

"当时情况危急，我只有一个想法，就是赶紧把乘客救上来，保证乘客的生命安全，也要保障列车的正常运营。"不曾想那名乘客情绪十分激动，根本不理会周围人的劝说。黄某尝试着安慰乘客，引导他说出烦心事。兴许是黄某温柔的话语让乘客激动的情绪有所缓和，那名乘客开始向黄某吐露心事。黄某见状，立即与他积极沟通，劝说他离开危险区域。这时警察到达现场，一同将乘客劝服。

等事情处理完毕，黄某坐在椅子上，心情久久不能平复。"在独自面对乘客的那15分钟，每一秒都是紧张的。"黄某说，她所面对的是一个鲜活的生命，自己的一言一行都可能影响整个事情的结局。初任站长的她也会紧张、害怕，但她依旧选择了顾全大局，勇敢面对。

随着时间的推移和轨道交通事业的迅猛发展，黄某渐渐明白，这不仅仅是一份简单的工作，为了保证乘客的安全，她愿意倾尽全力。于是，她开始将这份工作当成终身事业，并努力在工作中不断进取。

在担任值班站长的这 8 年间，黄某用实际行动影响着身边的人。良好的沟通，严谨的责任心以及对工作的热情，是她多年工作的"利器"。正是用实际行动践行"乘客至上、品质一流"的服务宗旨，秉承"诚信、敬业、高效、奉献"的企业精神，她在平凡的岗位上书写着新篇章，展现武汉优秀交通人的风采。

——引自《武汉地铁运营》公众号。

二、车辆检修工班长

车辆检修工班长是车辆检修班组的班组长，主要负责组织检修班组员工完成日常车辆检修、维护工作，以及检修设备的维护工作，并确保员工作业安全和生产质量。（见图 2.7）

图 2.7 车辆检修工班长

车辆检修班组具体又可以分为列检班组、月检班组、厂修班组等。现以车辆列检工班长为例，介绍其工作职责。

（1）工班长是安全生产第一负责人，全面负责本班组和安全生产工作。

（2）负责组织车辆检修及正线车辆故障抢修工作。

（3）负责班组人员的考勤管理工作。

（4）负责组织、监督各类会议的召开及作业时的停、送电申请审核以及作业结束后的安全质量复查确认。

（5）负责将检修记录表、车辆故障抢修记录表等记录汇总并上报，负责 EAM（检修系统）的工单填写工作。

（6）协助车间做好责任库区、基地道路公共区域的内保管理工作。

（7）组织学习传达上级文件通知。

（8）负责员工思想教育及思想动态了解。

（9）完成上级交办的临时任务。

【拓展阅读 2.2】

最美青工候选人——检修班组长

卢某是武汉地铁运营公司车辆二部检修一车间、检修一班的班组长。2009年，卢某毕业后进入武汉地铁运营公司车辆部检修车间。在3位检修车间技师的带领下，他先后学会了地铁1号线一期车辆结构构造、车辆车下设备和车上设备名称及布置，学会了与电动列车相关的基本电路知识，使他对1号线一期车辆设备方位、制动系统和牵引系统有了全面的了解。

2012年年初，在车辆部检修四班班组长推荐下，由他负责培训新学员。为了培训好43名新学员，第一次当"老师"的他常常利用休息时间翻阅资料，编写培训教材，提前一天备课。由于培训人数多，可用的列车少，有时候做一次检车实操培训，需要花费3天的时间才能完成。

工作7年，他经历过大大小小上千起的故障处理，积累了很多宝贵技术经验。作为工班长，他常常和同事一起钻研业务知识，交流作业技巧，一手抓安全生产，一手抓员工业务素质，先后编制了《2号线车辆司机室+115柜旁路开关的基本作用与功能说明》《更换辅助逆变器的步骤与方法》《更换主逆变器的步骤与方法》《更换空气压缩机的步骤与方法》等生产作业指导书。在他的鼓励与带动下，班组员工编写了《标准化作业流程指导书》《安全案例汇编》《检修技术简报》等资料，共计8本360万字，作为员工平时的培训教材。大家共同学习进步，在班组内营造了良好的氛围。

2012年下半年，卢某同志出任列检四班副班长。第一次当班长，压力很大，他常思考总结以前班组好的管理方法，也在业余时间阅读了不少管理方面的书籍，开阔了自己的思维。

他认为，人治不如法治，班组长的管理能力重要，但科学完善的制度才是管理的关键。他与班组同事一起，结合车间各种管理制度编制班组管理条例，让班组人人熟知自身岗位职责，人人参与班组管理，做到职责分明、责任明确。一方面，他严格按照车间的各项规章制度和各项标准化作业流程来确保员工作业安全和生产质量，让班组每一名员工认识到制度化、原则性的重要；另一方面，在他的带领下，班组内部沟通也进一步加强，通过谈心谈话、组织班组集体活动、意见收集等形式开展交流，及时了解班组员工的思想动态，解决员工的思想困惑，使班组内永远朝气蓬勃。

2012—2016年，卢某同志先后担任过列检4个班组中3个班组的工班长。4年工班长经历让他深知管理班组要自律，班组团队要做到自觉，生产管理需要自查。因为做到了自律、自觉、自查,他所带领的班组,没有发生一起工伤、安全责任事故,专注沉稳,不受诱惑、不受干扰,保持初心,用一生的时间去做好车辆检修这一件事,在工作中体现个人价值。

——引自《武汉地铁青年》公众号。

三、乘务车队长

乘务车队长是乘务车队的班组长,主要负责本车队的日常管理工作,组织本车队人员安全、业务技能培训,提高司机业务水平和安全生产意识,对本班发生的事件、事故严格按照"四不放过"原则进行处理。(见图2.8)

图2.8 乘务车队长

事故处理"四不放过"原则:事故原因不清不放过;预防措施不落实不放过;责任人未受到处罚不放过;群众未受到教育不放过。

乘务车队长的工作职责如下:

(1)负责本车队的日常管理工作。

(2)带领本车队人员完成上级下达的各项运营任务。

(3)根据运营需要合理调配人员,处理相关突发事件。

(4)组织本车队人员安全、业务技能培训,提高司机业务水平和安全意识。

(5)传达和落实上级部门制定的相关规定,认真做好检查和监督工作。

(6)确保本车队人员遵章守纪,对本班发生的事件、事故严格按照"四不放过"原则进行处理。

(7)了解本车队人员的思想情况,做好思想工作,保持本车队人员内部稳定。

(8)组织车队管理人员做好安全生产检查工作。

(9)负责做好后备人才培养工作。

(10)向上级汇报本车队近期工作情况和短期工作计划。

（11）完成上级领导安排的其他工作。

【拓展阅读 2.3】

广州地铁 14 号线客车队长

"忠于职守，验收操作规范，服务指挥，安全服务，坚持安全第一，确保地铁行车安全，准点高效，捍卫地铁司机形象，为广州地铁运营事业贡献力量。"这是广州地铁司机的上岗誓词。作为地铁司机，他们把别人的休息时间变成了自己守护安全的工作时间，他们在地铁事业的发展浪潮中贡献着不平凡的力量。

14 号线的客车队长牛某，2007 年毕业后进入广州地铁。13 年来，他的春节都是在"驾驶室"里度过的，他在行车安全工作中保持着零安全事件。13 载芳华，他是地铁运营一线的守望者，也是守职敬责的践行者。

2020 年的春节与以往不同，疫情牵动着全国人民的心，他作为党员，主动请缨投入"疫情防控攻坚战"中，号召全体电客车司机认真落实集团的决策部署，万众一心，众志成城，积极投身疫情防控工作。鉴于疫情的严重影响，乘务风险尤大，关系到整个乘务队伍。他让全员不要有任何的侥幸，在非常时期，团结一致，每日制定疫情简讯，按照要求落实，把概率降到最低。

14 号线成立不久，司机队伍是一个崭新的团队，新的团队需要度过磨合期才具有战斗力。牛某是一个有亲和力的人，在换线培训期间，他便和同事打成一片，大家都亲切地叫他"牛哥"。分部大部分司机来自线网各条线路或者是新入司司机，来到 14 号线，全部要重新培训考取 B 型车司机证。由于他以前是驾驶 A 型车和 L 型车，如今车辆及信号系统全部与之前的不同，他边学习边总结，和大家一起学习探讨，一起报道的转线司机全部通过换线考证。

在 14 号线做队长期间，他积极主动关心同事的思想动态，发现情绪不稳定的同事，马上给予安抚。客车队成员工作、生活有困难的，只要找到他，他总是尽全力去帮助。有次同事加班晚，由于工作地点在郊区，出行十分不便利，他得知后绕着路开车将同事送到地铁站。他是真正把分部当家，把同事当哥们儿对待。

——引自广州地铁。

【课堂讨论 2.4】

其他轨道交通企业班组长的职责

除了书上介绍的轨道交通企业班组长外，通过查询轨道交通企业官方网站、微信公众号、微博等搜集其他轨道交通企业班组长的信息,看看其他轨道交通企业班组长的工作职责。

以小组为单位进行讨论,并将讨论结果写于下方:

(1)_____

(2)_____

(3)_____

第三章 认识轨道交通企业班组长的选聘

知识目标

（1）理解职级的概念。
（2）了解轨道企业职业晋升的方式。
（3）了解班组长选聘的基本条件与注意要点。
（4）了解轨道交通企业班组长的选聘流程。

能力目标

掌握班组长晋升的方法与流程。

关键概念

职级、职级晋升、班组长选聘流程。

知识框架

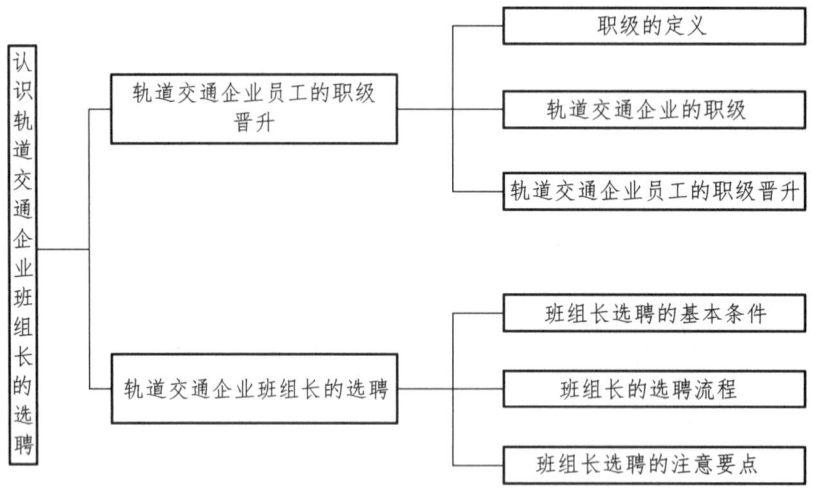

图 3.1 知识框架

第一节　轨道交通企业员工的职级晋升

轨道交通企业班组长是从普通的班组员工晋升而来的。班组成员要成为一名班组长，就需要满足相应的职级晋升条件，并参与企业组织的选聘，顺利通过之后方可成为正式的班组长。要了解如何成为一名班组长，首先就需要了解企业的职级划分与职级晋升的方法。

一、职级的定义

职级（Rank）是指一定职务层次所对应的级别，是工作的难易程度、责任轻重以及所需的资格条件相同或充分相似的职系的集合。

职级是职位分类中的重要概念，是录用、考核、培养、晋级人员时，从专业程度和能力方面考虑的依据。职级的职位数量并不相同，少则一个，多则数个。例如技术人员的职级分为初级工、中级工、高级工、技师等。职级的主要特征如下：

（1）职级是对一个职系内所有职位从纵向方面进行的划分。同一职级内的职位要求在工作性质、难易程度、责任大小及所需资格条件等4个方面都很相似。如有不同，则可能是处于不同的职系或职级。

（2）一个职级可以包括很多职位，也可能仅包括一个职位。

（3）职级对于确定员工是否适用同一管理办法和给予同样的报酬具有重要意义。在同一职级的职位上任职的员工所需资格条件，如教育、经验、知识、技能等都是相同的，选用的方法也一样，其工作性质、难易程度、责任大小等也充分相似，所以其报酬也一样。

职级的高低往往由职位所需专业素质决定，例如技术人员以技能水平为第一考量点，大学教师以学识为第一考量点。通常，根据个人的专业素质来评定工作职级，并根据每个人不同的能力给予不同的待遇。以下为比较常见的职级：

技术人员职级有：初级工、中级工、高级工；技师、高级技师；助理工程师、工程师、高级工程师等。

大学教师的职级有：助教、讲师、副教授、教授等。

行政体系的领导职级有：科级副职、科级正职、县处级副职、县处级正职、厅局级副职、厅局级正职、省部级副职、省部级正职、国家级副职、国家级正职等。

行政体系的非领导职级有：办事员、科员、副主任科员、主任科员、副调研员、调研员、副巡视员、巡视员等。

【课堂讨论 3.1】

寻找不同的职级划分

除了以下提到的职级外,你还能找哪些职务的职级划分?

以小组为单位进行讨论,并将讨论结果写于下方:

(1)_____

(2)_____

(3)_____

二、轨道交通企业的职级

轨道交通企业作为大型企业,设置有完善的职业等级体系与合理的职级晋升途径。由于每一个职业类别的专业要求不同,其职级设置也有着很大的区别。轨道交通企业常见的职级体系包括站务序列职级、维保序列职级、司机序列职级、车场序列职级等。此外,每一个轨道交通企业所设置的职级可能存在一定的差别,所以下列职级的设置仅作为学习参考。

(一)站务序列职级

站务类岗位主要包括站务员、值班员、值班站长、中心站副站长、中心站站长等岗位。从低到高设见习工、站务员、值班员、值班站长、中心站副站长、中心站站长等职级。

站务序列的各个职级的具体要求如下:

1. 见习工

应届毕业生(或工作年限不满 1 年员工)入职至取得本岗位上岗资格期间定级为见习工。

2. 站务员

取得站务员上岗资格的见习工定级为站务员。(见图 3.2)

图 3.2 站务员

3. 值班员

(1)在本公司站务员岗位在聘工作时间 1 年及以上并持有经公司认定或鉴定的车站值班员初级及以上职业资格证书的可申报值班员。

(2)在本公司票务类岗位工作 1 年及以上、在热线服务类岗位工作 2 年及以上可申报值班员。

4. 值班站长

值班员同时具备以下条件可申报值班站长：

（1）在本公司值班员岗位在聘工作时间1年及以上。

（2）持有本市消防安全教育合格证。

（3）信号设备（ATS/LCW）理论及实操考试合格。

（4）持有经公司认定或鉴定的车站值班员中级及以上职业资格证书。

5. 中心站副站长

值班站长同时具备以下条件可申报中心站副站长：

（1）在本公司值班站长岗位在聘工作时间1年及以上。

（2）持有经公司认定或鉴定的车站值班员高级及以上职业资格证书。

6. 中心站站长

中心站副站长同时具备以下条件可申报中心站站长：

（1）在本公司中心站副站长岗位在聘工作时间1年及以上。

（2）持有经公司认定或鉴定的车站值班员高级及以上职业资格证书。

（二）维保序列职级

维保序列的岗位包括运营公司从事设备、设施维修、维护保养的相关岗位。维保序列的职级包括见习工、初级工、中级工、高级工、技师、高级技师、首席技师等。

维保序列的各个职级的具体要求如下：

1. 见习工

应届毕业生（或工作年限不满1年）员工入职至取得本岗位上岗资格和初级职业资格时定级为见习工。

2. 初级工（见图3.3）

图3.3 初级工

同时满足以下条件可申报初级工：

（1）见习工取得本岗位上岗资格。

（2）持有经公司认定或鉴定的与本岗位相关的初级及以上职业资格证书。

（3）专业知识和技能：掌握本岗位紧密相关的基本原理、技能，对本岗位一般性工作能进行独立操作。

3. 中级工

同时满足以下条件可申报中级工：

（1）具备本岗位上岗资格。

（2）持有经公司认定或鉴定的与本岗位相关的中级及以上职业资格证书。

（3）相关专业工作年限2年及以上。

（4）专业知识和技能：熟练掌握本岗位紧密相关的基本原理、技能，并掌握本岗位相关的中难度技术工作操作程序与执行标准，能解决具有一定难度的工作实践问题，能够进行一定难度的操作。

4. 高级工

同时满足以下条件可申报高级工：

（1）具备本岗位上岗资格。

（2）持有经公司认定或鉴定的与本岗位相关的高级及以上职业资格证书。

（3）相关专业工作年限5年及以上并在公司中级工职级工作满3年及以上。

（4）专业知识和技能：全面掌握本岗位相关的专业知识并能在实践中予以一定程度的应用，掌握本岗位相关的深难度操作程序与执行标准和现场操作技能，在大型技术改造工作中，能给予支持并担当重要角色。

5. 技师

同时满足以下条件可申报技师：

（1）具备本岗位上岗资格。

（2）持有经公司认定或鉴定的与本岗位相关的技师及以上职业资格证书。

（3）相关专业工作年限10年及以上，并在本公司高级工职级工作3年及以上。

（4）专业知识和技能：全面掌握与本职类相关的专业知识，并将其运用到实践中与本专业技术融会贯通，掌握、应用和推广本职业（工种）的先进技术、先进工艺和国内外先进经验；熟练、准确掌握本岗位深难度的操作规程、执行标准和操作技能；能够带领技术工人配合进行大型技术改造，对于深度现场技术故障能够独立做出正确的分析并提出有效的实践解决方案。

（5）年度绩效考核为良好及以上。

6. 高级技师

同时满足以下条件可申报高级技师：

（1）具备本岗位上岗资格。

（2）持有经公司认定或鉴定的与本岗位相关的高级技师职业资格等级。

（3）相关专业工作年限13年及以上，并在本公司技师职级工作3年及以上。

（4）专业知识和技能：全面、熟练掌握与本职类相关的专业知识，并将其运用到实践中与本专业技术融会贯通；熟练、精准掌握本岗位深难度的操作规程、执行标准和操作技能；具有一至两项在同行中可视为高水平的技能；能够对现有操作规程提出自己的发展观点、技术改进意见，并得到推广应用。

（5）年度绩效考核为良好及以上。

7. 首席技师

同时满足以下条件可申报首席技师：

（1）具备本岗位上岗资格。

（2）持有经公司认定或鉴定的与本岗位相关的高级技师职业资格等级。

（3）在高级技师职级工作1年及以上。

（4）连续2年年度绩效考核为"优秀"且在任职期间专业成果获市级及以上表彰。

（5）专业知识和技能：精通本职类相关的专业知识，熟练掌握本职业多种技能，为所在单位和社会做出了重大贡献（社会或经济效益），在同行中享有很高声誉。

（三）司机序列职级

列车司机类包括学习司机、电客车司机、工程车司机等岗位。司机序列的职级包括见习工、学习司机、初级工、中级工、高级工、技师、高级技师、首席技师等。

司机序列的各个职级的具体要求如下：

1. 见习工

应届毕业生（或工作年限不满1年）员工入职至取得学习司机上岗资格期间定级为见习工。

2. 学习司机（见图3.4）

图3.4 学习司机

取得学习司机上岗资格的见习工定级为学习司机。

3. 初级工

取得电客车司机上岗资格和初级职业资格的学习司机可定级为初级工。

4. 中级工

同时满足以下条件可申报中级工：

（1）具备本岗位上岗资格；

（2）持有经公司认定或鉴定的与本岗位相关的中级及以上职业资格证书。

（3）相关工作年限 2 年及以上。

5. 高级工

同时满足以下条件可申报高级工：

（1）具备本岗位上岗资格。

（2）持有经公司认定或鉴定的与本岗位相关的高级及以上职业资格证书。

（3）相关工作年限 5 年及以上。

（4）在本公司中级列车司机岗位工作满 3 年或在中级列车司机岗位任职期间安全行车公里数达 7.5 万公里及以上。

6. 技师

同时满足以下条件可申报技师：

（1）具备本岗位上岗资格。

（2）持有经公司认定或鉴定的与本岗位相关的技师及以上职业资格证书。

（3）相关工作年限 10 年及以上。

（4）在本公司高级列车司机岗位工作满 3 年或在高级列车司机岗位任职期间安全行车公里数达 7.5 万公里及以上。

（5）年度绩效考核为良好及以上。

7. 高级技师

同时满足以下条件可申报高级技师：

（1）具备本岗位上岗资格。

（2）持有经公司认定或鉴定的与本岗位相关的高级技师职业资格等级。

（3）相关工作年限 13 年及以上。

（4）在本公司技师级列车司机岗位工作满 3 年及以上或在本公司技师级列车司机岗位任职期间安全行车公里数达到 6 万公里及以上。

（5）年度绩效考核为良好及以上。

8. 首席技师

同时满足以下条件可申报首席技师：

（1）具备本岗位上岗资格。

（2）持有经公司认定或鉴定的与本岗位相关的高级技师职业资格等级。

（3）在本公司高级技师级列车司机岗位工作1年及以上。

（4）连续2年年度绩效考核为"优秀"且在任职期间专业成果获市级及以上表彰。

（5）专业知识和技能：精通本职类相关专业的专业知识，熟练掌握本职类多种技能，为所在单位和社会作出了重大贡献（社会或经济效益），在同行中享有很高声誉。

（四）车场序列职级

地铁车场又称车辆段，是地铁车辆停放、检查、整备、运用和修理的管理中心所在地。（见图 3.5）车场序列的职级包括信号楼值班员、派班调度、车场调度、车场组组长等。

图 3.5　地铁车场

车场序列的各个职级的具体要求如下：

1. 信号楼值班员

在公司初级电客车司机岗位工作1年及以上者可申报信号楼值班员。

2. 派班调度

在公司初级电客车司机岗位工作1年及以上者可申报派班调度。

3. 车场调度（见图 3.6）

具备以下条件之一者，可申报车场调度：

（1）在公司派班调度岗位工作1年及以上。

（2）在公司信号楼值班员岗位工作1年及以上。

（3）在公司初级电客车、工程车司机岗位工作2年及以上。

图 3.6 车场调度

4. 车场组组长

具备以下条件之一者,可申报车场组组长:

(1)在公司车场调度岗位工作 2 年及以上。

(2)在公司电客车、工程车司机队长岗位工作 2.5 年及以上。

除了以上序列以外,还有列车司机类序列、调度类序列、票务类序列等。

司机类序列包括见习工、学习司机、初级工、中级工、高级工、技师、高级技师、首席技师,与维保序列类似。

每一个轨道交通企业的职级及相关要求均有所不同,这与企业的发展状况以及企业管理制度有关。

三、轨道交通企业员工的职级晋升

职级晋升(Rank Promotion)是指企业员工根据晋升的条件、方法与流程,由较低层级职级上升到较高层级职级的过程。

轨道交通企业员工的职级晋升要根据企业的业务发展需要和岗位编制空缺情况,由公司发布内部选拔和晋升方案,组织人员晋升。

下文以维保序列的职级晋升为例,介绍其大致流程。

1. 职级人数确定

轨道交通企业根据业务需要及所处的发展阶段、人员结构状况进行职级人数的确定,并根据部门职级空缺情况,确定每次各部门职级晋升的名额。

原则上,各职级人数按在职员工总人数的一定比例进行配置。维保序列各职级人数比例如表 3.1 所示。

表 3.1 维保序列各职级人数比例

岗位序列		维保序列
职级	见习工	不设职数限制
	初级工	
	中级工	
	高级工	25%
	技师	3%
	高级技师	2%
	首席技师	车辆机械、车辆电气、供电、接触网、机电、轨道、自动化、通信、信号、AFC 等专业各设 1 名

2. 方案发布

轨道交通企业人力资源部根据职级晋升工作安排拟定职级晋升方案，经职级管理委员会审核并报公司总经理批准后发布。

3. 员工申报

自我评估符合职位基本任职资格要求者，填写职级晋升申请表，并提供相关任职经历、专业成果、工作业绩等材料报人力资源部，进行职级晋升申报。

4. 资格审查

人力资源部根据通用任职资格要求进行资格审核和初选。

5. 职级评审

轨道交通企业职级管理委员会根据员工申报材料评审并确定拟晋升名单。

6. 竞聘

需要通过竞聘产生拟晋升名单的，由企业职级管理委员会组织竞聘。

竞聘方式一般包括晋升考试、业绩评价、民主测评、面试等内容。

7. 聘用

职级管理委员会将拟晋升名单报公司总经理审批通过后，由公司进行聘用。

技师及以上职级实行聘任制。技师、高级技师聘期为 3 年，首席技师聘期为 2 年。聘期满自动解聘，经过重新竞聘或评审后方可续聘；未能续聘的，按下一职级聘用。

【课堂讨论 3.2】

学生干部的职级晋升

高校为了选拔优秀的学生干部，也制定了一系列的晋升制度。结合身边的学生干部晋升经历，与企业中的职级晋升相对比，阐述两者的异同。

以小组为单位进行讨论，并将讨论结果写于下方：

（1）＿＿＿＿＿＿＿＿＿＿＿＿＿＿＿＿＿＿＿＿＿＿＿＿＿＿＿＿

（2）＿＿＿＿＿＿＿＿＿＿＿＿＿＿＿＿＿＿＿＿＿＿＿＿＿＿＿＿

（3）＿＿＿＿＿＿＿＿＿＿＿＿＿＿＿＿＿＿＿＿＿＿＿＿＿＿＿＿

第二节　轨道交通企业班组长的选聘

轨道交通企业班组长是班组生产管理的直接指挥者和组织者，是企业最基层的责任人，同时也是生产者。班组长的使命包括提高产品质量、提高生产效率、降低生产成本、防止工伤事故发生等。在轨道交通企业当中，为更好地完成生产任务和开展各项管理活动，对于班组长的选聘也较为严格。要成为一名优秀的班组长，需具备一定的基本素质和专业能力。

一、班组长选聘的基本条件

1. 思想素质条件

思想素质是人们的思想意识状态按社会规范的要求所达到的水准。轨道企业班组长应热爱轨道交通事业，关心企业发展，维护企业利益，具有较强的思想政治素质、责任心、事业感，具有良好的职业道德、职业操守。班组长是班组的领头雁，在工作中要严于律己、率先垂范、以身作则，以高尚的情操和模范行为，以个人的人格魅力，带领班组成员出色地完成各项生产和工作任务。

【发散思维】

除了书中提到的条件外，试想一下轨道交通企业班组长还应具备哪些能力素质？

（1）＿＿＿＿＿＿＿＿＿＿＿

（2）＿＿＿＿＿＿＿＿＿＿＿

（3）＿＿＿＿＿＿＿＿＿＿＿

2. 工作履历条件

工作履历是选聘者的工作历史，是企业选拔招聘人员的主要参考要素之一。要成为一名轨道交通企业班组长，应当具有相应专业专科及以上文化程度，并在上一个职级当中实际工作1年及以上，具体工作经历年限根据不同岗位有不同要求。

以值班站长为例，需要在本公司值班员岗位在聘工作时间1年及以上，车场组组长则需要在公司车场调度岗位工作2年及以上。

3. 安全素质条件

轨道交通企业班组长应具有良好的安全意识，安全生产责任重于泰山。轨道交通企业班组长在工作中要严谨细致，严格把关，将安全管控贯穿于工作的每一个环节、每一道工序、每一个工种，不放过任何影响安全生产的隐患。同时，要加强对班组成员安全教育培训，帮助班组成员提高安全意识，最终实现安全生产的目标。

轨道交通企业班组长要有对危险因素的预知预防能力。班组长对班组中可能发生或导致危害安全的因素要有前瞻性和预见性。如进入有电及易燃、易爆区域，进入作业环境复杂现场，出现天气情况恶化、路况情况复杂等情况，要对员工做出明确的提醒并布置防范措施。要了解和掌握班组的安全状况，分析员工思想动态，注意员工情绪变化，对容易发生事故的岗位、工种心中有数，超前工作，稳定队伍。

4. 业务素质条件

轨道交通企业班组长应具备较高的业务素质，拥有丰富的实践经验和专业技能，并善于学习新知识、新工艺、新方法，不断提高自己的专业技术水平。随着科学技术的日益发展，新技术、新工艺、新材料将广泛应用于现代生产，新理念、新方法不断取代传统的管理理念和方法。科技和人才将会成为现代企业的核心竞争力。因此，班组长不仅要熟练地掌握生产技术知识和技能，成为班组的技术尖子、革新能手，还要精通生产设备、生产工具的操作特性。

轨道交通企业班组长要全面掌握本班组工作范围的基本业务知识和实作技能，做到问不倒，难不倒，考不倒。尤其要具备在非正常情况下处置各种应急问题的业务能力。同时，还要带动班组成员共同进步，为他们创造更好的学习条件和机会。正视班组职工的差异性，对于业务基础薄弱的职工，要加大培训力度，提高其业务技能；对于业务过硬的职工，鼓励他们根据自身的特长，积极参加各种业务竞赛。

5. 组织管理条件

组织管理条件包括服从组织领导，坚持原则，做事公道正派，合理安排工作，分配民主公开，带头发挥表率作用，有较强的组织管理能力、创新能力和团队协作精神，善于做职工的思想政治工作，促进班组的团结和谐，在职工中享有较高威信。轨道交通企业班组长应当具备集体荣誉感和责任感，不断提升班组长的自我价值认同感，使之愿意为班组安全生产贡献毕生聪明才智。

轨道交通企业班组长要有团队精神，团结所有班组成员，在班组中营造积极、乐观、健康、向上的氛围。班组长是班组的领头雁，在工作中要严于律己、率先垂范、以身作则，带领班组成员出色地完成各项生产和工作任务。

轨道交通企业班组长要在引导班组成员学习和践行企业发展战略等方面积极发挥带头作用，通过不断学习，努力提升班组成员的理论修养，增强使命感和责任感，使企业精神、企业文化成为激发员工干劲、开拓进取的不竭动力。同时，结合工作实际，建立科学合理的考核、奖惩机制，把班组打造成一个团结进取、技术精湛的集体。

二、班组长的选聘流程

轨道交通企业班组长的选聘是轨道交通企业人力资源管理部门以及用人部门采用科学的方法挑选或聘请合适的人员从事特定的班组管理工作的过程。

轨道交通企业班组长的选聘流程可以大致分为公布选聘信息、报名与审查、竞聘的实施3个步骤。

（一）公布选聘信息

轨道交通企业在选拔班组长之前，需要根据企业的用人需求来确定所需要的班组长岗位及人数，以及确定选聘的人员范围。并不是所有的轨道交通企业人员都具有选聘班组长的资格与条件，只有具有相关工作经历并且表现优秀的员工才能够胜任班组长的角色。

轨道交通企业往往会根据员工以往的业绩水平、工作经历等确定班组长的选聘条件，并且将选聘的资格与条件公布出去，让所有具有相关资格与条件的员工知晓。

（二）报名与审查

轨道交通企业员工根据选聘条件进行报名。报名的方式可以是自荐报名，也可以是部门推荐。不论采用哪一种方式进行报名，都需要通过选聘组织的资格审查。

选聘组织一般由企业人力资源管理部门与用人部门相关领导共同组成。

（三）竞聘的实施

轨道交通企业班组长的竞聘方式一般包括晋升考试、业绩评价、民主测评、面试等内容。

1. 晋升考试

晋升考试是轨道交通企业为了测试选聘者专业技术、技能水平的一种测试。晋升考试由笔试和实操考试组成，由企业人力资源管理部门组织命题。晋升考试成绩可借鉴职业资格技能鉴定考试成绩。

晋升考试包括笔试与实操考试，不同岗位所占比例不同。

晋升考试内容根据岗位所需而定，具体包括安全知识、专业知识、管理知识以及实操测试等内容。

比如车辆检修工班长的晋升考试就包括笔试与实操测试两类。其中，笔试内容包括安全知识、专业技术知识、机械基础知识、电气基础知识、管理知识等内容，笔试后进行阅卷；实操考试内容包括双周检作业内容、故障处理等内容。

2. 业绩评价

业绩评价是轨道交通企业对照工作目标和绩效标准，采用科学的考核方式，评定员工的工作任务完成情况、员工的工作职责履行程度和员工的发展情况，并最终以考核分数作为员工业绩的反映。

业绩评价主要为员工晋升时近12个月的月度绩效考核平均成绩和上一职级任职期间所获各项奖励。

上一职级任职期间所获奖项包括公司级及以上各项年度优秀（先进）个人、荣誉称号、行政奖励等。其中，所获奖项的级别越高，加分也会越多，各项奖项在职级晋升中不得重复计分。

3. 民主测评

民主测评是通过选聘人员所在部门的员工对其在政治表现、团队意识、业务能力、工作成效等多方面进行打分，以考察参选者实际工作能力。

其中，入职不到半年的员工不得对其他晋升人员进行民主测评；参与同职级晋升的不得互相民主测评。

民主测评同意任职票数≥70%，且平均分数≥60分的，方可进入选拔的下一环节。企业职级管理委员会根据竞聘总成绩并结合聘任职数从高到低确定拟晋升人员名单。

4. 面试

面试是一种经过组织者精心设计，在特定场景下，以考官对考生的面对面交谈与观察为主要手段，由表及里地测评考生的知识、能力、经验等素质的一种考试活动。

面试也是班组长选聘的重要环节，可以对应聘者的实际工作能力与综合素质进行考察。具体的面试方法包括单独面试、集体面试、竞职演讲等。

面试者需对个人简历、参加竞聘的优势等方面进行述职，重点在工作成绩及选拔岗位的工作方案、思路设想等方面，并回答面试人员提出的专业问题。面试可以综合考察应试者的知识、能力、工作经验及其他素质特征，可以弥补笔试的失误，并有效地避免高分低能者和冒名顶替者等。

【拓展阅读 3.1】

某地铁车辆部工班长（检修）选拔工作方案

一、选拔岗位、人数

1. 轮值班组工班长 1 名。

2. 计划班组工班长 1 名。
3. 轮值班组副班长 4 名。

二、选拔原则

1. 坚持以岗位任职要求为主要依据原则。
2. 德才兼备、任人唯贤原则。
3. 公开、公平、公正、竞争、择优原则。
4. 基于岗位任职资格并结合工作业绩的原则。
5. 群众公认，注重实绩原则。

三、条件与资格

1. 要求 2010 年、2011 年月度绩效考核成绩均达到 90 分以上。
2. 坚持党的基本路线，遵纪守法，遵守公司规章制度。
3. 热爱本职工作，责任心强，严格履行职业道德规范。
4. 有较强的组织能力和管理能力。
5. 在现岗位中业绩突出。
6. 掌握相关的安全知识和防护技能，安全意识强。
7. 入公司以来未发生过任何违章违纪现象。
8. 工龄不少于 1 年。
9. 从事与本岗位相关的工作不少于 1 年。

四、选拔过程

（一）公布选拔方案

选拔工作小组于选拔工作开展前两周，将经过部门审批通过的选拔方案报运营分公司相关部门审批、公布。

（二）发布通知

选拔工作小组于选拔工作开展前一周向运营分公司及车辆部检修室（含调试组）发出选拔通知。

（三）接受报名

报名时间为××××年××月×日—×日，报名地点设在检修室。要如实填写《个人报名表》，撰写述职报告，本人年度考核情况、获奖证书等相关材料原件、复印件，近期 1 寸免冠蓝底彩色照片 2 张等报送本室（上述有关资料及照片须附电子版），本室根据个人报名的情况形成符合条件人选名册连同有关资料电子版一并上报工作小组。

（四）资格审查

具体工作由选拔工作小组负责。

（五）民主测评和民主推荐

从此项程序开始至任命程序时间，工作小组在各室开展民主测评和民主推荐，从德、能、勤、绩等方面对选拔人进行测评。会上要安排发放、填写民主测评表和民主推荐表，测评结果计入总分。工作小组负责民主测评、民主推荐的组织及结果统计工作。

1. 民主测评范围：部门部长、副部长、各室经理、副经理、检修室管理人员、安技室相关人员、普通员工。

2. 民主测评率=部门部长、副部长×20%+各室经理、副经理×30%+检修室员工、安技室相关人员×50%。

3. 被测评人测评优秀率不得低于85%。

4. 工作小组统计测评情况，未通过民主测评者不能参加选拔。

5. 民主推荐分为同意推荐和不同意推荐，推荐选拔人员选拔相关岗位的同意率不得低于60%。

6. 竞聘人员不参加民主测评。

（六）笔试和演讲答辩

1. 公布初审人员名单，工作小组组织入围人员进行专业考试。专业考试分为笔试和实操考试，笔试5次，实操考试1次，共计6次。笔试内容为安全知识一套、专业技术知识一套、机械基础知识一套、电气基础知识一套、管理知识一套，笔试后进行阅卷。实操考试内容为双周检作业内容和故障处理内容。专业考试平均成绩前10名人员进入下一轮选拔演讲答辩环节，不足前10名的全部进入。

2. 发出参加选拔演讲答辩通知，公布笔试成绩合格人员名单，要求选拔人就所聘岗位认真准备竞聘演讲答辩稿。

3. 工作小组做好选拔演讲答辩相关工作。

4. 参加选拔演讲答辩人选抽签决定演讲答辩顺序，按岗位采取选拔演讲答辩、个人述职、现场回答的方式进行（主要就个人简历、参加竞聘的优势等方面进行述职，重点在工作成绩及选拔岗位的工作方案、思路设想）。

5. 演讲答辩主要对选拔人员的答辩内容、现场表现及个人素质等方面进行综合评价，现场打分。演讲答辩评委人数不少于6人。演讲答辩评委可以根据述职报告的内容向选拔人员提出问题。答辩时间不超过20分钟，评委现场提问、候选人回答问题环节不得超过10分钟。答辩满分100分，占选拔总成绩的30%。去掉一个最高分，一个最低分后，选拔答辩成绩=检修室负责人评分×40%+评委会其他成员平均评分×60%。答辩结束后，立即进行分数统计并现场公布演讲答辩成绩。

6. 演讲答辩当日公布总成绩和排名（由高至低进行排序）。

（七）确定拟聘人选

1. 工作小组汇总计算各岗位推选人选的总分，根据专业考试平均成绩、演讲答辩得分、民主测评和月度绩效考核平均值及其他情况得分，按权重统计演讲答辩人选总分。工作组根据选拔人选总分客观公正地对拟聘人选做出评价，初审后推荐合适的候选人，提交领导小组审议。

2. 总分计算方法：总分=专业考试平均成绩×30%+演讲答辩成绩×30%+民主测评

得分×15%+月度绩效考核平均值×25%。

3. 工作小组按照总分的高低进行排名，取前 6 名为工班长和副班长人选，并将人选报领导小组审议。

（八）审批任命

经领导小组审议产生的最终分数确定拟聘人选，在部门范围内公示（公示期为 5 个工作日），期间受理员工投诉和咨询。拟聘人选经公示无异议后进行正式聘任，由人事部负责起草人事令。

三、班组长选聘的注意要点

班组长的选聘至关重要，这关系着企业生产经营管理水平，关系着企业经济效益和企业的发展，也关系着班组职工的切身利益。因而选拔信得过、管理有章法、素质过得硬的班组长尤为重要。

为此，在班组长选聘中必须防止"七重七轻"。

1. 重学历轻能力

有的人学历较高，理论功夫较深但实践能力不强，善于动口而不善于动手，善于书写而不善于表达，往往难以胜任班组管理工作。如果按照学历排队选拔班组长，一方面可能会挫伤学历不高而实际工作能力很强的员工的积极性；另一方面还可能使少数人产生班组长选拔只要文凭不要水平的错误认知，误导大家学习进取的方向，阻碍班组工作的开展。

2. 重经验轻全面

有的企业在选拔班组长时比较看重处理某一方面问题、解决某一方面难题、经验比较丰富的职工，因为这些人关键时候能够冲得上、顶得住、拿得下，而不注重使用那些综合素质比较全面，但经验特长不是十分明显的人。其实，班组管理是经济、技术、安全、思想等管理的集成，班组长需要具备较强的综合素质，缺少了哪一个方面都难以提高班组管理水平，靠某一方面的经验只能应付一时一事，而应对不了长远和常态。

3. 重人缘轻原则

班组长需要具有良好的人际关系，这样有利于凝聚力量，形成合力。但是人缘必须建立在原则基础之上，如果只乐意当好好先生而不敢大胆管理、严格要求，这样的人缘必定阻碍管理的高标准。因此，必须选拔那些原则性强，自身要求严，敢于碰硬，敢于担当，不怕得罪人的人员担任班组长，不断提高班组的执行力，努力打开班组管理局面。

4. 重活泼轻沉稳

有的人觉得性格活泼的人员容易沟通，便于相处，因而在选拔班组长时总是首先想到那些性格比较张扬的文体活动积极分子，而对那些行事比较沉稳，不太善于表现自己的人员则关注不多。其实，班组长如果性格过于外向，反而容易造成工作浮躁，做事冒进，班组管理忽冷忽热的不稳定局面。班组长既需要性格外向，能够与大家处得来、谈得拢，也需要老成持重，思考问题缜密，处理问题稳当，做事张弛有度的人，以保持班组管理平稳有序。

5. 重指派轻竞争

有的单位在选拔班组长时总是采用领导提名的方式进行指派任命，缺乏民主、竞争的机制，容易造成在少数人的小圈子里选人的任人唯亲现象，缺乏公开、公平、公正的任人唯贤氛围，当上班组长者腰杆不硬气，未当上班组长者心里不服气。要将选拔班组长的权力交给班员，通过个人自荐、班员推荐、竞争上岗等途径选拔个人愿意干、班员拥护干、组织支持干的班组长，提高班组长的群众信任度。

6. 重显力轻潜力

有的企业在选拔班组长时存在急功近利的短期行为，以能够应付班组简单管理为标准选人，只要能够把班组管理撑得下来就行，较少考虑这样的班组长将来是否能够适应企业进一步发展的需要，也没有注重把那些具备一定的发展潜力，而目前还不完全成熟的人员放到班组长岗位上进行培养，造成班组长队伍后继乏人，总体素质始终滞后于企业发展的需要。应该用辩证的眼光看待每一个人，既立足当前，更着眼长远，树立前瞻思维，把那些有后劲、有潜力的人员选拔到班组长岗位上进行培养与锻炼，持续提高班组长队伍建设水平。

7. 重内选轻外引

有的企业选拔班组长总是突破不了既有的班组小天地，即使本班组中没有比较中意的人选也要"矮个子里面选将军"，造成个别班组管理工作长期处于后进状态。企业应该打破以班组画地为牢选拔班组长的方式，面向整个企业甚至面向社会公开进行班组长招聘选拔，拓宽选人识人用人的视野，从而配齐配强每一个班组的班组长，保持班组的坚强战斗力。

【课堂练习 3.1】

班组长选拔模拟练习

根据本书中介绍的班组长选拔流程，以班级小组为单位，进行班组长选拔模拟练习。

选拔流程如下：

1. 组内推荐、自我推荐

每个小组至少要有一名人员参选。

2. 资格审查

审查参选人员的资格。

3. 民意测评

全班同学对竞聘者进行民意测评，包括"责任心，团队与沟通"两方面。

4. 竞聘演讲

（1）竞聘者准备3分钟左右的演讲，主要包括自身优势，对岗位的思考，计划等；

（2）演讲前需报自己的序号、组别、姓名；

（3）全班同学对竞聘者的演讲效果进行评价。

5. 评分

（1）总分=责任心（1/3）+团队、沟通（1/3）+演讲得分（1/3）；

（2）评分时注意客观公正，不可出现所有人同分，所有人满分，零分等情况；

（3）评完分后，老师在全班公布竞聘结果。

6. 活动奖励

（1）每名参与竞聘的人员加分1次。

（2）每组得分最高者选聘为本组组长。

第四章 认识轨道交通企业组织结构

知识目标

（1）理解企业的定义与分类。
（2）了解轨道交通企业的特点。
（3）了解组织结构的定义与构成。
（4）了解轨道交通企业的组织结构。

能力目标

制作轨道交通企业的组织结构图。

关键概念

企业、组织结构、轨道交通企业组织结构。

知识框架

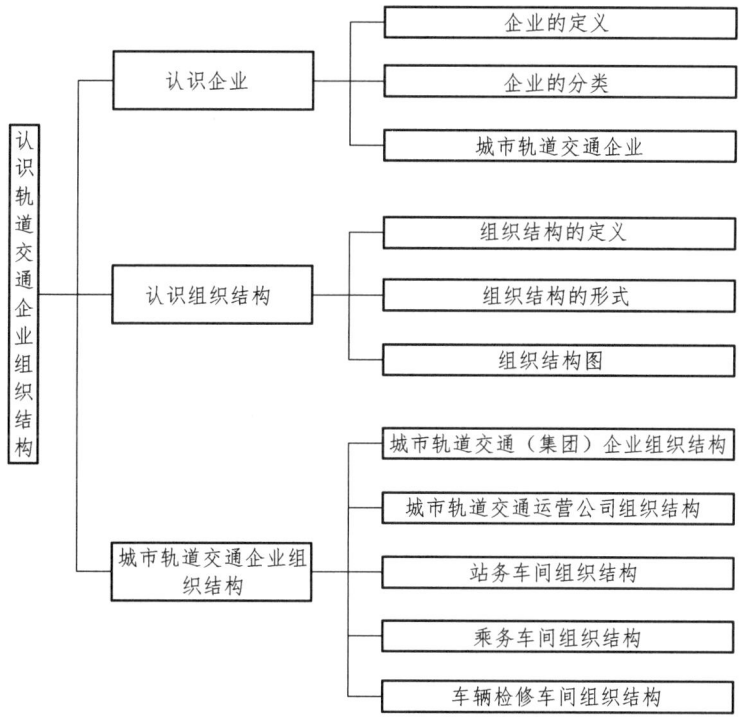

图 4.1　知识框架

第一节　认识企业

一、企业的定义

企业（Enterprise）是指从事生产、流通、服务等经济活动，以生产或服务满足社会需要，实行自主经营、独立核算、依法设立、具有经济法人资格的一种营利性的经济组织。

对于中国而言，"企业"一词并非我国古文化所固有，和其他一些现在已经广泛使用的社会科学词汇一样，是在清末变法之际，从日本借鉴而来的。而日本则是在明治维新以后，引进西方的企业制度过程中，从西文翻译而成的。日本在引进该词时，意译为"企业"，从字面上看表示的是商事主体企图从事某项事业，且有持续经营的意思。据此，可以认为，企业一词在语源意义上是作为权力客体存在的，它是"主体从事经营活动，借以获取盈利的工具和手段"或者"创制企业和利用企业进行商事营业活动并非商事主体的终极目标"，其最终目的无非是"谋求自我利益的极大化"。

【发散思维】

说说你熟悉的企业及其类别：
（1）＿＿＿＿＿＿＿＿＿＿＿＿
（2）＿＿＿＿＿＿＿＿＿＿＿＿
（3）＿＿＿＿＿＿＿＿＿＿＿＿

企业是社会发展的产物，因社会分工的发展而成长壮大。企业是市场经济活动的主要参与者。在社会主义经济体制下，各种企业并存共同构成社会主义市场经济的微观基础。

二、企业的分类

企业按照不同的方式可以进行不同分类，具体如图 4.2 所示。

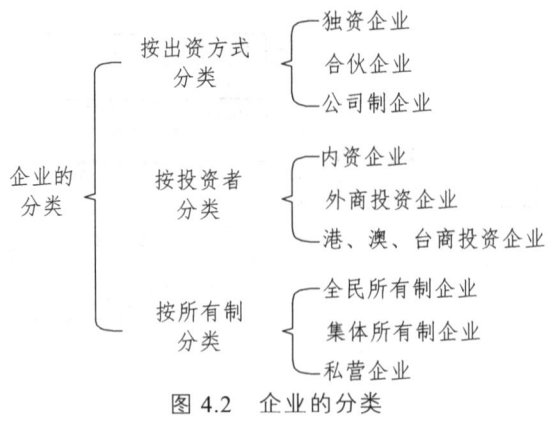

图 4.2　企业的分类

（一）按出资方式分类

按投资人的出资方式和责任形式可以分为独资企业、合伙企业、公司制企业。其中，公司制企业是现代企业中最主要、最典型的组织形式。

1. 独资企业

独资企业是指个人出资经营、归个人所有和控制、由个人承担经营风险和享有全部经营收益的企业。

2. 合伙企业

合伙企业是指由各合伙人订立合伙协议，共同出资，共同经营，共享收益，共担风险，并对企业债务承担无限连带责任的营利性组织。

3. 公司制企业

公司制企业是指按照法律规定，由法定人数以上的投资者（或股东）出资建立、自主经营、自负盈亏、具有法人资格的经济组织。

（二）按投资者分类

按投资者的不同可以分内资企业，外商投资企业和港、澳、台商投资企业。

1. 内资企业

内资企业是指在我国境内设立的由我国投资者投资举办的企业。

2. 外商投资企业

外商投资企业是指依照中国法律在中国境内设立的，由中国投资者与外国投资者共同投资，或者由外国投资者单独投资的企业。

3. 港、澳、台商投资企业

港、澳、台商投资企业是指港、澳、台地区投资者参照中华人民共和国有关涉外经济的法律、法规以合资、合作或独资的形式在内地开办的企业。

（三）按所有制分类

按所有制结构可以分为全民所有制企业、集体所有制和私营企业。

1. 全民所有制企业

全民所有制企业又称国有企业，是指企业财产属于全民所有的，依法自主经营、自负盈亏、独立核算的商品生产和经营单位。

2. 集体所有制企业

集体所有制企业是指部分劳动群众集体拥有生产资料的所有权，共同劳动并实行按劳分配的经济组织。

3. 私营企业

私营企业是指资产归私人所有、雇工 8 人以上的营利性经济组织。

【课堂讨论 4.1】

轨道交通企业的企业类别

想一想，讨论城市轨道交通企业属于以上哪一种企业类别？

以小组为单位进行讨论，并将讨论结果写于下方：

（1）_____

（2）_____

（3）_____

三、城市轨道交通企业

城市轨道交通企业（Urban Rail Transit Enterprises）是负责城市轨道交通建设、轨道交通运营、资产经营、站城开发等多个领域的大型企业。

城市轨道交通是指采用轨道结构进行承重和导向的车辆运输系统，依据城市交通总体规划的要求，设置全封闭或部分封闭的专用轨道线路，以列车或单车形式，运送相当规模客流量的公共交通方式。城市轨道交通企业则肩负着对城市轨道交通系统进行建设、维护、运营的职责，为广大乘客提供安全、便捷、舒适的公共交通服务。

在国内，城市轨道企业主要由国家政府建立，由当地政府或自治团体进行轨道交通的营运，被称为公营。同时，轨道交通企业也可以由民营企业建立，由民营企业自己营运即民营，这在亚洲除中国外的国家较常见。此外，轨道交通企业还可能由公营团体出资建立，由民营企业负责经营管理，这在欧洲地区较为常见。

城市轨道交通企业主要涉及轨道交通建设、轨道交通运营、资产经营、站城开发等多方面，不同国家、不同地区的轨道企业又有所不同。轨道交通企业具体承担的业务如下：

1. 轨道交通建设

城市轨道交通企业负责对城市轨道交通系统进行长期规划、勘察设计、咨询监理、建设管理等。具体包括轨道交通新建线路的初步设计；施工设计、施工队伍、车辆设备的招标、评标和决标；轨道交通新建线路的土建结构、建筑装修、设备安装工程及相应市政配套工程的实施；轨道交通新建线路的系统调试、开通、验收直至交付试运营全过程的建设管理等任务。

2. 轨道交通运营

城市轨道交通企业负责城市轨道交通运营生产组织、客运服务、设备建设与维保等工作，对所辖轨道交通线路进行运营管理。城市轨道交通企业需要坚持"安全、准确、高效、服务"的运营宗旨和"安全第一、预防为主"的运营方针，以及"以乘客需求为导向"的服务理念。城市轨道交通企业需不断提升自身服务水平，竭力为广大乘客提供更加安全、快捷、舒适和便利的轨道交通运营服务。

3. 资产经营

城市轨道交通企业是大型企业，除了经营轨道相关业务，还经营房地产开发、广告、民用通信、便民服务区开发、商业接口收费、文创产品开发、轨道交通沿线商业等业务，为集团公司可持续发展提供资金支持。

此外，城市轨道交通企业还承担轨道物业开发、轨道交通相关业务咨询及教育培训、轨道交通相关科技创新研发等领域的业务。

第二节　认识组织结构

一、组织结构的定义

组织结构（Organizational Structure）是组织的全体成员为实现组织目标，在管理工作中进行分工协作，在职务范围、责任、权力方面所形成的结构体系。

组织结构是一个组织是否实现内部高效运转、是否能够取得良好绩效的先决条件。组织结构通常表现为一个组织的人力资源、职权、职责、工作内容、目标、工作关系等要素的组合形式，是组织在软层面的基本形态，其本质是实现某一组织的各种目标的一种手段，是为实现组织战略目标而采取的一种分工协作体系。因而，组织结构必须随着组织的重大战略调整而调整。

二、组织结构的形式

组织结构是一些"形式"，而形式必须满足一些正式的规范。企业组织结构的形式具体包括直线制、职能制、直线-职能制、事业部制等结构形式。

1. 直线制

直线制是最早也是最简单的一种组织形式。它的特点是企业各级行政单位从上到下实行垂直领导，下属部门只接受一个上级的指令，各级主管负责人对所属单位的一切问题负责。直线制组织结构的优点是：结构比较简单，责任分明，命令统一；缺点是：它要求行政负责人通晓多种知识和技能，亲自处理各种业务。

2. 职能制

职能制组织结构指各级行政单位除主管负责人外，还相应地设立一些职能机构。如在厂长下面设立职能机构和人员，协助厂长从事职能管理工作。这种结构要求行政主管把相应的管理职责和权力交给相关的职能机构，各职能机构有权在自己业务范围内向下级行政单位发号施令。因此，下级行政负责人除了接受上级行政主管人指挥外，还必须接受上级各职能机构的领导。

3. 直线-职能制

直线-职能制，也叫生产区域制，或直线参谋制。它是在直线制和职能制的基础上，取长补短，吸取这两种形式的优点而建立起来的。目前，绝大多数企业都采用这种组织结构形式。这种组织结构形式是把企业管理机构和人员分为两类：一类是直线领导机构和人员，按命令统一原则对各级组织行使指挥权；另一类是职能机构和人员，按专业化原则，从事组织的各项职能管理工作。直线领导机构和人员在自己的职责范围内有一定的决定权和对所属下级的指挥权，并对自己部门的工作负全部责任。而职能机构和人员，则是直线指挥人员的参谋，不能对直接部门发号施令，只能进行业务指导。

4. 事业部制

事业部制最早是由美国通用汽车公司总裁斯隆于1924年提出的，它适用于规模庞大、品种繁多、技术复杂的大型企业，是国外较大的联合公司所采用的一种组织形式。事业部制是分级管理、分级核算、自负盈亏的一种形式，即一个公司按地区或按产品类别分成若干个事业部，从产品的设计、原料采购、成本核算、产品制造，一直到产品销售，均由事业部及所属工厂负责，实行单独核算、独立经营，公司总部只保留人事决策、预算控制和监督大权，并通过利润等指标对事业部进行控制。

三、组织结构图

组织结构图（Organization Chart）是组织结构的直观反映，是最常见的体现组织中各部门、岗位、职责关系的一种图表，它形象地反映了组织内各机构、岗位上下左右相互之间的关系。

组织结构图的类型，由组织的结构类型所决定，一般包括直线型结构、矩阵式结构、扁平式结构等。

常见的组织结构图通常是以从上至下、可自动增加垂直方向层次的组织单元、图标列表形式展现的组织架构，以图形形式直观地表现了组织单元之间的相互关联，并可通过组织结构图直接查看组织单元的详细信息，还可以查看与组织结构关联的职位、人员信息。

图 4.3 为某企业的组织结构图。

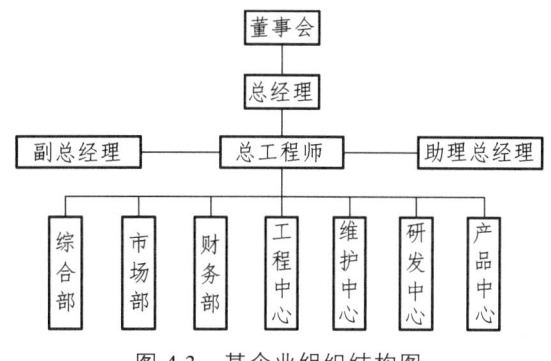

图 4.3　某企业组织结构图

【课堂练习 4.1】

制作班级组织结构图

请根据所学知识，制作本班级的组织结构图。

制作要求：

1. 班级组织结构需包含辅导员、各班委（具体到每一个班委）、科任老师、寝室室长、班级成员。

2. 需标明每一岗位的具体人数。

完成标准：班级组织结构图岗位关系准确，条理清晰，人数对应正确，完成后交给指导老师检查。

第三节　城市轨道交通企业组织结构

要全面了解轨道交通企业班组之间的区别与联系，就需要对各个班组在企业中的定位有一定的了解，如此才能够真正认识到班组在企业中的位置与作用。

为了让大家能够对轨道交通企业组织结构有全面的了解，下面将从城市轨道交通集团、城市轨道交通运营公司、运营公司下属车间部门 3 个级别来进行介绍。

一、城市轨道交通（集团）企业组织结构

城市轨道交通（集团）企业承担着城市轨道交通建设、线路运营、沿线资源开发、工程勘察设计等多种职能，企业组织结构往往比较复杂。每一个城市的轨道交通企业各具特色，其组织结构也有所不同，但总体结构还是类似的。

城市轨道交通（集团）企业的组织结构一般由以下几类组织构成：

（1）线路运营相关组织：运营分公司、客运分公司、线网运营中心等，主要负责轨道交通线路的运营工作。

（2）轨道交通建设相关组织：轨道交通建设项目部、建设管理中心等，主要负责轨道交通线路建设等工作。

（3）资产开发相关组织：资源开发公司、商业管理公司、置业公司、广告公司、物业公司等，主要负责轨道交通企业的资源开发相关工作。

（4）轨道交通设计相关组织：轨道交通设计研究院、工程实验室等，主要负责轨道交通相关研发设计等工作。

（5）职能部门相关组织：人力资源部、财务部、技术管理部、信息管理部、教育培训部、团委、工会等，主要负责企业后勤支持、人员管理、财务管理等工作。

（6）其他组织：培训学校、职能鉴定机构、一卡通公司等。

每个城市的轨道交通（集团）企业因其城市发展特点而具有当地特色。

1. 广州地铁集团组织结构

广州地铁集团有限公司创建于1992年，是广州市政府全资大型国有企业，负责广州城市轨道交通系统的工程建设、运营管理和附属资源开发经营。

截至2019年12月28日，广州地铁共有14条运营线路，分别为1号线、2号线、3号线（含三北线）、4号线、5号线、6号线、7号线、8号线、9号线、13号线、14号线（含知识城线）、21号线、APM线和广佛地铁，共设车站271座，共有换乘站31座，运营里程513千米；运营里程居中国第三，世界第三。

广州地铁集团有限公司的组织结构如图4.4所示。

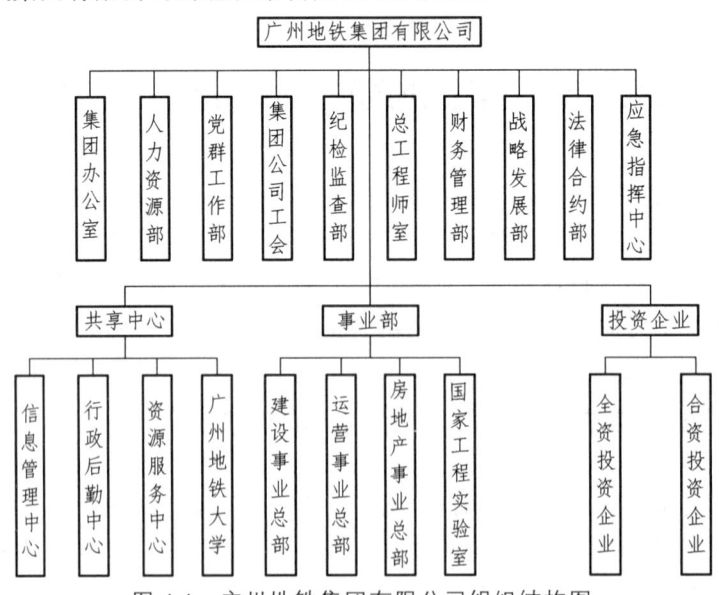

图4.4　广州地铁集团有限公司组织结构图

2. 重庆市轨道交通集团组织结构

重庆市轨道交通（集团）有限公司创建于 1992 年，是重庆市唯一承担城市轨道交通的建设、运营和沿线资源开发的市属国有大型企业。

截至 2019 年 12 月，重庆轨道交通共有 10 条运营线路，包括 1 号线、2 号线、3 号线、4 号线、5 号线、6 号线、10 号线、环线、国博线、空港线，线网覆盖重庆主城区全域，共设车站 190 座、换乘站 21 个；运营里程 329 千米，里程总长度位居中国第六位、西部第一位。

重庆市轨道交通（集团）有限公司的组织结构如图 4.5 所示。

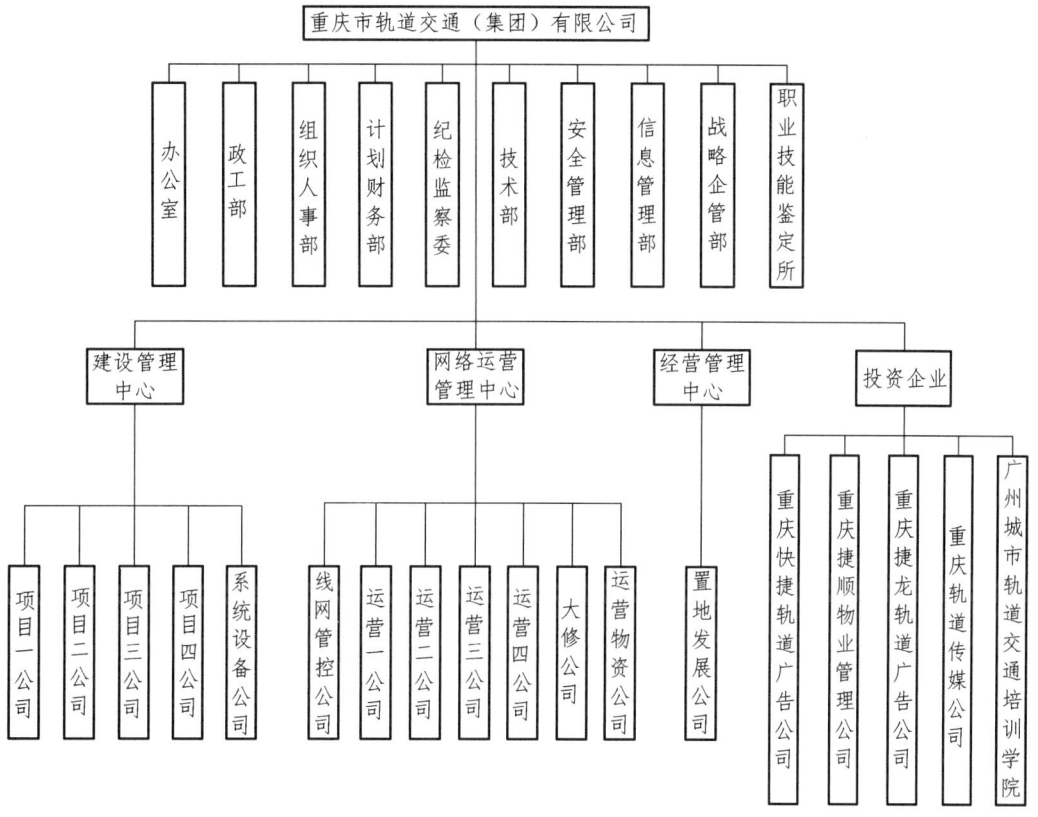

图 4.5　重庆市轨道交通（集团）有限公司组织结构图

3. 郑州地铁集团组织结构

郑州地铁集团有限公司经郑州市人民政府批准，于 2008 年 2 月成立，主要负责轨道交通项目的工程投资、建设、运营，商业房屋租赁，物业服务，通信设备租赁，建筑机械设备、建筑材料销售，设计、制作、代理、发布国内广告，从事货物和技术进出口业务。郑州地铁集团内设 16 个部室、6 个工程建设项目管理部（工程建设项目管理一至六部），下设 1 个分公司（郑州地铁集团有限公司运营分公司）、1 个全资子公司（郑州市轨道交通置业有限公司）、2 个控股子公司（郑州市轨道交通设计研究院有限公司和河南中报轨道文化传媒有限公司),参股3家企业(郑州城市一卡通有限责任公司、河南陆基控股有限公司、郑州中建深铁轨道交通有限公司)。

郑州地铁集团有限公司组织结构如图4.6所示。

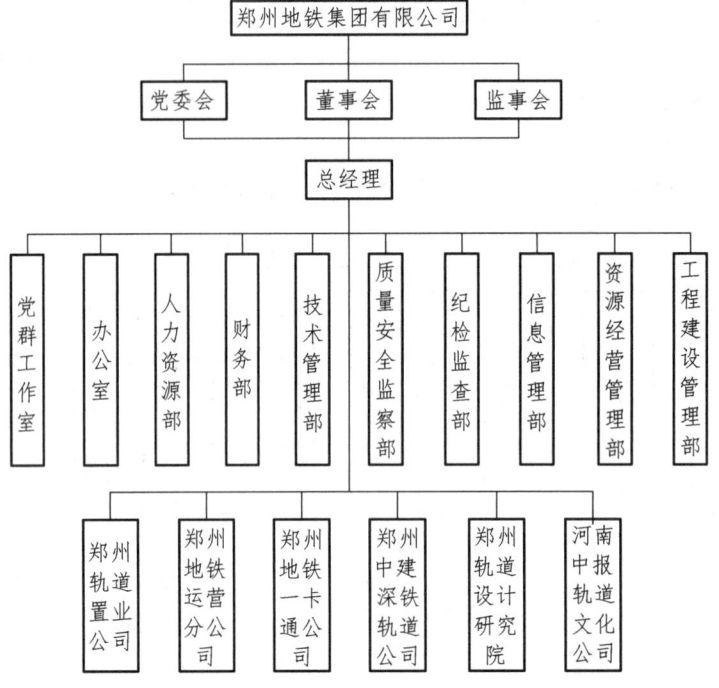

图4.6 郑州地铁集团有限公司组织结构图

【课堂讨论 4.2】

各城市轨道交通企业组织结构对比

对比书中的不同轨道交通企业的组织结构,思考各个城市轨道企业的组织结构有何异同?

以小组为单位进行讨论,并将讨论结果写于下方:

(1)_____

(2)_____

(3)_____

二、城市轨道交通运营公司组织结构

城市轨道交通运营公司隶属于城市轨道交通(集团)企业,承担着城市轨道交通运营管理任务,承担着轨道交通系统的调度指挥、票务管理、客运服务、列车运行、员工培训、设备设施维修维、保等职责。

城市轨道交通运营公司主要以向乘客提供安全可靠、舒适便利的地铁运营服务为企业经营目标。

城市轨道交通运营公司的组织结构一般由以下几类构成：

（1）车站运营相关组织：站务中心、客运分公司、客服管理部等，主要负责车站运营、乘客服务等工作。

（2）车辆检修相关组织：车辆中心、车辆分公司、车辆维保部等，主要负责列车的检修、保养等工作。

（3）乘务司机相关组织：乘务中心、乘务分公司、乘务管理部等，主要负责列车的驾驶等工作。

（4）通信信号相关组织：通号中心、通号分公司、通号维保部等，主要负责通信信号相关设备的维修、保养工作。

（5）供电维保相关组织：供建中心、供电分公司、供电维保部等，主要负责供电相关设备的维修、保养等工作。

（6）工务维保相关组织：工务分公司、工务维保部等，主要负责轨道及桥隧设备的维修与保养工作。

（7）职能部门相关组织：人力资源部、财务部、技术管理部、信息管理部、综合管理部、安全保卫部等，主要负责企业后勤支持、人员管理、财务管理等工作。

（8）其他相关组织：票务中心、调度中心等。

1. 郑州地铁运营公司组织结构

郑州地铁集团有限公司运营分公司成立于2012年8月，承担着郑州地铁运营管理任务，负责调度指挥、票务管理、客运服务、列车运行、员工培训、设备设施维修、维保等工作。截至2020年4月，郑州地铁运营线路共5条，分别为：郑州地铁1号线、郑州地铁2号线、郑州地铁5号线、郑州地铁14号线（一期）和郑州地铁9号线（郑州地铁城郊线一期，已运营），均采用地铁系统，共96座车站，运营线路总长146.35千米。

郑州地铁集团运营分公司根据现代企业制度要求，建立了科学合理、高效精简的组织架构与管理体系，共设有13个部门，各部门分工协作、各司其职、各负其责，共同保障了郑州地铁的安全、平稳运营。

郑州地铁集团有限公司运营分公司的组织结构如图4.7所示。

2. 南京地铁运营公司组织结构

南京地铁运营有限责任公司于2012年12月31日正式挂牌成立，受南京地铁集团有限公司委托，负责现有378千米线路的运营管理、乘客服务及设施设备的维修保养，同时担负起网络化运营的筹备任务。

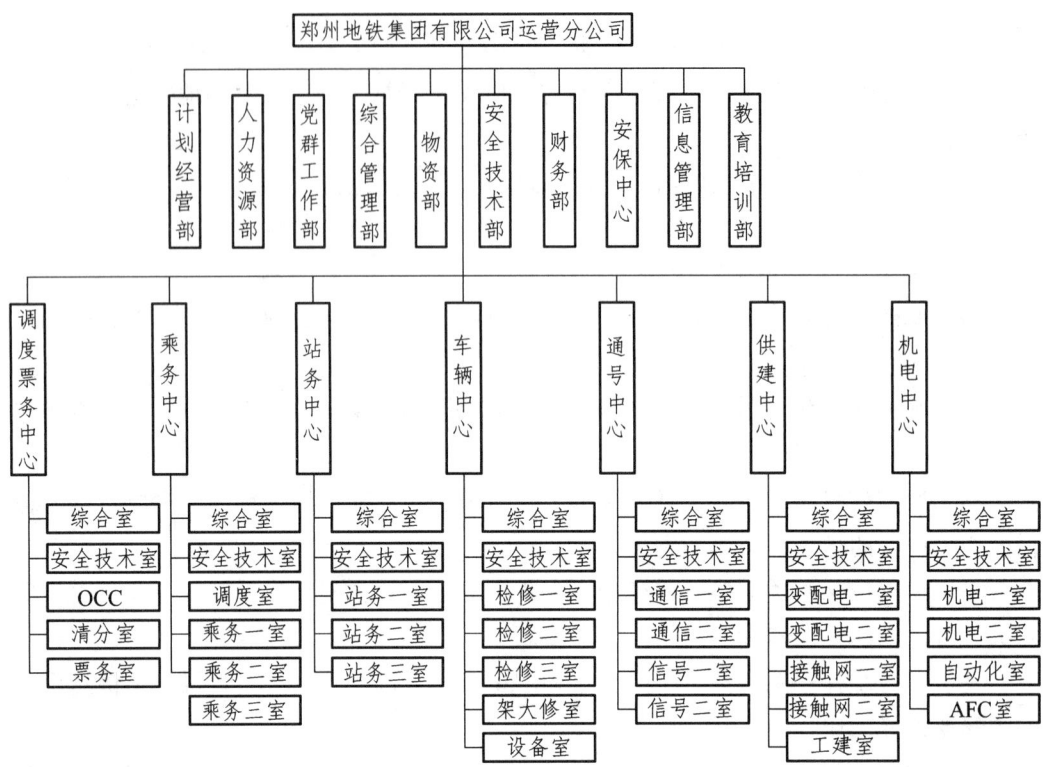

图 4.7　郑州地铁集团有限公司运营分公司组织结构图

截至 2019 年 12 月，南京地铁已开通的运营线路共有 10 条，包括 1、2、3、4、10、S1、S3、S7、S8 及 S9 号线，均采用地铁系统，共 174 座车站（换乘站重复计算），地铁线路总长 378 千米，线路总长居中国第四（仅次于上海、北京、广州）、世界第五位，构成覆盖南京全市 11 个市辖区的地铁网络，南京成为中国第一个区县全部开通地铁的城市。

南京地铁运营有限责任公司的组织结构如图 4.8 所示。

【课堂讨论 4.3】

各班组所处的组织分支

通过对各城市轨道交通企业组织结构的学习，思考之前所学的车站班组、乘务班组、检修班组等分别属于其中哪一个组织分支？

以小组为单位进行讨论，并将讨论结果写于下方：

（1）_____

（2）_____

（3）_____

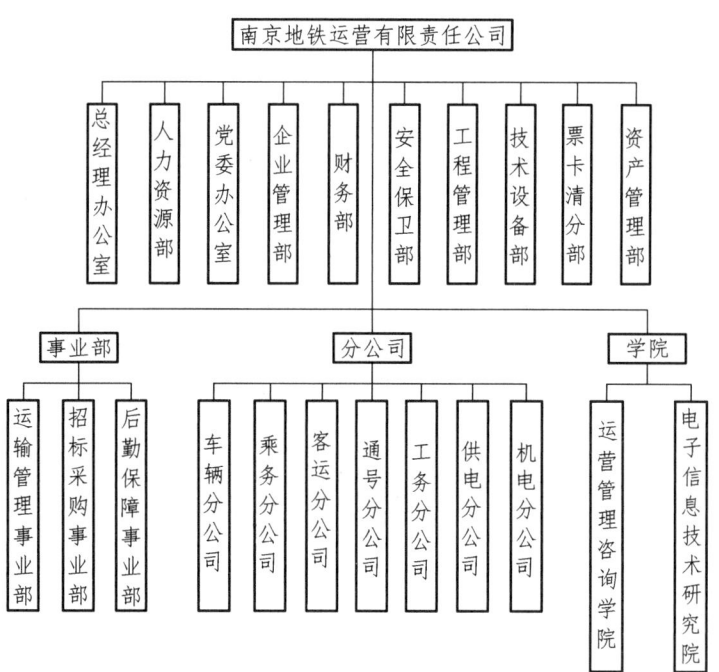

图 4.8　南京地铁运营有限责任公司组织结构图

三、站务车间组织结构

站务车间隶属于站务中心,是站务中心的主要组成部门。站务中心一般下辖多个站务车间,如站务一车间、站务二车间等,也有站务一室、站务二室等多个称呼。

站务车间主要承担一条或多条轨道线路的车站运营管理、乘客服务、行车组织等职责,是从事乘客服务的一线组织。

站务车间的组织结构包括站务车间主任、副主任、相关专业工程师、站长、值班员、站务员等相关岗位。图 4.9 是某轨道企业站务车间组织结构图。

站务车间各岗位职责如下:

主任:全面负责站务车间各项工作。

副主任:协助站务车间主任管理站务车间处理行车、安全、票务、培训等多项工作。

综合管理工程师:负责部门质量体系运行、统计及综合管理相关工作。

票务工程师:负责票务管理工作、票务专业管理及指导工作,定期对车站人员的票务工作进行检查,发现问题提出相关整改措施并督促落实。

培训工程师:负责车站员工培训组织和管理工作,制定有关员工培训的各项规章制度及相应考核指标;负责员工晋升、转岗等各类考试、考核工作等。

服务工程师:负责站务车间客运服务管理工作,负责编制、修改与发放服务相关规章文本。

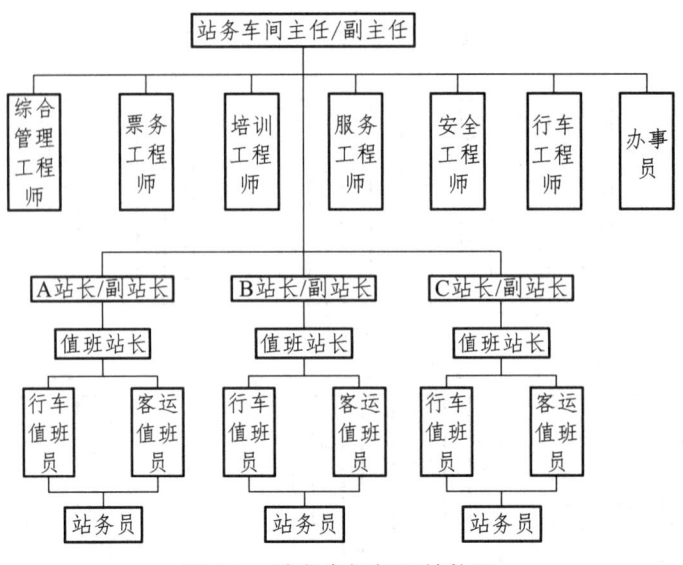

图 4.9 站务车间组织结构图

行车工程师：负责行车工作的组织管理，编制、修改、重审与发放行车相关规章文本。

安全工程师：负责站务车间安全管理工作。

办事员：负责站务车间的文件管理，公用品和劳保用品的预算、领取及发放工作。

站长、副站长：负责车站员工的日常管理，组织领导站内员工开展车站各项工作。其中站长负责中心站的管理，副站长负责普通站的管理。

值班站长：负责车站日常运作，安排车站行车组织、客运服务工作等。

行车值班员：在值班站长的领导下，主管车站行车工作。

客运值班员：在值班站长的领导下，主管车站客运管理。

站务员：在客运值班员领导下，负责车站乘客服务、售票、检票等工作。

四、乘务车间组织结构

乘务车间隶属于车辆中心，是乘务中心的主要组成部门。乘务中心一般下辖多个乘务车间，如乘务一车间、乘务二车间等，也有乘务一室、乘务二室等多个称呼。

乘务车间主要负责一条或多条轨道交通线路的电客车驾驶、工程车驾驶、车场调度等工作。

乘务车间包括乘务车间主任、副主任、相关专业工程师、电客车司机、工程车司机、车场调度员等相关岗位。图 4.10 是某轨道交通企业乘务车间组织结构图。

乘务车间各岗位职责如下：

主任：全面负责乘务车间各项工作。

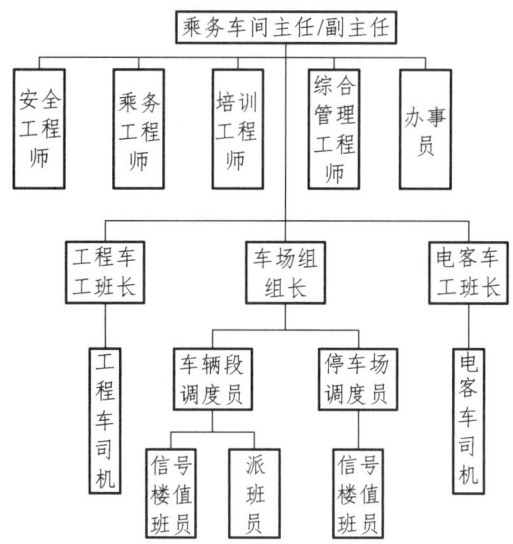

图 4.10 乘务车间组织结构图

副主任：在乘务车间主任领导下，负责乘务管理工作，制定乘务、培训工作目标和各阶段的计划，组织员工进行业务培训等工作。

安全工程师：负责乘务车间安全管理工作。

乘务工程师：负责乘务工作，负责编制、修改、重审与发放乘务相关规章文本，开展有关乘务技术运用工作，建立运用技术台账，实行标准化管理；负责编写标准化作业程序，并负责标准化作业程序的执行；根据运行图编制周转图，制定人员排班原则，提高人员出勤率和劳动生产率；协助培训工程师开展班组培训工作。

培训工程师：负责乘务车间员工培训的组织和管理工作，制定有关员工培训的各项规章制度及相应考核指标，并根据实际需要进行修订完善。

综合管理工程师：负责部门质量体系运行、统计及综合管理相关工作。

办事员：负责乘务车间文件收发、传达、会议记录、考勤、办公用品管理、劳保用品发放等工作。

车场组组长：负责车辆段及停车场调度综合管理工作。

电客车司机：负责驾驶轨道电客车，按照相关规范操作。

工程车司机：负责所有工程车辆的操作，配合相关专业的施工、检修作业和抢修作业。

车辆段调度员：负责车辆段的协调、调度工作。

停车场调度员：负责停车场的协调、调度工作，并兼任停车场的派班员和检修调度员。

车辆段信号楼值班员：负责准备进路、开闭信号，了解作业情况，掌握车辆段内机车车辆及电客车动态。

车辆段派班员：根据列车运行图要求和车辆完好情况，编排运用车辆计划。全面掌握车辆质量情况，库内停放车辆股道位置和车辆出入库作业动态。与行调、信号楼、司机及有关人员积极配合，确保列车安全正点运行。

停车场信号楼值班员：负责准备进路、开闭信号，了解作业情况，掌握停车场内机车车辆及电客车动态。

五、车辆检修车间组织结构

车辆检修车间隶属于车辆中心，是车辆中心的主要组成部门。车辆中心一般下辖多个检修车间，如检修一车间、检修二车间等，也有检修一室、检修二室等多个称呼。

车辆检修车间主要负责一条或多条轨道交通线路车辆的日检、月修、定修、工程车维修等工作。

（1）厂修班组：负责对车辆各部件和系统包括车体在内进行全面分解、检查及整修，结合技术改造对部分系统进行全面更换，对车辆各系统进行全面检测、调试及试验。

（2）架修班组：负责对车辆的重要部件，特别是转向架及轮对、电机、电器、空调机组、车钩缓冲器装置、制动系统等进行分解、清洗、检查、探伤、修理，更换报废零部件；对电气部件进行清洁和测试；对蓄电池进行清洗及容量测试；对车辆各系统进行全面检测、调试及试验。

（3）定修班组：主要负责进行车辆的各系统状态检查、检测；各部件全面检查、清洁、润滑，部分部件如空调机组、集电器的清洁、测试和修理，以及列车的全面调试。

（4）月检班组：负责主要对易损件和磨耗件进行检查，包括对受电弓、牵引电机、控制装置、各种电气装置、转向架等主要部件的技术状态、作用进行检查和必要的试验，对危及行车安全的故障进行全面修理。

（5）列检班组：负责对与列车的行车安全相关部分进行日常性技术检查，包括对受电弓、转向架、空气制动装置、车门、车体、车灯、蓄电池箱等主要部件进行外观检查，对危及行车安全的故障进行重点修理。

车辆检修及周期指标如表 4.1 所示。

表 4.1 车辆检修指标

修程	里程/万千米	周期	停修时间（近期/远期）
厂休	120	12 年	35 天/32 天
架修	60	6 年	20 天/18 天
定修	15	1.5 年	8 天/6 天
月修	1	1 月	2 天/2 天
列检	—	1 天	2 小时

车辆检修车间包括站务车间主任、副主任、相关专业工程师、日检工、月修工、定修工、工程车检修工等相关岗位。图4.11是某轨道交通企业车辆检修车间组织结构图。

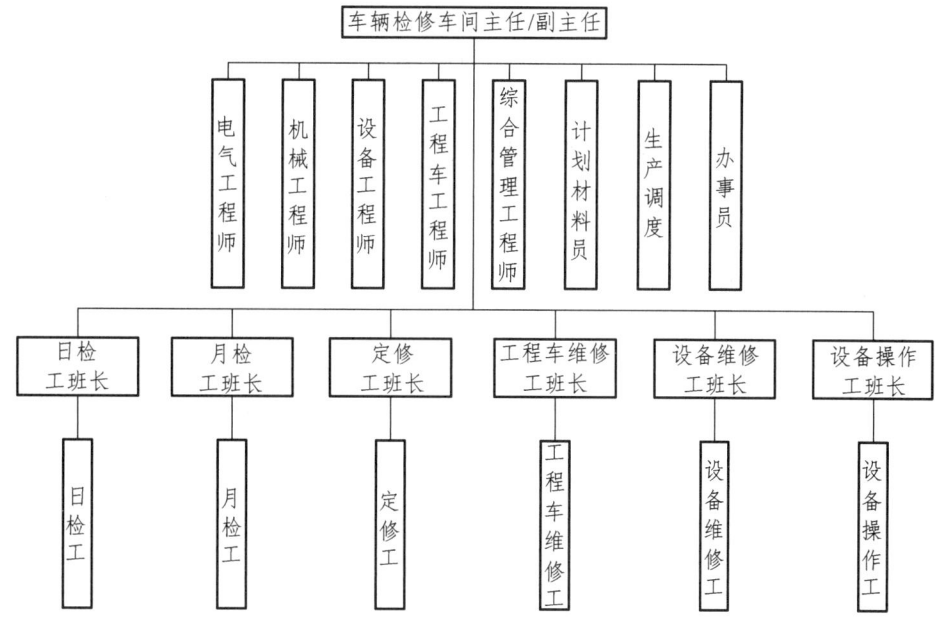

图4.11 车辆检修车间组织结构图

车辆检修车间各岗位职责如下：

主任：负责检修车间的全面工作。

副主任：协助主任工作，主要负责生产组织和安全管理。

电气工程师：主要负责车辆电气系统的技术管理、检修规程编制、疑难故障处理等工作；负责新线设备移交接管、制定新线设备的综合联调方案，调动各级力量组织实施。

机械工程师：主要负责车辆机械系统的技术管理、检修规程编制、疑难故障处理等工作；负责新线设备移交接管、制定新线设备的综合联调方案，调动各级力量组织实施。

设备工程师：负责车辆系统所属检修设备、工程车辆的统筹管理，新线设备移交接管、制定新线设备的综合联调方案，调动各级力量组织实施。

工程车工程师：负责工程车辆现场检修技术支持、相关检修规程和工艺的制定完善等工作。

综合管理工程师：负责检修车间安全管理、质量体系运行、综合管理工作。

计划材料员：负责现场检修过程中材料备件的管理、采购计划的申报、定额管理及成本核算等工作。

生产调度：负责检修车间所属检修设备、工程车辆运用和检修生产调度工作。

办事员：主要从事检修车间内务工作。

日检工班：主要负责列车夜间回库后的日检作业和故障处理、白班承担驻站列检和部分双周检作业。

月修工班：主要负责列车的双周检、三月修和临修作业。

定修工班：主要负责列车定修作业。

工程车维修工班：主要负责工程车辆的日常维护、临修作业。

设备维修工班：主要负责各种检修设备的维保和检修。

设备操作工班：负责大型检修设备（架车机、不落轮镟床、列车清洗机等）和特种设备（叉车、起重机等）的操作。

【课堂练习4.2】

制作轨道交通企业组织结构图

查询轨道交通企业官网、轨道交通企业公众号、搜索网站等，了解其他轨道交通企业的组织结构，并绘制组织结构图。

第五章　认识轨道交通车站作业

知识目标

（1）理解车站的定义与构成。
（2）了解车站作业的内容。
（3）了解车站组织的岗位设置。
（4）了解车站组织各岗位的职责。

能力目标

分析轨道交通车站各岗位设置与职责。

关键概念

车站、车站作业、车站组织岗位。

知识框架

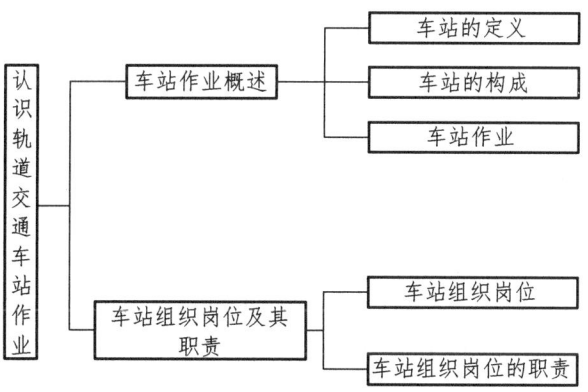

图 5.1　知识框架

第一节　车站作业概述

轨道交通车站是乘客乘降、换乘、候车的重要场所，也是车站班组人员的工作场所。在本章节，我们会详细介绍车站以及车站组织的作业，让大家对于班组的岗位设置以及工作职责有更全面的了解。

一、车站的定义

车站（Station）是城市轨道交通路网中一种重要的建筑物，是供乘客乘降、换乘和候车的场所。

轨道车站是轨道交通企业与乘客产生联系的主要场所，是乘客接受轨道交通服务的起点和终点。乘客上下车以及相关的作业都是在车站进行的。为了保证乘客使用方便、安全、迅速地进出车站，车站应具有良好的通风、照明、卫生、防火设备等，以给乘客提供舒适、清洁的环境，保证城市轨道交通的安全运行。

通常，根据车站所在位置的不同，可分为高架车站、地面车站和地下车站。

1. 高架车站

高架车站是指站台、路轨等车站设施皆架设于高架构造物上、离地面有一定高空落差距离的车站。

2. 地面车站

地面车站是指站台、路轨等车站设施皆兴建于地面上的车站。

3. 地下车站

地下车站是指站台、路轨等车站设施位于地面下的车站。

车站是地铁内部各工种进行各项作业的汇合点，大量的行车、客运设备均设在车站。地铁车站里的辅助设备包括：自动扶梯、直升电梯、卷帘门、防洪门、旅客引导、照明、售检票系统、车站设备自控系统等。根据需要还可设置屏蔽门和防核辐射门等。

车站同时也是运营、管理人员的工作场所，除办理客运业务外，车站还承担着办理列车到发及调车等行车作业的任务。

二、车站的构成

按照车站的功能来划分，车站可划分为站厅层、站台层、设备层、出入口 4 个部分。（见图 5.2）

```
                ┌─ 站厅层 ┬─ 非付费区：售票、商业场所区域
                │        └─ 付费区：闸机以内区域
          车站 ─┼─ 站台层：乘客乘降、列车停靠区域
                ├─ 设备层：车控室、环控机房、检修室等区域
                └─ 出入口：人员进出车站区域
```

图 5.2　车站的构成

1. 站厅层

站厅层是为乘客提供售检票等服务和各系统设备集中设置的场所，是换乘列车的中转站，其主要作用是集疏客流，为乘客提供售、检票等服务。

站厅层一般分为付费区和非付费区。付费区指闸机以内区域，非付费区指售票、商业场所等区域。两个区域通过栏杆隔离。站厅层的站厅设备较多，主要包括导向设施和自动售检票设备。

2. 站台层

站台层是最直接体现车站功能的层面，主要作用是列车停站、乘客候车及上下列车。（见图5.3）

图 5.3　车站站台层

站台一般分为岛式站台、侧式站台和混合式站台3种。

3. 设备层

设备层是存放地铁运行所需的技术设备和运营管理系统的区域，从而保证城市轨道交通的安全运行。车站设备层不仅是存放地铁运行设备的区域，也是地铁工作人员工作的场所。设备层包括车控室、环控机房、检修室、车站通风系统、监控系统、AFC系统、安全报警系统等。

4. 出入口

车站出入口是供工作人员、乘客以及物资进出地铁车站用的通道式建筑物，一般由阶梯式通道、水平通道门和口部地面建筑等构成。（见图5.4）

图 5.4 车站出入口

车站出入口、通道的数量、规模和位置都是根据车站进出客流的方向和数量确定的,要照顾各个方向的客流,为满足远期发展的需要,可以预留部分出入口和通道,逐步开通使用,但考虑到消防疏散的需要,从运输安全的角度考虑,每个车站必须保持开通两个以上出入口通道。

【课堂讨论 5.1】

车站各区域所处位置

结合本书对轨道交通车站的介绍,并查询相关资料,了解车站中的站厅层、站台层、设备层、出入口分别处于什么位置?不同车站又有何区别?

以小组为单位进行讨论,并将讨论结果写于下方:

(1)_____

(2)_____

(3)_____

三、车站作业

车站是客流的节点,是乘客出行的基地。乘客上下车以及相关的作业都是在车站进行的,轨道交通车站是列车到发、通过、折返、临时停车的地点。同时,车站也是车站运营与管理人员的工作场所,诸多作业都在车站中开展。

车站的作业包括行业组织作业、客运组织作业、施工作业 3 个部分。

(一)行车组织作业

车站的行车组织作业主要指利用相关线路、道岔及信号联锁设备进行接发列车作业,通过屏蔽门、紧急停车按钮等设备保证列车的运行安全和乘客的人身安全,通过

列车运行将乘客输送到目的地，完成运输任务。(见图5.5)

图 5.5　行车组织作业

车站行车组织工作由车站值班站长统一负责，值班站长必须服从行调的指挥，执行行调的命令。车站由值班站长每天运营前需向行车调度员通报车站线路情况及人员到位情况。

车站的行车组织工作大致包括以下内容：

1. 运营前检查

运营前30分钟，各站须及时向行车调度员报告运营前准备情况，检查确认运营线路（含辅助线）是否具备行车条件。

（1）行车值班员通过施工登记表确认所有影响行车施工已经结束，线路出清。施工销点时，车站与施工负责人核实有关作业区线路出清；在最后一项施工作业结束时，车站还需负责撤出红闪灯防护，并确认站内线路出清情况。

（2）值班站长需在车站向行车调度报告检查情况前，对本站站台区域的运营线路进行检查，对屏蔽门进行开关门测试，确保屏蔽门开关门功能正常。

（3）确认接触网、照明及环控系统正常，观察确认站内接触网正常；观察确认车站控制室内用电设备运作和车站照明工作正常；检查确认防灾报警系统、车站机电设备监控系统、防火报警系统运作模式正确，各设备工作正常。

（4）行车值班员接到行车调度员检查联锁工作站功能的通知后，接收工作站控制权对所辖区域内各信号设备进行检查，确认设备工作正常后，将控制权交还控制中心。如出现异常或故障情况，需及时汇报和处理。

2. 接发列车作业

车站的接发列车作业主要是接发列车，组织乘客乘降，保证列车接发、乘客乘降的安全与效率。

（1）站务人员在上站台岗前，需对工作钥匙、对讲机、手提广播等备品进行检查，巡视站台，确认客运、行车设备和设施的状态。

（2）在列车进站前，站务人员应站于车站客流集中靠近紧急停车按钮附近的位置接车，密切注视站台乘客动态，制止乘客越出安全线、依靠屏蔽门等行为。

（3）若发现危及行车的紧急情况时，应立即按压紧急停车按钮或显示紧急停车手信号。

（4）在列车车门即将关闭时，站务人员应站于站台扶梯口附近阻止乘客在关门时往车上冲。车门屏蔽门关闭后，站务人员要确认车门屏蔽门已关好，以及车门与屏蔽门缝隙间无夹人、夹物等情况。

（5）当列车动车时，站务人员应站在紧急停车按钮附近，遇到突发情况时立即按压紧急停车按钮，并通过对讲机呼叫司机停车，到现场进行妥善处理。

3. 行车监控

在行车设备正常的情况下，车站需要对行车组织相关情况进行监控。（见图5.6）

图 5.6　行车监控

（1）车站行车值班员通过信号系统终端、CCTV等设备监视列车运行和车站行车工作、设备运行状态等情况。

（2）站台工作人员随时注意站台乘客动态，负责维护站台秩序，监督司机按规范动作关门。

（3）车站根据规章规定或行车调度员的要求，负责记录上、下行列车在站台到、发时刻，并在客车晚点时报告行调。

4. 排列列车进路

为保障轨道交通列车的正常运行，需要对列车的进路进行排列。具体包括自动排列以及人工排列。

（1）在信号系统正常运作的条件下，列车的进路由信号系统自动排列，需要临时调整列车运行时，由行车调度员人工介入排列进路；当有需要时，根据行车调度员的命令，由联锁站（或信号设备集中站）使用车站计算机排列进路。此时，车站行车组织的重点工作是监督行车设备的运转状态，执行控制中心指令调整列车运行，对加开、晚点列车进行通报，与司机执行互控和联控措施。

（2）在信号系统故障的情况下，车站成为行车工作的直接操作者和执行者。必要时，车站根据行车调度员的命令准备列车进路，办理接发列车手续。

（3）信号设备发生故障改用降级模式组织行车时，列车运行进路需要车站工作人员人工办理。此种情况下，人工办理进路包括两个方面的内容：一方面，如果车站联锁工作站可以进行操作时，由车站行车人员在设备上进行操作，办理列车进路；另一方面，若车站联锁工作站无法办理进路时，则由车站人员携带工具前往现场人工办理，一般由车站值班员带领站务员进入轨行区办理进路。

5. 非正常情况下的行车组织作业

在主要行车设备故障或遇到突发事件的情况下，车站的行车组织重点要做好以下几方面的工作：

（1）信息收集和及时上报控制中心调度员和车站管理者。

（2）组织人员到位，必要时申请增加人手支援。

（3）按照设备故障处理指南或有关预案进行处理。

（4）当需要改变行车组织办法时，立即安排好人员组织行车，控制好安全关键点、确保行车安全。

（5）组织维持乘客服务；安排播放运营信息广播，填写、摆放告示，向乘客做好解释工作。

（二）客运组织作业

车站客运组织作业指合理布置客运设施和设备，采取有效的分流和引导措施组织客流运送的过程。

从轨道交通服务全过程进行分析，乘客乘坐地铁由进站、购票、进闸、候车、乘车、下车、出闸、出站 8 个步骤组成（见图 5.7），只有完善每一个环节相关的软、硬件设施，提高每一个环节的服务质量，才能为乘客提供优质的服务，让乘客满意。

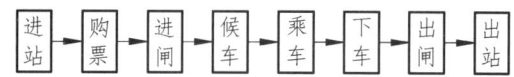

图 5.7　乘客乘车"八步曲"

客运组织的基本原则：安全、快速、有序。具体参照以下原则进行：

（1）合理安排售检票位置、出入口、楼梯，行人流动线简单、明确，尽量减少客流交叉、对流。

（2）乘客换乘其他交通工具之间顺利连接。人流与车流的行驶路线严格分开。

（3）完善诱导系统，快速分流，减少客流集聚和过分拥挤现象。

（4）满足换乘客流的方便性、安全性、舒适性等基本要求。

如：适宜的换乘步行距离，恶劣天气下的保护、气候调节，针对残疾人专门设计无障碍通道；照明、开阔的视野以及突发事件应急系统等。

轨道交通车站具体的客运组织作业及标准如下：

1. 乘客进站（见图5.8）

图5.8 乘客进站

（1）确认本站各出入口、通道导向标志指引清晰、正确，如有损坏要及时上报。

（2）确认出入口公告栏、通道、站厅的小画框、站内导向标志的内容清晰、齐备，各种设施状态良好。

（3）确保出入口、通道、站厅卫生清洁，无积水。若发现地面不清洁或有积水，立即通知保洁处理，并在有积水处放置"小心地滑"的告示牌。

（4）有乘客询问或需要帮助时，工作人员应热情主动地上前询问："您好，请问有什么可以帮您？"

（5）确保各出入口的卷帘门在运营时间内正常开启。

2. 乘客购票

（1）售票员严格执行"一收、二唱、三操作、四找"的程序，并且提醒乘客："请核对您的车票。"确认无误后，说："找您××元，车票。"

（2）乘客充值时，售票员操作完毕后应说："请核对一下显示器所显示的数额是否与您刚才的充值额相符。"

（3）厅巡应该多巡视，发现乘客兑零后仍不知如何买票时，厅巡要主动指引乘客到自动售票机上购买单程票。

3. 乘客进闸（见图5.9）

（1）对第一次使用车票进闸的乘客，特别是老年乘客，工作人员要给予帮助。

（2）车站厅巡、保安及时安排并帮助残疾（或行动不便）乘客乘坐垂直电梯。

（3）在进闸机、售票问讯处设立明显的规定高度标尺；加强对进闸机的巡视。

（4）发现无票的超高小孩或故意逃票的成年人，应马上上前制止，并要求重新到售票问讯处买票："对不起，您超过了规定高度（或您好，成年人应该买票），请您购票，请配合我们的工作。"

（5）若发现违规使用车票的乘客（特别是成人使用学生票的行为），可按规定处以罚款，必要时找公安配合。

图 5.9　乘客进闸

4. 乘客候车

（1）发现有乘客吸烟，应立即制止。

（2）列车晚点时，值班站长应立即采取措施，通知各岗位按照工作程序，做好对乘客的解释工作。

（3）按列车故障、晚点规定，在车站计算机上设置列车故障模式。

（4）用标准广播，向乘客播放相关票务政策。

（5）提醒家长带好自己的小孩，及时上前制止追逐打闹。

5. 乘客乘车

站台岗员工通过人工广播或站台广播向乘客宣传："上车时，请小心站台与列车之间的空隙，请文明乘车，勿抢上抢下，谢谢合作。"

6. 乘客下车

（1）站台岗员工通过人工广播或站台广播向乘客宣传："请小心站台与列车之间的空隙。"

（2）对下车的老人和小孩，用广播指引："请老人、小孩走楼梯或由家人陪同乘坐扶梯。"

（3）注意下车乘客的动态，若发现有逗留在站台不出站的乘客，应主动上前询问情况，礼貌地告诉乘客不要在车站逗留，应该尽快出站。

7. 乘客出闸

（1）加强对出站闸机的巡视，并通过人工广播的形式向乘客进行"关于单程票回收和一张票只能供一人通过闸机"的宣传。

（2）发现无票的超高小孩或故意逃票的成年人，应马上上前制止，解释："对不起，您超过了规定高度（或您好，成年人应该买票），请您补票，请您配合我们的工作。"

（3）乘客态度不好且不愿补票，应耐心地向他们解释地铁的票务政策；若乘客故意为难工作人员，可找公安人员配合。

（4）发现违规使用车票的乘客（特别是成人使用学生票的行为），可按相关政策对其进行处理，必要时找公安人员配合。

8．乘客出站（见图 5.10）

图 5.10　引导乘客出站

（1）确认站厅的出入口导向牌等标志信息正确、完整，如损坏应及时上报。

（2）若乘客不确定自己出站的方向，车站员工应给予主动、热情的指引。

（3）厅巡发现有乘客在地铁站逗留时间较长不出站，或坐在站厅的地上时，应及时问清乘客逗留的原因，礼貌地请乘客尽快出站，维护车站正常的运营秩序。

【课堂练习 5.1】

客运作业模拟练习

请根据所学知识，以小组为单位对车站客运作业的 8 个流程进行现场模拟。

练习要求：

1．要求小组每名成员分别模拟一个车站工作人员或者乘客。

2．需要完整呈现 8 个客运组织的流程。

3．小组成员可以自行设计突发场景。

完成标准：过程清晰明确，并符合作业要求与标准。

以小组为单位进行讨论，并将相关场景写于下方：

（1）_____

（2）_____

（3）_____

（三）施工作业

车站内的施工作业工作非常多，包括站内的设备维护作业、轨行区的轨道检修作业、接触网检修作业等。（见图 5.11）

图 5.11　施工作业

地铁是一个复杂的系统，涉及数量庞大的各类设备、设施，地铁运行会给这些设备带来损耗与故障，因此在一定周期内需要对这些设备设施进行及时的维护与保养，对故障设备进行维修与更换，这些都会通过施工作业来开展。

1. 施工作业流程

下面以轨道检修施工作业为例，介绍施工作业的大致流程（见图 5.12）。

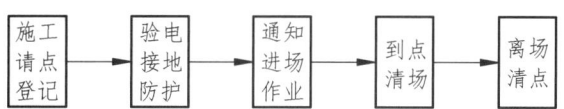

图 5.12　车站轨道检修施工作业流程

施工作业具体流程如下：

（1）施工前，必须制定施工方案和安全措施，施工时严格执行。

（2）施工前，必须对施工人员进行安全技术交底，加强施工安全的监管，确保作业过程不出任何人身或设备安全事故。

（3）施工前，运营总部配合人员与外单位进行安全交底。配合人员要加强施工监督，发现不符合规定的情况应及时提出，发现危及安全的情况应及时制止。施工人员要听从运营现场配合人员和车站值班人员的监督指挥，车站有权终止违章作业。

（4）严格按《施工进场作业令》或《外单位施工作业许可单》的作业地点、作业时间和作业内容进行施工，轨行车辆及作业人员不得超出作业区域作业严禁超出作业令规定区域，无故延长作业时间，对运营造成影响的按有关规定处理。

（5）施工前，所以施工人员都应在运营总部保卫部登记、备案，办理临时出入证，凭临时出入证出入，并自觉接受运营总部车站工作人员的检查、验证、登记和管理。

（6）进场施工时，必须按《行车设备维修施工管理规定》《施工进场管理规定》等相关规定办理作业手续，持《施工进场作业令》或《外单位施工作业许可单》到车站或车厂调度办理请点手续。办理请点手续时，必须有指定的施工主办部门或主配合部门人员协助办理。未经批准，严禁擅自进入轨行区。

（7）施工过程中，应文明施工，严禁在非吸烟区吸烟，进入运营线的轨行车辆应符合国家标准，应具有车辆年检报告、三阀效验证明，尾气排放应符合地方环保要求，使用前需经运营总部确认。施工时，应遵守国家法律、法规，洁身自好，不得擅自动用地铁各种设施、设备，不得偷窃地铁财物，不得损坏、破坏地铁设备、设施。

（8）特种作业人员应按照规定持相关操作证，严禁无证违章作业；按规定佩戴劳动防护用品，进入轨行区域必须穿绝缘鞋。

（9）车辆装载的材料、工机具，不得侵入运营线路和设备限界及道路，在线路出清后，才能拆除施工防护。

（10）施工结束后，要及时恢复现场设备设施，做到"工清场地清"。工作人员应主动配合施工负责人进行线路出清，以防遗留物品，主办部门配合人员负责监督检查出清情况。

2. 施工作业中的安全管理（见图5.13）

图5.13 施工安全

施工作业需要特别注重安全管理工作，值班站长对于站内安全作业负有安全管理职责。具体工作内容如下：

（1）值班站长有权检查施工人员是否按规定使用荧光衣，不符合规定的，有权不允许其施工。

（2）值班站长与行车值班员确认需进入作业区域的施工人员人数、需进入的线路及其方向，并与施工人员（施工负责人）进行核对。

（3）值班站长将施工人员带至对应施工区域的端墙门处，向施工人员传达安全注意事项后，允许其进入作业区域。

（4）当维修人员需进入线路挂地线时，车站须确认挂地线人员的身份、挂地线的位置。相应线路接触网已停电后，方可安排其进入线路挂地线。

（5）车站人员须定时对施工场所的安全防护措施进行检查、监督，对防护不到位或存在安全隐患的,应要求施工人员整改,若不能整改,车站人员有权终止其施工,并报行调备案。

(6)有列车开行时的规定:列车到达/通过车站前1分钟至开出/通过期间,不得进行相应侧站台屏蔽门的作业(含清洁清扫),车站须及时将列车运行信息通报有关人员,避免作业不当影响列车运行。

(7)施工完毕,车站人员须督促施工人员出清作业区域,并向施工人员(施工负责人)核实以下事项:

① 所有相关设备、设施已恢复正常。

② 工器具、物料已撤走。

③ 现场已清理清洁完毕。

【拓展阅读 5.1】

接触网检修施工作业

深夜,当最后一班地铁驶离站台的时候,意味着一天的运营终于要结束了。此刻的车站恢复了清静,但地铁人并没有闲下来。在漆黑的隧道,另一波地铁人的忙碌才刚刚开始。近日,笔者跟随地铁工程车,用镜头记录了接触网检修工的点点滴滴。一起来看看这群可爱的地铁人在忙些什么吧!

接触网工班里,都是来自五湖四海的男孩子,没有女孩,因为接触网检修很耗体力,工具大而重;而且经常是晚上作业,作业任务繁重。

先验电,再挂地线,做到双人确认。重达5千克的地线也难不倒他们。平日里,他们经常演练,各项操作要点已经烂熟于心。

当晚的作业区域是市桥—汉溪长隆下行区间,凌晨1:30分开始作业。他们登上工程车作业平台,工程车以5千米/时的车速前行,沿线路排查接触网隐患。

他们细致排查,力求不放过任何蛛丝马迹。一旦发现异常情况,他们立即要求司机停车。对情况进行仔细排查,认真修复。

工作时,他们互相交流,经常听到老师傅会将现场工作经验传授给徒弟,如要注意的细节、关键点等,还经常手把手教导。徒弟也很认真地听着师傅讲解,与师傅一起携手排除隐患。

固定槽钢的螺栓出现脱漆的现象,师傅说:"如果不能及时发现和修复,有可能会导致'跳闸'"。

徒弟马上用湿抹布擦干净,再认真仔细地涂上专用油漆。这个晚上,他们一直没有停过。手上、脸上、衣服上都沾满灰尘。

平台与隧道顶大概1.5米左右,对于接触网检修工来说有点"尴尬",他们很多时候是蹲着、弯腰、侧头在3小时内完成检查和抢修工作。

师傅用砂纸拭擦、排除附着在接触网上的铁屑安全隐患。铁屑随之掉落下来,手上、脸上、衣服到处可见,可师傅说:"即使是流汗也尽量不要擦,因为擦的时候很容易让铁屑掉入眼睛。"

这就是接触网检修工,一群经常在深夜"搞事"的地铁人。

——引自广州地铁。

第二节 车站组织岗位及其职责

一、车站组织岗位

轨道交通车站组织肩负着整个车站的运营职责,对于轨道交通网络运营来说起到至关重要的作用。轨道交通车站组织岗位由站长、值班站长、值班员、站务员、保安、保洁等岗位组成,其中值班站长、值班员、站务员隶属于车站班组。具体的岗位结构如图5.14所示。

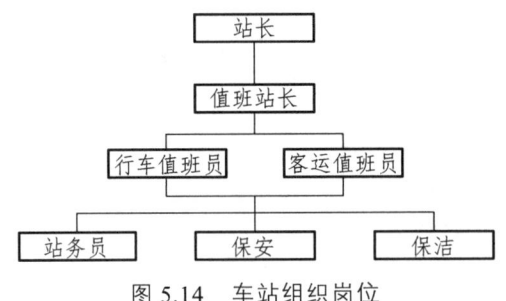

图5.14 车站组织岗位

二、车站组织岗位的职责

(一)站长

站长在站务中心(副)主任领导下,负责车站全面工作,包括安全管理,行车、客运和票务管理,乘客服务,班组管理,员工培训以及对外协调等工作,具体工作职责如下:

1. 安全管理

(1)对车站行车、客运、票务、消防、治安及人身的安全负责。

(2)贯彻实施各项安全管理制度和措施,制订、落实各项安全工作计划,每月进行安全教育、总结。

(3)及时劝止并处理违反《轨道交通运营管理办法》的行为。

（4）按照安全制度，检查车站安全情况，及时消除安全隐患。

（5）组织车站员工参与处理各类事件、事故。

2. 行车、客运和票务管理

（1）组织车站行车、客运和票务工作。

（2）编制日常及节假日客运组织方案。

（3）定期做好车站行车、客运和票务的计划、检查、总结工作。

3. 乘客服务

（1）监督车站乘客服务工作，为乘客提供优质服务。

（2）受理并处理乘客投诉、来信、来访。

（3）汇总服务案例、总结服务技巧，提高员工服务质量。

4. 班组管理

（1）每月根据上级要求、车站现况制订计划，做好员工排班及考勤工作。

（2）对全站员工、保安进行管理考核，监督保洁工作。

（3）每月定期召开班组成员会议，及时解决车站出现的问题。

（4）每月汇总、公布车站考核情况。

5. 员工培训

（1）根据上级的要求制订车站培训及演练计划。

（2）定期进行员工教育，掌握员工思想、工作状况，按车站实际情况安排并开展培训工作。

（3）定期检查培训效果，进行培训总结。

【拓展阅读 5.2】

轨道交通车站站长的分类

地铁站里有很多"站长"，想要区分是哪一类站长，得先区分地铁车站是怎样划分和管理的。通常我们见到的单个地铁车站，叫作自然站。而地铁运营公司为了更好地管理，还会划分中心站或者区域段、区域站之类的，叫法虽然不同，但性质上都大同小异，就是由若干个自然站拼成一个中心站或者区域站（或者叫站区）。中心站的组织岗位如图5.15所示。

所以，总的来说，自然站一般会设置值班站长和自然站站长；中心站（区域站、站区）也会设置中心站站长（区域站站长或者站区长）。

以广东某地铁为例，一般4~5个自然站组成一个中心站，中心站内层级上从上到下设置中心站正副站长、站长助理、值班站长、值班员、站务员；其中站长助理指的是中心站站长助理，其实还兼任着自然站站长的角色，级别在值班站长之上。

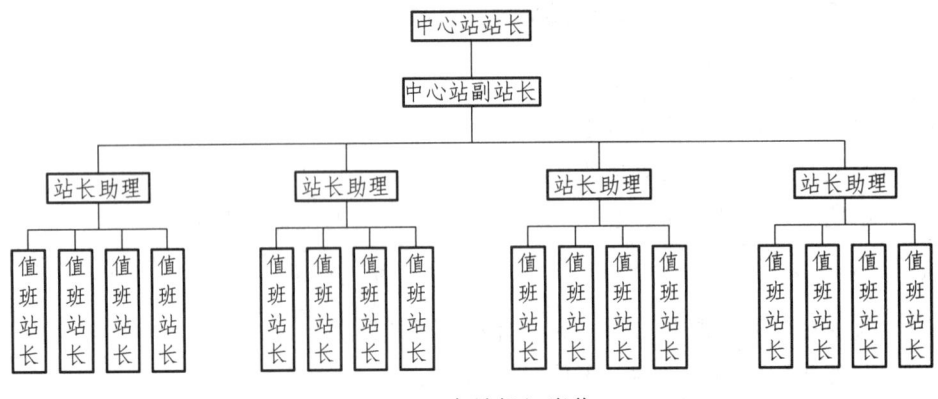

图 5.15　车站组织岗位

（二）值班站长

值班站长在站长的领导下，负责本班全站日常的行车、客运和票务管理，乘客服务，事故处理，设备日常管理，安全管理，员工培训，执法管理等工作（见图 5.16）。其具体工作职责如下：

图 5.16　值班站长

（1）服从中心站的领导，组织本班员工开展工作，对本班安全生产工作全面负责。

（2）做好接班前的各项准备工作，与交班值班站长交接车站工作。组织客运、行车班组交接班，开好班前会、班后会，布置和总结当班工作，掌握本班组出勤情况，根据运营需要合理调配各岗人员，并进行监督指导。

（3）负责本班运营安全组织及服务工作，指导车站员工的工作，处理乘客事务，为乘客提供优质服务。

（4）具体负责本班安全生产工作。严格执行各项规章制度，加强对治安、消防、突发事件预案的演练，同时与轨道交通公安协作，共同搞好车站综合治理工作。

（5）巡视、检查本班工作中的各项设备、设施状况，发现故障及异常情况及时处理和报告。

（6）负责对保洁、保安、商铺经营人员等进行属地管理。

（7）组织班组各类学习，提高员工职业道德、业务素质、工作技能、处理突发事件和化解矛盾的能力。

（8）对突发事件发生后的先期处理工作负责。在车站发生异常情况及突发事件时，负责先期处理，及时采取措施，控制局面，减少人员伤亡及财产损失，尽快恢复运营。

（9）负责本班的信息反馈、生产数据统计、工作总结、考勤审核及上报工作，做好班组运营生产和日常管理的原始记录。

（10）负责本班安检工作。指导站务安全员的安检日常工作，协调处理安检工作中出现的各类问题，负责与驻站民警联系。

（11）完成上级交办的其他工作。

（三）值班员

1. 行车值班员

行车值班员在值班站长的领导下，负责本站的行车组织、施工管理、乘客广播等工作，具体工作职责如下：

（1）在值班站长的领导下开展工作，并对当班站务安全员的工作进行监督指导。

（2）坚守岗位，尽职尽责，负责与调度员联系，接受并严格执行调度命令。坚持标准化作业，不得擅离职守，不做与工作无关的事，确保行车、人身和设备的安全。

（3）遵守交接班制度。做好行车资料、设备、备品的保管和交接工作，坚持文明生产。

（4）对本班工作负责，严格执行行车组织、消防值班、综合监控等规章制度和作业标准，按规定操作和监视行车、消防、综合监控等相关设备。

（5）接发列车作业中必须亲自办理闭塞，布置进路，认真填写相关台账，了解运行情况，与调度密切联系，确保车站行车安全。

（6）熟悉列车运行图，掌握线路、道岔、信号、消防、机电、票务等设备，负责监控本班工作中的各项设备设施安全状况，发现故障及异常情况及时按有关程序和预案处理。

（7）熟悉非正常情况下接发列车业务，发现危及行车或人身安全的紧急情况及时制止，按有关规定采取有效措施，并及时妥善处理。

（8）按照相关规定耐心解答乘客问询，为乘客提供优质服务。

（9）协助值班站长对站务安全员岗位职责履行情况实施监管，负责监视车站运营工作，发现问题及时向值班站长汇报。

（10）完成上级交办的其他工作。

【拓展阅读 5.3】

地铁行车值班员的工作

地铁行车值班员,对大多数市民来说,都是陌生的。他们每天目不转睛地盯着控制台,密切关注着进站的每一趟列车;他们每天接几十次电话,每一分钟都在接收、处理信息,为车站运营安全保驾护航。透过车站控制室的玻璃窗,看着每天来来往往的乘客,心中就多了一份责任。

吕某是大连地铁西安路站的一名行车值班员,他的工作内容,简单来说,就是与地铁行车有关的一切工作。

他们一上班就坐在乘客看不到的大玻璃里面。很多人都好奇大玻璃内的人都在干什么?除了每天监控列车的运行情况和车站所有设备的使用情况,乘客能够直接感受到的就是,遇到突发事件时他们会及时处理并播放广播安抚乘客情绪;乘客有丢失物品或者与家人走散时,他们会立即与各车站联系,挨个车站寻找;如果有需要特殊照顾的乘客,也是他们与乘客到达车站联系,再通知站务人员做好接应……简单来说,行车值班员是车站的纽带,是一个"上传下达"的使者。

在工作中,他们不仅要观察车站的情况、乘客的情况,同样也需要观察每位同事的做事风格和习惯,了解大家的做事风格。彼此了解,才能更好地配合,才能在各岗位间相互协调,有效地避免事故的发生。

地铁列车一辆辆从眼前驶过,生活也像飞驰的列车一样,日复一日,不曾停止。地铁,对于乘客来说,是一种交通工具;而对于他们来说,更是一种责任!他们会肩负起属于他们的那份责任,为乘客服好务,为城市轨道交通安全站好岗!

——引自大连地铁。

2. 客运值班员

客运值班员在值班站长的领导下,主管车站客运、票务管理工作,组织站务员从事客运服务工作,具体工作职责如下:

(1)在值班站长的领导下,主管车站客运、票务管理,组织站务员从事客运服务工作。

(2)票款的发放、回收及保管工作。

(3)车站营收统计工作,各种票务收益单据的申领、填写及保管。

(4)负责车站收益解行的实施和安全。

(5)协助值班站长管理站务员,处理乘客事务,提供优质服务。

(6)监督站务员在岗工作情况。

(7)在非运营时间统计汇总当日营收情况。

（8）巡视车站，维护车站安全，防止意外事件发生。

（9）完成上级交办的其他工作。

（四）站务员

1. 站务员（站台岗）

站务员（站台岗）在值班站长与车站值班员领导下，负责车站站台区域的安全管理、乘客服务、突发事故处理等工作，第一时间守护乘客上下车安全，具体工作职责如下：

（1）对候车人员要做到热情服务，重点乘客重点照顾。注意乘客候车动态，发现乘客异常应及时向值班站长汇报，维护好车站正常的候车秩序。

（2）列车进站前，确认线路无障碍，并引导乘客在安全范围内候车。若发现有危及行车安全或乘客安全的情况，立即向司机发出停车信号或按下紧急停车按钮，确保行车安全。

（3）列车关门时，密切注意列车车门状态，如有车门关闭不上或者夹人夹物，应及时协助司机采取必要措施，确保乘客人身安全。

（4）列车启动后，注意乘客候车动态及列车的异声、异味、异态，如有异常及时通知车站值班员和值班站长，确保车站及行车安全。

（5）发生突发事件，应及时向车站值班员和值班站长汇报，保护现场，做好取证工作，疏导乘客，防止事态扩大，必要时协助公安人员清理现场。

（6）负责站台区域范围的清洁卫生。设备设施出现故障后，应及时报修，并做好现场隔离工作。

（7）完成上级交办的其他工作。

2. 站务员（厅巡岗）

站务员（厅巡岗）在值班站长与车站值班员领导下，负责车站站厅区域的安全管理、乘客服务、突发事故处理等工作，具体工作职责如下：

（1）严格执行各项票务规章制度和作业程序。

（2）密切注意进站乘客动态，协助安检人员查堵乘客携带的违禁物品，根据乘车规则要求，防止乘客携带"三超"物品以及宠物进站、乘车。

（3）开展票务政策宣传、引导工作，使乘客有序、快捷进站乘车，到达目的地车站后，能够迅速出站。

（4）正确引导乘客出入闸机。乘客出入受阻时，应主动向乘客做出解释，涉及票务问题应及时指引或带领乘客到售票亭进行处理。

（5）严格执行无障碍通道管理规定，严禁违规放行无关人员进出无障碍通道。

（6）对老、幼、病、残、孕、携带物品较多及行动不便者应主动提醒其注意安全，必要时给予帮助。

（7）对违反乘车规则的行为进行劝阻，做好解释工作，确保车站正常的运营秩序。

（8）负责站厅区域范围的清洁卫生。设备设施故障后，应及时报修，并做好现场隔离工作。

（9）完成上级交办的其他工作。

3. 站务员（售票岗）（见图 5.17）

图 5.17　站务员（售票岗）

站务员（售票岗）在值班站长与车站值班员领导下，负责车站的售票及乘客问询工作，具体工作职责如下：

（1）贯彻和执行各项票务政策、管理规章，严格遵循票务纪律，认真领用并保管好当班期间的票款或相关票据，确保安全。

（2）严格执行售票作业程序，做到"一收、二唱、三取、四验、五找"（见表 5.1）；人工售票应按编码顺序进行，先领先用。

（3）认真填写售票台账，字迹清楚，不得任意涂改。接岗时认真交接，不得任意简化程序。做好交班前与交班后的票款清理交接工作。

（4）按照有关规定办理单程票的发售及充值卡的发售充值，确保每笔业务卡、款相符，准确及时上交票款，长款上缴、短款自负。

（5）突发情况下，按照值班站长的指令办理退票或停止售票，执行预案要求。

（6）正确使用各类票务设备，确保票亭票务设备的完好、安全。能处理简单的自动售检票设备故障，发现问题及时上报。

（7）值班站长处理突发事件等时，负责车站的客运工作。

（8）完成上级交办的其他工作。

表 5.1 售票作业程序

步骤	程序	内容
1	收	收取乘客购票的票款
2	唱	讲出票款金额，重复乘客要求的购票张数和车票类型，如未听清乘客的要求，应主动礼貌地询问
3	操作	正确、迅速地操作： （1）检验钞票真伪； （2）在半自动售票机上选择相应功能键，处理车票
4	找	清楚说出找赎金额和车票张数，将车票和找赎的零钱一起礼貌地交给乘客

（五）车站保安

车站保安在值班站长与车站值班员领导下，负责车站的安全保卫工作，具体工作职责如下：

（1）引导乘客正确使用自动售检票设备，解答乘客咨询，如遇解决不了的问题立即报车控室。

（2）巡视车站，发现有违反《轨道交通运营管理办法》的行为要劝止、报车控室，按指示处理。

（3）做好车站安防巡查工作，确保消防通道畅通，发现可疑人员或可疑物品，及时汇报，对乘客携带的大件可疑行李，要求乘客开箱配合检查。

（4）监视列车到发，巡视站台及线路出清情况。列车进站时，站在自动扶梯口至紧急停车按钮之间阻止乘客抢上抢下，发现紧急情况时按压紧急停车按钮。

（5）主动疏导聚集在一端的乘客到较空的地方候车，关注乘客动态，提醒乘客不要手扶屏蔽门。

（6）发现站台有异常情况时，立即报车控室，并按指示处理。

（7）夜班站台保安在运营结束后，协助客运值班员在站台、站厅清客，并按程序及车站要求做好开关站工作。如有夜间施工作业，按车控室指示引导有关施工人员及设置防护，并经常检查防护是否完好。

（8）完成上级交办的其他工作。

（六）车站保洁

车站保洁人员在值班站长与车站值班员领导下，负责车站的保洁工作，具体工作职责如下：

（1）班前准时到车站保洁主管处签到，了解工作注意事项及本岗位作业要求。

（2）按照车站保洁岗位分区安排，加强巡视及清扫，确保本岗位负责区域的环境卫生，列车折返站站台保洁人员还应利用列车折返间隔做好列车卫生保洁工作。

（3）夜班保洁人员按照本周车站保洁专项计划，落实车站设备设施的保洁清扫工作。

（4）发生紧急情况时，按照车站工作人员做好各项应急处理工作。

（5）完成上级交办的其他工作。

【课堂讨论 5.2】

轨道交通车站中的其他岗位

轨道交通车站除了本书中介绍的相关岗位外，是否还有其他岗位？如果有，这些岗位具体从事什么样的工作？

以小组为单位进行讨论，并将讨论结果写于下方：

（1）＿＿＿＿＿＿＿＿＿＿＿＿＿＿＿＿＿＿＿＿＿＿＿＿＿＿＿＿＿＿＿＿

（2）＿＿＿＿＿＿＿＿＿＿＿＿＿＿＿＿＿＿＿＿＿＿＿＿＿＿＿＿＿＿＿＿

（3）＿＿＿＿＿＿＿＿＿＿＿＿＿＿＿＿＿＿＿＿＿＿＿＿＿＿＿＿＿＿＿＿

管理篇

如何做好班组管理

【篇章导航】

班组管理是轨道交通企业管理的基础，轨道交通企业管理的各项管理制度、作业及工艺标准最终还是要班组来落实，大量的记录、统计台账等都是在班组内完成的。班组虽"小"，但班组的管理却很全面。班组虽然是企业中最小的行政单元，但是其质量、安全、生产、工艺、劳动纪律等管理制度却很齐全，麻雀虽小，五脏俱全。班组管理包括班组劳动管理、班组考勤管理、班组 5S 管理、班组培训管理、班组绩效考核、班组会议组织等内容。只有对班组进行合理的管理，才能够顺利实现班组的工作目标。轨道交通行业从业者必须了解班组的基本管理方式。在管理篇中，我们将为大家一一展示轨道交通企业班组管理的技巧。

【篇章目标】

（1）熟悉班组劳动管理、生产管理的方式。
（2）学会班组团队建设与团队成员管理的方法。
（3）熟悉班组绩效考核的内容与方式。
（4）学会班组沟通与激励的技巧。
（5）熟悉班组会议组织的流程。

【篇章内容】

第六章　班组劳动管理
第七章　班组安全生产管理
第八章　班组团队建设与管理
第九章　班组绩效考核
第十章　班组沟通与激励
第十一章　班组会议组织

第六章　班组劳动管理

知识目标

（1）理解班组劳动管理的概念。
（2）了解班组 5S 管理、考勤管理、培训管理的相关概念。
（3）了解班组 5S 管理、考勤管理、培训管理的意义。
（4）了解班组 5S 管理、考勤管理、培训管理的相关措施。

能力目标

提出一定的劳动管理措施。

关键概念

5S 管理、考勤管理、培训管理。

知识框架

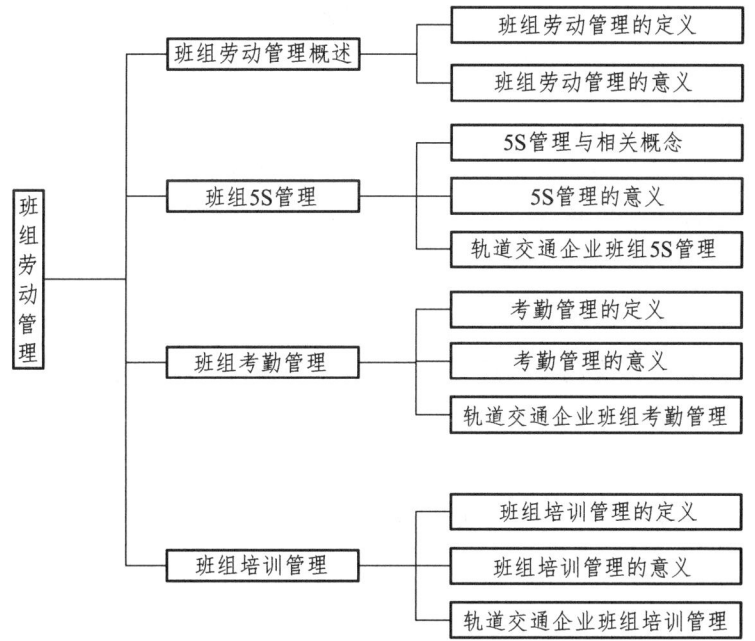

图 6.1　知识框架

第一节 班组劳动管理概述

一、班组劳动管理的定义

班组劳动管理（Team Labor Management）是指对本班组内劳动者的领导、计划、组织、协调和控制等一系列管理工作的总称。

班组劳动管理具体包括班组 5S 管理、班组考勤管理、班组培训管理等内容。

班组劳动管理的任务包括：用科学的方法，合理组织、安排、调配劳动力，开发和利用人力资源；改进劳动条件，加强劳动纪律，不断提高劳动生产率和经济效益；净化劳动环境，注意劳动卫生，保障劳动者的身心健康；贯彻按劳分配原则，调整和完善人际关系，调动劳动者的积极性和创造性等。

二、班组劳动管理的意义

搞好班组劳动管理对于企业具有十分重要的战略意义：

1. 提高劳动效率与生产率

加强班组劳动管理有利于提高企业劳动力的利用率和劳动生产率。通过编制劳动计划，企业按定员招收职工。通过合理的劳动组织加强劳动的分工协作，有利于提高劳动力的利用率、劳动效率和劳动生产率。

2. 提高企业劳动者的素质

加强班组劳动管理有利于提高劳动者的素质。通过招工考试择优录用的方式，同时加强对在职人员的教育培训，可以提高职工的文化技术水平和管理人员的经营管理水平。

3. 调动劳动者的生产积极性

加强班组劳动管理有利于调动劳动者的生产积极性。通过确定合理的工资制度、奖金和津贴制度，进一步贯彻按劳分配原则，提高劳动者的工作积极性和主动性。

4. 提高企业的经济效益

加强班组劳动管理可以提高企业的经济效益。通过加强劳动定额、劳动报酬、劳动组织等方面的管理，可以有效地提高企业的劳动生产率，从而有力地促进企业经济效益的提高。

5. 改进企业的生产秩序与劳动纪律

加强班组劳动管理有利于改进企业的生产秩序，加强企业劳动纪律。良好的生产秩序和严格的劳动纪律是企业生产得以正常进行，并取得良好经济效益的基本保证。

加强劳动管理对进一步提高职工遵守劳动纪律的自觉性,加强职工的组织观念,提高职工的出勤率,合理利用工时,正确贯彻执行操作规程,保证产品质量和正常生产秩序等,都有着重要作用。

第二节　班组 5S 管理

一、5S 管理与相关概念

1. 5S 管理

5S 管理是起源于日本的一种比较优秀的质量管理方法,目前在亚洲企业中较为流行。近年来,随着越来越多的外资企业的进入,5S 管理逐渐被国人所了解,并在国内部分企业中开花结果。5S 管理的思路非常简单,它针对企业中每位员工的日常行为提出要求,倡导从小事做起,力求使每位员工都养成事事"讲究"的习惯,从而达到提高整体工作质量的目的。

5S 管理一般指 5S 现场管理。5S 是指整理(Seiri)、整顿(Seiton)、清扫(Seiso)、清洁(Seiketsu)、素养(Shitsuke)5 个项目,简称 5S(见图 6.2)。

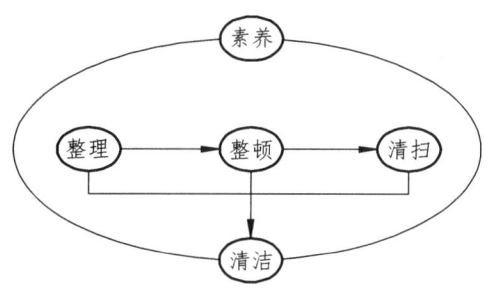

图 6.2　5S 管理

推行 5S 现场管理能提供一个舒适的工作环境;提供一个安全的作业场所;塑造一个企业的优良形象,提高员工工作热情和敬业精神。5S 管理是贯彻完善 ISO9001 质量管理体系、ISO14001 环境管理体系、GB/T28001 职业健康安全管理体系工作的基础,为管理体系和方法提供有力的支持,是提高企业各项管理水平的手段。

【拓展阅读 6.1】

5S 管理的起源与演变

5S 起源于日本,是指在生产现场对人员、机器、材料、方法等生产要素进行有效的管理,这是日本企业独特的一种管理办法。

1955年，日本对5S的宣传口号为"安全始于整理，终于整理整顿"。当时只推行了前两个S，其仅是为了确保作业空间的充足和安全。

到1986年，日本有关5S的著作逐渐问世，从而对整个现场管理模式起到了冲击的作用，并由此掀起了5S的热潮。

日本式企业将5S运动作为管理工作的基础，推行各种品质的管理手法。第二次世界大战后，产品品质得以迅速提升，奠定了经济大国的地位。而在丰田公司的倡导推行下，5S对于塑造企业的形象、降低成本、准时交货、安全生产、高度的标准化、创造令人心旷神怡的工作场所、现场改善等方面发挥了巨大作用，逐渐被各国的管理界所认识（见图6.3）。

图6.3 丰田汽车生场现场

随着世界经济的发展，5S已经成为工厂管理的一股新潮流。5S广泛应用于制造业、服务业等改善现场环境的质量和员工的思维方法，使企业能有效地迈向全面质量管理，主要针对制造业在生产现场，对材料、设备、人员等生产要素开展相应活动。

根据企业进一步发展的需要，有的企业在5S的基础上增加了安全（Safety），形成了"6S"；有的企业甚至推行"12S"，但是万变不离其宗，都是从"5S"中衍生出来的。例如在整理中要求清除无用的东西或物品，这里涉及节约和安全，具体指安全通道中无用的垃圾，这就是安全应该关注的内容。

——引自上海地铁。

2. 定置管理

"定置"是定置管理中的一个专业术语，即根据安全、质量、效率、效益和物品自身的特殊要求，科学地规定物品放在特定的位置。

定置管理（Fixed Management）是企事业单位在工作现场活动中研究人、物、场所三者关系，科学地将物品放在场所（空间）的特定位置的一门管理科学。定置管理是5S管理活动的一项基本内容，是5S管理活动的深入和发展。

定置管理是研究物品的特定位置，从人、物、场所相互关系的内在联系上寻找解决生产现场各工序存在问题的方法。它要为生产、工作的现场物品的定置进行设计、组织、实施、调整，使其科学化、规范化、标准化，改善现场管理，建立起现场的文明生产秩序，为企业实现人尽其力、物尽其用、时尽其效而开辟新的有效途径。

定置管理类型包括全系统定置管理、区域定置管理、职能部门定置管理、仓库定置管理、特别定置管理。定置管理的主要内容有车站区域内的定置内容、车间定置内容、库房定置内容、办公室定置内容。以上所说的内容是根据不同位置进行设计的定置内容。

（1）定置管理方法：

固定位置：场所固定、物品存放位置固定、物品的信息媒介物固定。

自由位置：相对地固定一个存放物品的区域。

引导信息：引导信息告诉人们"该物在何处"，便于人与物结合。

确认信息：为了避免物品混放和场所错误设置所需的信息。

（2）绘制定置管理图：

对现场进行诊断、分析、研究后，绘制新的人与物，人与场所，物与场所的相互关系的定置管理平面图。定置管理平面图可分为：车间定置图、车站设备区域定置图、办公室定置图、库房定置图、工具箱定置图、办公室定置图、文件资料柜定置图。

【拓展阅读 6.2】

地铁车控室的定置化管理

秉承精细化管理、人性化服务的理念，上海地铁第四运营有限公司不断改革、创新，近期对车站内部重点用房进行了定置管理，从桌面布置到柜橱抽屉等，都制定了摆放规定。为提高员工工作效率，还引入了一些小设备，让整个工作环境更整洁、员工操作更便捷。

车控室作为整座车站的控制中心，承担着设备控制、组织协调等重要工作。此次定置化管理以车控室为主，同时，对站长室、编码室、备品室等车站用房的箱柜内物品摆放都做了定置规定。

（1）电话机定置（见图6.4）。

图 6.4 电话机定置管理

双层电话机架,集中摆放各类话机,缩小了工作范围,方便值班员接听。每台电话机上,用明显的黄底黑字标注名称,避免了误操作的发生。

(2)显示器定置(见图6.5)。

图6.5 显示器定置管理

各类显示器,以值班员座位为中心,按使用频率依次摆放,统一高度的显示器架,既方便值班员清晰看到全屏,又留出空间,摆放键盘等物品。

(3)充电器具定置。

多种制式对讲机、电池、充电器分类排列摆放,方便员工日常领取、使用。

(4)通道门可视门控。

远程控制办公区域通道门,同时通过视频及对话,有效控制无关人员进入办公区域,消除安全隐患。

(5)车控室门控。

在值班员工作台面下方增设车控室门控,免除了值班员必须走至门口开启的无奈。

(6)各类文件柜定置。

箱柜内物品的摆放是此次定置化管理的重中之重,车控室、编码室的物品杂、台账多。在排摸了两线车站的具体箱柜式样及物品后,分别制定了适合两线箱柜的两套规范。

定置化管理后,各类物品摆放干净整洁,井然有序。采用贴注黄色标签的方式,让员工在使用中,按规定取放,确保规范的长效执行。

(7)备品室定置。

由于每个车站备品室面积不同,个别车站空间狭小,物品堆积多了便显得杂乱无章。运营四公司特别购置了料架。整改后的备品室不仅各类物品一目了然,合理化地放置还节约了大量的空间。

通过一系列的定置化改造,员工的工作环境改善了,工作效率提高了。在今后的管理工作中,运营四公司将延续定置管理方式,不断规范各类物资及设备,内强素质,外树形象。

——引自上海地铁。

二、5S 管理的意义

1. 提升企业形象

5S 现场管理可以让生产现场整洁、井然有序，工作场所干净、整洁，各种标识一目了然，一切都井井有条。这样的场景可以塑造企业的优良形象，提高员工工作热情和敬业精神。同时，企业之外的人员也会对企业有更好的印象，比如乘客看到车站环境整洁，会发自内心的给予赞扬。

2. 减少资源浪费

推动 5S 的效能是减少浪费，使人员、场地、场所、时间等各方面的浪费都减少了。减少浪费就是降低成本，成本降低利润自然而然就增加了。员工可以避免不必要的等待和查找，提高员工的工作效率，合理配置和使用资源，从而减少浪费。

3. 提升员工的归属感

企业推动了整理、整顿、清扫、清洁，使每个员工的素质都提高了。修养提升了，他就会有尊严，会认为待在这样的企业，有一种优越感和成就感。当企业出现问题，他会主动指出问题并积极寻找问题的起因和解决办法。他还会主动、积极、自发、负责地为本企业的不断发展壮大付出自己的全部心血和精力。爱他的岗位就像爱他自己一样，他会献出他的爱心，会安心地在这个企业工作。

4. 保障生产安全

企业在推动 5S 的过程中，通过整理、整顿、清扫、清洁与修养的提升，使企业的浪费、缺陷减少为零，效率提高了。同时，工作场所宽敞、明亮，通道畅通，安全也就有了保障。

5. 提升员工工作效率

一个好的工作环境，要求每个员工都主动、自发地把需要的东西留下，把不需要的东西丢掉，或者说，把它存放起来，通过整顿，每样东西都摆得井井有条，通道畅通，从而创造一个良好的工作环境。

一个人在良好的工作环境中工作，工作情绪自然会好。提升了工作情绪，再加上有好的工作环境、工作气氛，有了高素质并有修养的伙伴，彼此之间的团队精神和士气自然也能得到提升；同时，物品摆放有序了，拿东西不用找来找去，不会浪费时间，效率必然也就提高了。

6. 保障服务品质

有了好的工作环境、气氛，并不断养成习惯，服务品质自然就能有所保证。

有 5S 做基础，通过整理、整顿、清扫、清洁、修养，企业必然能快速成长。而在茁壮成长的过程中，企业会通过 ISO、全面质量、全面品质等这几方面的管理，甚至及时地管理，提升企业效能、形象，以减少浪费，保障安全。

三、轨道交通企业班组 5S 管理

对于轨道交通企业班组来说，只有进行更加全面的 5S 管理，才能够提高轨道交通企业管理和安全运营质量。轨道交通企业班组 5S 管理包括以下内容：

（一）整理

1. 整理的基本内容

整理的基本内容包括整理工作现场，区分所有工作场所中有用和无用的物品，并撤除工作场所中的无用物品。（见图 6.6）

图 6.6　5S 管理：整理

整理的主要目的是腾出空间，减少对于工作场所和存放设施的浪费。

整理需全面检查作业场所的所有物品，包括视线看到和看不到的范围。

作业场所的检查范围包括以下内容：

（1）工作场所地面的物品：设备、设施、工装；台车、推车、叉车等运输工具；成品、半成品、不良品、原材辅料；长期不用的纸箱、容器和杂物等。

（2）工作台上的物品：棉纱、手套等消耗品；螺丝刀、扳手等工具；水杯、饭盆等个人物品；图纸、作业指导书等资料。

（3）材料架的物品：原材辅料、不用的材料、报废的材料等其他非材料性的物品。

（4）工作现场的墙面：宣传标语、指示牌、配线、配管等。

总之，凡是工作现场中的任何物品都是我们检查和整理的对象。

2. 整理的检查标准

根据现场物品的使用状况，制定要与不要的标准，根据要与不要的标准对现场中的所用物品进行判断，并将需要与不需要的物品分开，列出整理物品的清单。**现场物**

品的有用与无用的判定标准如下：

（1）调查物品的使用频度，决定物品的放置地点和处置方式。

（2）制定废弃物处理方法。制定废弃物品的清理制度；制定循环、废弃、烧毁、掩埋等处理方法；设定废弃小组，减少废弃物品的制造。

（3）定期对作业现场的物品进行自我检查，检查所在岗位是否乱放不需要物品；配线、配管是否杂乱；产品或工具是否直接放在地上；是否在所定场所按照处理方法分别整理收集废弃物或不要物品。

（二）整顿

1. 整顿的基本内容

整顿主要是把要用的东西，按规定位置摆放整齐，并做好标识进行管理。（见图6.7）

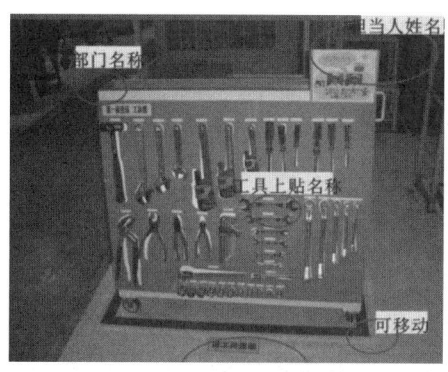

图6.7　5S管理：整顿

整顿的目的是使工作场所一目了然，减少或消除寻找物品的时间，消除积压物品。整顿应能做到以下3点：

（1）整顿的结果要成为任何人在生产现场都能立即取出所需要的物品的状态。

（2）要站在新人、其他现场的人的立场来看，让什么东西放在什么地方更为明确。

（3）要想办法使物品能立即取出使用，使用后要能容易恢复到原位，没有恢复或误放时能马上知道。

2. 整顿的注意事项

整顿物品时应注意以下事项：

（1）要落实前一步骤整理工作，整理工作没有落实不仅浪费空间，而且会因零件或产品变旧、过期而不能使用造成浪费；不要的物品置于现场造成空间窄小，对之进行管理又会增加管理成本，如库存管理或盘点产生的成本。

（2）布置流程，确定置放场所。要采用定品、定位、定量的三定原则确定现场物品的置放场所，并注意以下内容：

① 参照整理中"依使用频率判断的基准"决定置放场所。原则上100%设定物品放置位置。

② 流程布置遵循的基本原则：综合原则、最短距离原则、流程化原则、立体原则、安全与满足感原则等。

③ 生产线附近只能放置需要的物品，堆高一般在120厘米左右；危险品应在特定的场所保管。

④ 不良容器应及时更换，纸类物品不可放在潮湿场所。

⑤ 无法按规定位置放置的物品应挂"暂放"标识牌，并注明原因、放置时间、负责人、预计放置到何时等。

3. 物品放置方法

要规定物品放置方法，规定物品放置方法时应注意以下要点：

（1）以物品的类别形态来决定其放置方法，放置物品必须先入先出。

（2）放置方法原则上为平行、直角方法，不超过规定的范围。

（3）危险物品放置场所要隔离。

（4）清扫用具以挂式方法放置。

（5）必要时设物品负责人及点检表。

4. 物品标识方法

标识生产现场的所有物品。物品的标识应结合目视化管理的方法。物品和其所放置的场所原则上一对一标识。常用的标识方法有标牌、标签、显示板等。

（1）工作现场的画线定位。

（2）画线定位可采用4种方式：① 油漆；② 胶带；③ 瓷砖；④ 栏杆。

（3）颜色表示可采用下述方法：

① 黄色：一般通道、区域线。

② 白色：工作区域。

③ 绿色：料区、成品区。

④ 红色：不良品区警告、安全管制等。

【拓展阅读 6.3】

地铁检修车间的5S管理

地铁的安全生产，不仅要对列车的质量把好关、做足功课，而且也十分重视5S管理。

对于拆卸下来的部件，以及工具的摆放，要求就相当严格，必须按照一定的顺序进行摆放，实行可视化和可量化管理，主要是为了防止工器具的丢失引发安全隐患以及方便对工具的识别。

图 6.8 检修车间的 5S 管理

对所管辖的区域通过标准的黄线间距分区明显，所有的待修备件、良好备件、周转备件也需要做好标识。这样看起来既整齐又美观！

通过标准化的 5S 管理，工具、备件的使用更方便，也成为作业区域一道亮丽的风景线。

自觉维护好 5S，秉承"我的岗位无差错，我的岗位请放心"的作业要求，供好车，把好关，让地铁列车安全可靠，准时准点为乘客提供更优质的服务。

——引自深圳地铁。

（三）清扫

1. 清扫的基本内容

清扫的主要内容是将不需要的东西清除掉，保持工作现场无垃圾、无污秽。

清扫的目的是清扫脏污，保持现场干净明亮，使问题表面化。

清扫应做到：使现场成为没有垃圾、没有污脏的状态；虽然已经整理、整顿过，要的东西马上能取得，但是被取出的东西要处于能被正常使用的状态。

2. 清扫的注意事项

（1）建立清扫责任区。利用生产现场的平面图，标识各责任区及负责人；公共区可采用轮流值日的方式。

（2）执行例行扫除，清除脏污。规定例行清扫的内容，确定时间；清扫过程中发现不良之处，应加以改善，如天花板、墙壁脱落、地板破损的地方；清扫要细心，具备不容许脏污存在的观念；清扫用具本身保持清洁与归位。

（3）调查污染源，予以杜绝。污染源杜绝可采用两种方式：杜绝式和收集式。

（4）建立清扫基准，并作为规范。建立清扫标准应考虑的内容：清扫对象；清扫方法、重点；要求标准；周期；时机；使用的清扫工具；使用时间；负责人。

（四）清洁

1. 清洁的基本内容

清洁的基本内容为维持整理、整顿、清扫所取得的成果，并将其制度化、规范化。清洁的目的是通过制度化维持成果，并显现异常所在。

2. 清洁的注意事项

（1）落实前3S的工作。彻底落实前3S的各种动作，充分利用宣传，维持好的活动气氛。前3S是动作，清洁是结果，即经过整理、整顿、清扫后所呈现的状态。

（2）制定目视管理、颜色管理基准。清洁的状态在广义上是指美化、正常，即除了前3S成果外，更要透过各种目视化措施，进行点检工作，使异常现象无所遁形，而立刻加以消除，让工作现场保持正常状态。借整顿的定位、画线、标识，彻底塑造一个地、物明朗化的现场，从而达到目视管理的要求。

（3）5S管理制度化和标准化。根据整理整顿清扫的结果制定生产现场的定置图，并将前3S的管理内容制定成相关的标准。制定点检方法，制作生产现场的5S点检表，由作业员或责任者认真执行，逐一点检工作。

（4）制定奖惩制度，加强执行。依照5S竞赛办法，对在5S中表现优良的人员给予奖励，要让全体班组成员必须永远抱着要推进5S的心情，维持5S意识。

（五）素养

1. 素养的基本内容

素养的基本内容是通过进行上述4S活动，让每个员工都自觉遵守各项规章制度，养成良好的工作习惯。

素养的目的是提升"人的品质"，使每一个人成为对任何工作都持认真态度的优秀管理者和班组成员。

2. 素养的注意事项

（1）持续推动前4S至习惯化。前4S基本上是动作，也是手段，而通过这些手段使班组成员在无形中养成保持整洁的习惯，形成班组成员的良好素养。

（2）制定共同遵守的有关规则、规定。

（3）制定礼仪守则。制定生产现场的规范的语言礼仪、仪表礼仪、行为礼仪，促使班组成员形成良好的精神风貌。

（4）教育训练。对班组成员要不断进行5S管理的教育和训练。

（5）推动各种精神提升活动（早会，礼貌运动）。

5S活动一旦开始，就不可在中途变得含糊不清。不能贯彻到底，又会形成另外一个污点，而这个污点也会造成保守而僵化的气氛。因此，要打破这种保守、僵化的现象，唯有坚持贯彻 5S。

（六）5S 的考核与检查

由 5S 推行小组组长及副组长组织 5S 推行小组进行检查。每天不定时对工作现场、库房、办公场所进行检查。若有检查项目达不到要求，则按照标准对责任人进行处罚，对该责任区域所属部门的主管领导给予罚款处罚。以轨道交通车站的 5S 检查为例，其检查标准如下：

1. 作业区检查标准

（1）作业区包括车站设备房作业区、管理用房作业区，具体包括车站车控室、站长室、值班室、在线检修车间、管理人员休息室等。

（2）设备：无油污，用手擦拭，手上无明显污渍；移动、旋转部位要有油润滑；各类开关柜、配电箱内外无污渍及灰尘。

（3）场地：每台设备的责任区内无棉纱、纸屑等异物；不放置与操作无关的任何物品；区域线要完好、明显；有用的物品必须摆放整齐；墙壁上不允许有油污，窗户要明亮。

（4）存储区：场地保持清洁，无油污、棉纱、纸屑等异物；区内摆放整齐、横平竖直；区域线明显，区域与区域之间留足空间；区域必须标识清楚。

（5）工作台：工、器具摆放整齐，要横平竖直，严禁放置零件；工作台上不准有不需要的其他物品、不允许有太多的油渍。

（6）配件：分类定置摆放整齐；标识清楚；报废或长期不用的配件划定区域放置，并标识清楚。

（7）作业文件：必须齐全完整，整齐地摆放在指定位置；无破损、无油污及灰尘。

（8）各种记录：每天必须按规定填写交接班记录及设备点检记录等记录。

（9）工具、量具：分类定置摆放整齐；报废或长期不用的工具指定区域放置；做好维护保养工作，保持清洁，无锈蚀、无灰尘等。

（10）工人形象：佩证上岗、衣着整洁、语言文明、精神饱满。

2. 库房检查标准

（1）区域：区域线明显；物品不能超过区域线；区域内物品状态清晰、标识清楚；地面无异物；货箱/架堆放整齐，不超过规定的堆码层数；除规定放置的物品外，区域内不允许出现其他任何物品；所有物品全部摆放整齐，不允许乱七八糟的随便摆放。

（2）通道：保持畅通、清洁。

（3）杂物区：除杂物区外，其他区域不允许出现杂物；为确保足够的空间，杂物区须定期（3个月）进行整理，对废弃或长期不用的物品进行清除。

（4）清洁：地面无明显灰尘、无棉纱、包装袋、纸屑、木块等物；窗户保持完好无损（破损及时更换）、明亮。

3. 办公场所检查标准

（1）办公桌：办公桌上及抽屉内物品应井井有条，不杂乱无章；办公桌上物品不宜太多；办公桌上应无与工作无关或暂时不用的物品；同一办公室内的办公桌，桌上的文件夹及物品放置位置应一致；下班时应将桌面清理干净。

（2）文件柜：文件柜内物品应摆放整齐，不乱七八糟；文件夹上应有明显标识，易于查阅；文件柜内放置的物品只允许放置与工作有关的物品；文件柜表面清洁，不能有油污、灰尘等。

（3）室内清洁：地面清洁，无油污、纸屑、烟头等异物；文件不允许到处摆放；墙壁上不允许有油渍、墨水渍等；窗户应定期擦拭，保持明亮，窗台上无明显灰尘、纸屑、烟头等；办公桌下地面应打扫干净；天花板不允许有蜘蛛网等。

（4）工作人员：衣着整洁，语言、行为文明，精神饱满。

检查可以通过5S检查表进行（见表6.1）。

表6.1 5S检查表（作业区）

检查日期：

使用部门：5S推行小组　　　　检查人员：

序号	检查内容	配分	得分	缺点事项
1	设备是否清洁（用手擦拭，无明显污渍）？	5		
2	移动、旋转部位是否有油润滑？	5		
3	设备运行状态是否良好、有无异常现象？	5		
4	作业现场区域线是否完好、明显？	5		
5	现场内是否有与操作无关的物品？	5		
6	现场内地面、墙壁是否清洁，窗户是否明亮？	5		
7	工作台上的工、器具是否按规定摆放，并摆放整齐？	5		
8	工作台上是否有不需要的其他物品、很多油渍以及零件？	5		
9	工具柜摆放是否整齐？工具柜是否清洁？	5		
10	存储区内是否清洁？是否标识清楚？	5		
11	存储区内的区域线是否完好、明显？	5		
12	作业文件是否齐全完整、整齐地摆放在指定位置？	5		
13	作业文件是否完好、清洁？	5		
14	各种记录是否齐全、完好？并坚持填写？	5		

续表

序号	检查内容	配分	得分	缺点事项
15	操作人员是否佩证上岗？	5		
16	操作人员衣着是否整洁？	5		
17	安全通道是否完好、清洁（无油污、棉纱、纸屑等异物）？	5		
18	是否指定吸烟点？	5		
19	现场不合格项是否进行了有效隔离？	5		
20	所有物品堆放是否整齐（同向靠线）、不显得凌乱？	5		
	合计：	100		

【课堂练习6.1】

制作班级教室区 5S 检查表

根据所学知识，在表6.2中制作本班级教室区的5S检查表。

制作要求：

1. 班级组织结构需包含教室中的各类教学设施、所有人员。
2. 检票标准需要准确，条理清晰。完成后交给指导老师检查。

表6.2 班级教室区5S检查表

检查日期：　　　　　　　　　　　　检查人员：

序号	检查内容	配分	得分	缺点事项
1				
2				
3				
4				
5				
6				
7				
8				
9				
10				
11				
12				
13				
14				
15				
	合计：			

第三节　班组考勤管理

一、考勤管理的定义

考勤管理（Attendance Management）是企事业单位对员工出勤进行考察管理的一种管理制度，具体包括是否迟到早退，有无旷工请假、排班管理、请假管理（带薪年假管理）、补卡管理、加班申请管理、日出勤处理、月出勤汇总等。

考勤的目的是维护企业的正常工作秩序，提高办事效率，严肃企业纪律，使员工自觉遵守工作时间和劳动纪律。

对员工的考勤和考核是企业人力资源管理中的一项重要内容。过去对员工的考勤考核制度往往过于教条化，把员工当作机器一样对待，缺乏人情味。而现代公司注重人本管理，其考核制度的目的是使员工融入公司、融入团队之中，从而创造更多的效益。

二、考勤管理的意义

1. 考勤是纪律管理的基础

考勤是组织纪律管理的基础工作，若没有考勤的约束，人人都可能缺乏时间观念。如果不对工作时间进行管理，那么组织管理的第一要求——组织行为的一致性就很难做到。另外，组织的时间管理常常是由全体员工的时间资源有效组合而成的。若因某位员工时间管理无法与组织时间管理相对应，那么组织其他成员的时间资源就很有可能被浪费。

2. 考勤是绩效管理的手段

考勤管理是部门绩效管理工作的一部分，它通过约束的手段来统一全体员工的工作态度、规范体员工的工作行为、提升全体员工的工作业绩。大多数员工严格遵守考勤制度，不迟到、不早退、不旷工，保持良好的出勤记录。但仍有个别员工迟到、早退、旷工等，对考勤管理敷衍了事，无视考勤制度，工资照拿或与满勤员工工资差别不大的话。这样对严格遵守考勤制度的员工则不公平，使老实人吃亏，让滑头人占便宜，会挫伤遵纪守规的员工的积极性，损害遵纪守规的员工的利益。

3. 提高员工工作自觉性

严格规范的考勤制度，能促使员工养成遵章守纪的习惯，能推进企业向高效规范的目标不断进步，能为管理者具体实施管理目标提供依据。

考勤的根本目的不是罚款扣钱，而是提高员工工作的自觉性，进而提高工作效率，为大家创造更加有前景的发展空间，使所有员工能够处在一种公正、公平的环境下工作。罚款扣款不是目的，只是一种手段，更重要的是激励，让员工心中明白激励的成分要比罚款的成分多。

【课堂讨论 6.1】

学校的考勤管理

学校也会对学生进行考勤管理，大家回想一下发生在自己身边的考勤管理有哪些？具体的考勤规则又有哪些？

以小组为单位进行讨论，并将讨论结果写于下方：

（1）_____

（2）_____

（3）_____

三、轨道交通企业班组考勤管理

轨道交通企业班组考勤管理能确保班组成员按时上下班，有效完成工作任务。具体包括员工是否按时到岗，主要表现为缺勤管理，一般来说，缺勤有：迟到、早退、请假、旷工、离职等几种情形。班组考勤相关管理规定如下：

（一）迟到

每个工作日规定的最晚上班打卡时间以后打卡的，即为迟到。

1. 不属于迟到的情况

（1）考虑到城市交通环境，每月可允许员工有 3 次超出最晚上班打卡时间 5 分钟以内的情形，不计入迟到，自第 4 次开始正常计迟到。

（2）因不可抗力的原因（如地铁故障、交通事故及极端天气等）在出示相关证明后，可不按迟到计。

（3）经中心/部门负责人同意晚于最晚上班打卡时间打卡的，但须履行相应的考勤异常申请程序。

2. 迟到相关管理规定

（1）迟到在 30 分钟及以内的，每次扣 30 元；超过 30 分钟的，每次扣款 200 元（此项根据不同企业有所变化）。

（2）月累计迟到次数在 5 次（含）以上 10 次以下的（不属于迟到情形的不计），

除按迟到时间及次数扣款以外，另计旷工1天。

（3）连续迟到超过3天及以上的，除按迟到时间及次数扣款外，另计旷工1天。

（4）月累计迟到超过10次及以上的，属于严重违纪，除按迟到时间及次数扣款外，另计旷工3天；同时，企业有权与员工解除劳动关系，且不需支付任何经济补偿。

（5）企业实行事先请假制度，因此，人事行政中心不认可在迟到后申请年假或其他假期以冲抵迟到结果的行为。

（二）早退

在未经正常请假审批手续且直属上级以任何形式均不知悉的情况下，员工自规定的下班时间之前提前离岗且不超过1个小时（含）的，计为早退。超过1个小时的且未事先履行请假手续的，按旷工1天计。

（1）早退次数在3次及以内的，每次扣100元；早退次数在3~5次以内的，每次扣200元；早退次数在5次以上（含）10次以下的，除按次数每次扣款200元以外，另计旷工1天；超过1个小时的且未事先履行请假手续的，按旷工1天计（此项根据不同企业有所变化）。

（2）连续早退超过3天及以上的，如早退时间在1小时以内的，除按早退次数扣款外，另计旷工1天；如早退时间超过1小时的，另计旷工1天。

（3）月累计早退超过10次及以上的，属于严重违纪，除按早退的时间及次数处罚外，另计旷工3天；同时，企业有权与员工解除劳动关系，且不需支付任何经济补偿。

（4）对于未及时履行正常请假审批流程，但以微信、短信或邮件形式提前向直属上级说明情况并征得同意后的，可在回公司后1个工作日内补交请假审批手续。对于超过补交时间仍未提交的，人事行政中心将按早退计。

（三）旷工

在正常工作日不请假或请假未批准的缺勤行为视为旷工。

1. 属于旷工的情形

（1）员工在未正常履行请假程序且未经直属上级审批同意的情况下，无故缺勤的（超过1小时及以上的），计为旷工；无故缺勤在1小时及以内的，计旷工0.5天；无故缺勤在1小时以上的，计旷工1天。无故缺勤包括但不限于未请假、超假未续假及所有满足无故缺勤的情况。

（2）员工月迟到或早退次数累计在5次以上（含）10次以下的，计旷工1天。

（3）连续迟到或早退超过3天及以上的，计旷工1天。

（4）月累计迟到或早退超过10次及以上的，计旷工3天。

（5）月累计未打卡记录超过10次及以上的，计旷工1天。

2. 旷工相关管理规定

（1）旷工工资按实际旷工天数×日工资的 300%计算（日工资=月工资总额/21.75 天），自当月工资中扣除（此项根据不同企业有所变化）。

（2）企业实行事先请假制度，因此，人事行政中心不认可在早退后申请年假或其他假期以冲抵早退结果的行为。

（3）凡是当年出现旷工情形的员工，均会影响当年的单独调薪与次年年初的普遍调薪计划。

（四）事假

员工因私人事务需请假的，且无年假可以冲抵时，按事假处理。

（1）事假最小的请假单位为 0.5 小时。

（2）事假期满后未按时上班且未向上级申请延长假期的，将按旷工的相关规定处理。

（3）事假工资按日工资的 100%请假天数计算（日工资=月工资总额/21.75 天），自当月工资中扣除（此项根据不同企业有所变化）。

（五）病假

员工因病需请假的，按病假计。

病假相关管理规定：

（1）企业每月为员工提供 1 天带薪病假，带薪病假不予以累计，当月未休即作废，原则上带薪病假应提交相应的有效证明文件。

（2）病假最小请假单位为 0.5 天（含带薪病假）。

（3）员工申请病假的，须在就诊后 3 个工作日内向部门/中心负责人及人事行政中心出具病历、诊断证明或当日医院收费单据等有效证明的复印件；如员工未按时提交，人事行政中心将以邮件形式通知员工本人并抄送中心/部门负责人；如员工未出示相关证明文件，则人事行政中心有权按事假计；如员工有年假的，人事行政中心有权自动用年假进行冲抵。

除了以上假期相关内容外，还包括年假、婚假、产假、丧假等假期管理规定。班组在执行考勤管理规定时，不仅要严格执行相关制度，而且要具有一定的灵活性，视具体情况而定。

（1）对于迟到早退等情况，应向当事人了解情况，同时严格按照企业考勤制度考勤，除非情况特殊，一般要对当事人进行必要的教育，对于多次迟到、早退，且屡教不改的应升级处理。

（2）员工请假需按照企业制度提出申请且获得批准后才能休假。特殊的可以口头请假，需要确认缘由，并进行适当的处理，既要显示制度的严肃性，又要体现管理的人性化。

（3）出现矿工时，应及时联系当事人或向熟悉当事人的同事了解情况。确认当事人是出现意外不能及时请假还是本人恶意矿工。

（4）碰到员工不辞而别的离职情形，应及时联系当事人或向熟悉当事人的同事了解情况，尽量了解员工不辞而别的原因。

【拓展阅读 6.4】

某地铁维管段员工考勤的基本要求（部分）

为健全考勤制度，规范考勤管理，保证段正常的生产秩序，保证劳动者的合法利益，根据国家相关法律法规和运管公司有关政策规定，结合本段实际情况，特制定本细则。

本细则适用于与公司签订劳动合同的在岗员工。

第一条　按照国家法定的劳动者工作时间和休息假期，段管内员工实行大轮班工作制，集中工作，集中休息。原则上每月休假8天。

第二条　考勤是每位员工正常工作和段劳动管理的依据，必须严格按照本细则认真签报，不得弄虚作假。各部门、工区均要指定专人负责管理。机关科室考勤由各科室负责填报。段领导考勤由综合办公室负责填报。

第三条　员工应按规定的考勤时间到岗，不迟到、不早退、不脱岗。工作时间临时离岗外出要经本部门负责人（工长或主管领导，下同）批准。

第四条　员工应按规定的作息时间准时交接班。如遇接班人员未能按时接班，交班人员应立即报告本部门负责人，不得脱离工作岗位，直到接替人员到岗交接工作为止。

第五条　员工因故不能按时到岗工作，要提前请假或及时通知本部门负责人，以便组织人员妥善安排生产工作。需要请、休各种假的，应及时办理相应的请、休假手续，经按规定的管理权限批准后方可休假，假期期满应及时销假。

第六条　员工休假必须要履行正确的请（续）假手续，对于没有及时办理请（续）假手续，在一周内补办请（续）假手续的给予D类考核。对于没有履行请（续）假手续并在一周内没有补齐请假手续的视为旷工。所在部门必须在第一时间通知人劳部门，停发当月薪酬。

第七条　员工离职必须办理离职手续。对不办手续擅自离职人员，扣发当月全部薪酬待遇。对不及时上报离职信息造成薪酬待遇发放的，对相关责任人除追回发放金额外，对所在部门列责考核。

第八条　员工考勤按日统计，按下列简称登入员工记工表：出勤（工）、轮休（轮）、工伤（伤）、病假（病）、产假（产）、婚假（婚）、乳休假（乳）、丧假（丧）、单位组织培训（学）、年休假（年）、出差（差）、事假（事）、无故缺勤（旷）。

第九条　对工伤、病、事、产、哺乳假3个月以上者，纳入综合办公室（人劳）

统一管理，部门（工区）停止考勤，不纳入其定员管理。

第十条　对于病、事假 1 个月以上人员的复工，须向综合办公室（人劳）提出复工申请。离岗 1 年以上的需交由职教进行复岗培训，培训合格后方可重新安排上岗。

第十一条　病、事、旷人员薪酬由段代为保存；在复工后下月工资发放时一次性核发。对有特殊原因的病、事假人员需每月兑现薪酬的，经段研究决定后执行。

第十二条　员工请事假天数不含法定节日和公休假日，其他各种假期天数包括国家法定休假日及休息日。

第十六条　实行大轮班制员工请各种假，一律按日历天数计算假期。

第四节　班组培训管理

一、班组培训管理的定义

培训（Training）是给有经验或无经验的受训者传授其完成某种行为必需的思维认知、基本知识和技能的过程。

班组培训管理（Training management）是为了让班组员工达到统一的科学技术规范、标准化作业，通过目标规划设定、知识和信息传递、技能熟练演练、作业达成评测、结果交流公告等现代信息化流程，让员工通过一定的教育训练技术手段，达到预期的水平，提升个人能力、工作能力的训练。

培训工作的基本原则如下：

（1）全员性。

培训的目的在于提高公司全体员工的综合素质与工作能力，所有人员都应充分认识培训工作的重要性，从管理层到员工层都要积极参加培训、不断学习进步。

（2）针对性。

培训要有目的，针对实际培训需求进行。

（3）计划性。

培训工作要根据培训需求制订培训计划，并按计划严格执行。

（4）全程性。

培训工作要贯穿岗前、在岗、转岗、晋职的全过程。

（5）全面性。

培训内容上要将基础培训、素质培训、技能培训结合起来，培训方式上要综合运用讲授、讨论、参观、观摩、委培等多种方式。

（6）跟踪性。

培训结束后要对培训内容进行考核，考核要有结果与奖惩，要定期、及时检验、评估培训效果。

班组培训管理具体包括新员工岗位培训、多能工培训、安全生产培训、特殊工种和特种设备操作人员培训等。

二、班组培训管理的意义

1. 导入和定向

导入和定向即引导新进员工进入组织，熟悉和了解工作职责、工作环境和工作条件，并适应企业外部环境的发展变化。

企业的发展是内外因共同作用的结果。一方面，企业要充分利用外部环境所给予的各种机会和条件，抓住时机；另一方面，企业也要通过自身的变革去适应外部环境的变化。企业是一个动态系统，作为企业主体的人也应当是动态的，即企业必须不断培训员工，才能让他们跟上时代，适应技术及经济发展的需要。

2. 提高员工素质

培训的最终目的可以归结为一条：即通过提高员工工作绩效而提高企业效率，促进企业员工个人全面发展与企业可持续发展。现代企业对人力资源总体素质提出了新的要求，要求人力资源具有竞争性、学习性、创新性、团队精神等特征。从个体来说，员工要满足现代企业人力资源的要求，必须参加培训，接受继续教育。企业员工通过科学合理地培训，可以提高知识、技能、效果和态度 4 个方面的素质，以提高员工适应性，为其进一步发展和担负更大的责任创造条件，从而满足员工自我成长的需要，提升员工价值。

3. 提高绩效

员工通过培训，可在工作中降低因失误造成的损失。同时，通过培训获得新方法、新技术、新规则，提高员工的技能，使其工作质量和工作效率不断提高，从而提高企业效益。

4. 提高企业整体素质

员工通过培训，知识和技能都得到了提高，这仅仅是培训的目的之一。培训的另一个重要目的是使具有不同价值观、信念，不同工作作风及习惯的人，按照时代及企业经营要求，进行文化养成教育，以便形成统一、和谐的工作集体，使劳动生产率得到提高，员工的工作及生活质量得到改善。

【课堂讨论 6.2】

身边的培训

大家谈谈自己经历过的培训,或者看到的培训,思考这些培训对人们有何意义?以小组为单位进行讨论,并将讨论结果写于下方:

(1)_____
(2)_____
(3)_____

三、轨道交通企业班组培训管理

(一)新员工岗位培训

新员工岗位培训,首先要做的是思想意识的灌输,使新员工的思想与公司的经营管理理念相一致,然后主要以岗位技能培训为目的。(见图 6.9)具体内容如下:

图 6.9　新员工岗位培训

1. 培训计划的制订

应明确培训时间、相关责任人、培训方法、培训资料、考核方法、上岗标准等。培训资料要书面化、实物化、易学易懂。

2. 理论和实际操作培训

对新员工的培训内容一般包括:岗位基本知识、危险预知训练、作业标准书、量具使用、限度样本判断、物料分类标志、检查表填写、设备操作、设备点检(部位和方法)、常见故障应对、夹具调整及更换等。由于内容较多,所以培训要有计划、有步骤、有顺序地进行,除了安排上岗试做外,还要安排脱岗专题培训,将理论和实际操作相结合,使员工掌握知识及应会部分。

3. 员工培训考核

岗位培训期间，班组长每天都要对新员工的表现进行评价。评价结果需书面化、公开化。培训后组织必要的书面考试和实际考核，考试成绩需透明化，考试后要对新员工进行有针对性的辅导，该"回炉"的要"回炉"。

4. 利用"传、帮、带"培训新员工

为了提高对新员工培训的效果，班组长要善于调动各种力量，尤其是发挥老员工"传、帮、带"的作用，建立完善的"传、帮、带"责任制，在重点保证安全的基础上，使新员工尽快掌握岗位作业技能，达到独立上岗的目标。这样不但能达到化整为零、落到实处的效果，而且可以使新员工尽快适应环境、融入班组。

通过开展新员工岗位培训竞赛，奖优罚劣，激发新员工的学习热情，促进良性竞争。对于工作态度好、上手快、业绩突出的新员工，班组长可以将其事迹整理成文，在班会、现场管理看板、宣传栏上进行宣传，还可以请本人总结经验、心得，与大家分享。

（二）安全教育培训

安全教育培训（Security Education and Training）是指以提高安全监管监察人员、生产经营单位从业人员和从事安全生产工作的相关人员的安全素质为目的的教育培训活动。（见图6.10）

图6.10　安全教育培训

安全教育培训是安全生产管理工作中一项十分重要的内容，它是提高班组成员安全生产素质的一项重要手段。

1. 安全教育培训的目的

安全教育培训的主要目的就是加强和规范生产工作，提高从业人员的素质，防范伤亡事故，减轻职业伤害；熟悉并能认真贯彻执行安全生产方针、政策、法律、法规及国家标准、行业标准；掌握有关安全分析、安全决策、事故预测和防范等方面的知识。它的意义主要如下：

（1）提高安全生产意识。不重视安全生产意识是不可能做到安全生产的。

（2）增加安全生产知识。有了安全生产意识，还应该具备丰富的安全生产知识，才能控制企业的安全事故。

（3）减少安全事故的发生。安全事故是衡量一家企业是否成功开展安全工作的唯一标准，通过培训，可以大大提高负责人对安全生产的重视，继而减少安全事故的发生。

2. 安全教育培训的内容

安全教育培训主要包括安全思想政治教育与安全技术教育两个方面。

（1）安全思想政治教育。

安全思想政治教育可以提高企业领导、管理人员和操作人员的安全意识，增强安全责任，正确处理好安全与生产的辩证统一关系，自觉地组织和进行安全生产。

安全思想政治教育包括安全生产的法律、法规、方针、政策的法制教育，劳动纪律教育，作业流程和工种操作规程的纪律教育。

（2）安全技术教育。

安全技术教育包括生产技术知识教育、安全技术知识教育、专业安全技术知识教育。生产技术知识教育包括企业的基本生产概况、作业流程、操作方法、设备性能以及生产结构、质量等。安全技术知识教育包括企业生产过程中的不安全、不卫生因素及伤亡事故的规律性、可预防性、安全防护基本知识和尘毒防治的综合措施，个人防护用品的正确使用，发生事故时的紧急救护及自救措施等。专业安全技术知识教育，主要是对特种作业人员所进行的专门教育。

3. 安全教育培训的对象

（1）安全员及管理人员。

安全员与管理人员培训的主要内容：安全生产方针、政策、法律、法规、标准；企业安全生产管理、安全技术、劳动卫生知识；安全文化；工伤保险；职工伤亡事故和职业病统计报告及调查处理程序；有关事故案例剖析；事故应急处理程序等。

（2）新员工。

新员工上岗必须进行三级安全教育培训，使他们懂得基本的安全生产知识。

① 一级教育。

一级教育由人力资源部负责，是指对新分配到企业的员工在分配到工作地点之前，进行的初步安全教育。新员工考试合格，填写安全教育合格卡，才能上岗。

一级安全教育的主要内容：企业安全生产的一般知识；本企业内特殊危险地点及注意事项；一般安全技术知识及防火防爆知识；与本企业生产有关的伤亡事故教育。

② 二级教育。

二级教育由部门（中心）负责，是指对分配到部门（中心）的生产人员进行的安全生产教育。

二级安全教育的主要内容：规章制度和劳动纪律；危险地区及事故隐患；有毒有害作业的防治及安全规定；安全生产情况及存在的问题；发生过的事故原因及分析。

③ 三级教育。

三级教育即岗位教育，指由车站、班组负责人对新员工或调岗员工到了固定岗位、开始工作前进行的安全教育。（见图6.11）岗位教育结束后，经考试合格方可上岗操作。

图6.11　岗位安全教育

三级安全教育的主要内容：本车站、班组的工作性质；安全生产概况；岗位职责范围及安全操作规程；安全生产守则及交接班制度；本岗位易发生的事故和有毒有害点；突发事故时应急处理方法、器具的使用；个人劳动防护用品的正确使用和保管。

（3）普通员工。

对员工进行广泛的经常性安全教育，要在生产过程中自始至终坚持不断。

一般的教育方法是班前布置、班中检查、班后总结等，使安全教育制度化。

4. 安全教育培训的方式

安全教育培训的形式和方法，可根据员工文化程度的不同，采用不同的教育形式和培训手段。例如，采取宣传挂图、安全科教电影及幻灯片、报告、讲课、座谈、开展安全竞赛及安全日活动、安全教育展览及资料图书、实地参观、现场教育、介绍事故案例、安全会议、班前班后会、黑板报、简报等，举办安全生产技术展览会，设立安全生产陈列室、教育室；开展安全活动月，结合员工的文化生活，进行多种安全生产的教育活动，寓教育于活动之中。

安全教育培训的实施方式如下：

（1）安全规程学习制度化、日常化，每月在每个班组随机抽考几名职工，检查职工学习安全情况；各班组每季度组织一次安全抽考；每半年组织一次全员安全规程闭卷考试，并对学习达不到要求的进行考核。

（2）定期开展反事故演习，利用备用设备或道具，模拟事故应急处理，培养职工快速反应能力和冷静正确处理事故的能力。

（3）基层班组经常开展事故预想活动。具体做法：一般由班组长、班组安全员或有经验的员工对班组成员等提出某项操作可能发生的异常情况，由被问者述说处理方法，提问者再做评价。大家经常就一项具体的操作磋商好多次，共同研究选出最优操作法。

（4）利用班后会总结安全生产工作，让每个职工都谈一谈各自在这一个班里的操作安全经验、某项操作的特殊体验或安全认识方面的变化，相互交流，共同提高。

【拓展阅读 6.5】

地铁工作人员开展急救技能培训

随着公共交通的发展，地铁越来越受人们青睐，人流量的增多使乘客乘坐地铁时发生心脏猝死事件频发。作为"第一目击者"的地铁工作人员掌握急救技能，为患病乘客提供及时有效的紧急救护尤为重要。中南大学湘雅医院"公共场所服务人员急救技能培训"公益项目走进长沙市轨道交通集团，医院 AHA 心血管急救技能培训中心的专家与 35 位护理骨干，为长沙市轨道交通集团的工作人员现场手把手进行了心肺复苏等急救技能培训。

"人体发生呼吸心跳骤停时，心肺复苏介入的时间越早，存活率就越高。"湘雅医院急诊科副主任李湘民教授指出，我国每年大约有 54 万人死于心脏性猝死，心脏复苏是抢救心脏骤停者的有效方法。"抓住急救的'黄金 5 分钟'，对于挽救患者生命、降低其致残率及改善生活质量十分重要。"

在活动现场，该院急诊科副主任李湘民教授、科护士长李丽博士现场示范，结合教学视频，进行一对一指导，对轨道交通集团的 70 名一线服务人员、安检、消防、公安人员，进行现场模拟情景，开展成人和婴儿心脏骤停急救救护演示与实践、上呼吸道异物梗阻等的救护知识培训。

据医务部主任钱招昕介绍，自"公共场所服务人员急救技能培训"项目启动以来，湘雅医院已组织专家积极对机场、地铁等公共场所的 200 多位一线工作人员进行了一对一急救培训。今后该项目还将深入火车站、汽车站等公共场所，广泛开展急救知识宣教及培训活动。

——引自长沙晚报网，2015-05-23。

(三)多能工培训

多能工指的是一个作业者能承担多个工程或多种设备的操作,该作业者即为多能工。相反,只能单一工程或单一设备作业的员工即为单能工。

一岗多能是应对员工流动的重要条件,也是培养一线骨干的重要途径。多能工培训还能提高员工的应变能力,为企业的发展奠定基础。

1. 多能工培训的必要性

(1)满足短期需要。

重要岗位有多人后备,出现员工缺勤、辞职或临时性的工作调整时,班组长也不会乱了手脚,从而做到有备无患、应对自如。多能工培训是人员后备管理的重要条件。

(2)储备技能人才。

企业发展需要大量的一线技能骨干,有计划地做好多能工培训工作,建立后备队伍,就能在需要时及时动员和征用。

(3)培养后备干部。

多能工是做班组长的必要条件,大力培养多能工,从多能工中发现好苗子,引导他们往班组管理方向努力,逐步建立一支班组长后备队伍。多能工培训也是员工个人职业发展的需要,掌握多种技能才能从事多种岗位,为今后走上管理岗位创造条件。

2. 多能工培训的方式

多能工主要是通过让老员工接受新的技能培训来实现的,新的技能主要通过岗位培训来掌握,其方法与新员工岗位培训类似。

(1)技能或岗位选择。

所有的岗位都必须由2人以上独立操作,所有的技能都必须有多人完全掌握,重点要加强重点岗位、关键技能的多能工培训。一般员工要掌握2种基本技能,骨干员工要掌握3种以上的技能。

(2)人员的选择。

在人选安排上,多能工培训要优先选择工作态度好、原有技能稳定、工作质量高的员工,重要岗位、关键技能要选择文化基础好、领悟能力高的员工。

(3)培训方式。

多能工培训有岗位轮换、计划性上岗培训和脱岗培训3种形式,其中前2种形式为主要形式。

① 岗位轮换。

岗位轮换是单位有计划地按照大体确定的期限,让职工(干部)轮换担任若干种不同工作的做法,从而达到考查的适应性和开发职工多种能力、进行在职训练、培养主管的目的。

② 计划性上岗培训。

计划性上岗培训是指选择优秀员工和有相应技能的员工，有计划地间歇性上岗接受培训。计划性上岗培训也叫非全职岗位培训，一般采用一周 2 天、为期 2 个月接受培训的形式。这种形式比较适用于现有骨干的多技能培训。

③ 脱岗培训。

脱岗培训是指将员工安排到企业培训中心或外派到外部培训机构接受培训，这种方式成本高、技能适应性不足，只有在非常必要的时候才对重要骨干采用。班组长培养多能工，要像培养新员工一样认真对待，要善于利用"对、传、帮、带"、师徒捆绑考核、技能比赛等活动，与人员后备管理、员工技能管理融合在一起进行。

第七章 班组安全生产管理

知识目标

（1）理解安全生产、安全生产管理的概念。
（2）了解安全事故的分类。
（3）了解轨道交通企业班组安全生产管理相关措施。
（4）了解轨道交通企业安全生产相关规章制度。

能力目标

分析轨道交通安全事故的大致原因。

关键概念

安全生产、安全生产管理、安全生产制度。

知识框架

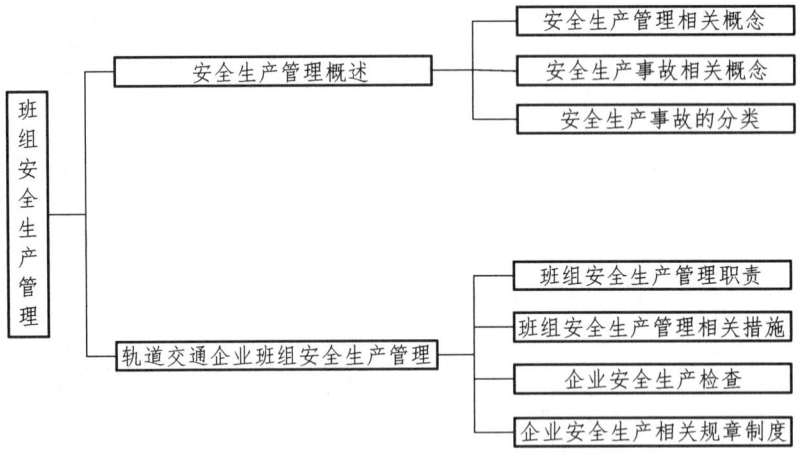

图 7.1　知识框架

第一节　安全生产管理概述

一、安全生产管理相关概念

1. 安全生产

安全生产（Safety Production）是指在生产经营活动中，为了避免造成人员伤害和财产损失的事故而采取相应的事故预防、控制措施，使生产过程在符合规定的条件下进行，以保证从业人员的人身安全与健康，设备和设施免受损坏，环境免遭破坏，保证生产经营活动得以顺利进行的相关活动。（见图 7.2）

图 7.2　安全生产

安全生产是保护劳动者的安全、健康和国家财产，促进社会生产力发展的基本保证，也是保证社会主义经济发展，进一步实行改革开放的基本条件。因此，做好安全生产工作具有重要的意义。

"安全第一，预防为主"的生产方针，在任何时候都不能动摇。安全生产是企业改革和发展的重要保证，是提高企业经济效益的前提。

2. 安全生产管理

安全生产管理（Safety Production Management）是指企业通过安全管理规划、安全培训、安全监督检查、现场管理等方式，以保证生产过程中一切人、物、环境处于最佳安全状态的动态管理与控制过程。

安全生产管理的目的是使生产过程在符合物质条件和工作秩序下进行，防止发生人身伤亡和财产损失等生产事故，消除或控制危险有害因素，保障人身安全与健康，设备和设施免受损坏，环境免遭破坏。安全生产是从企业的角度出发，强调发展生产的同时，必须保证企业员工的安全、健康和企业财产不受损失。

安全生产管理是针对人们在生产过程中的安全问题，运用有效的资源，发挥人们的智慧，通过人们的努力，进行有关的决策、计划、组织和控制等活动，实现生产过程中人与机器设备、物料环境的和谐，达到安全生产的目标。

安全生产管理具体包括：安全生产法制管理、行政管理、监督检查、工艺技术管理、设备设施管理和条件管理等。

二、安全生产事故相关概念

1. 事故

事故（Accident）一般是指当事人违反法律法规或由疏忽失误造成的意外死亡、疾病、伤害、损坏或者其他严重损失的情况。

事故是一种突然发生的、出乎人们意料的意外事件，如交通事故、生产事故、医疗事故、自伤事故等。由于导致事故发生的原因非常复杂，往往包括许多偶然因素，因而事故的发生具有随机性。在一起事故发生之前，人们无法准确地预测什么时候、什么地方、发生什么样的事故。

2. 安全生产事故

安全生产事故（Production Safety Accidents）是指生产经营单位在生产经营活动中发生的造成人员死亡、伤害、职业病、财产损失或其他损失的意外事件。（见图 7.3）

图 7.3 安全生产事故

安全生产事故有四原则：

一是严格依法认定、适度从严的原则；

二是从实际出发，适应我国当前安全管理的体制机制，事故认定范围不宜做大的调整；

三是有利于保护事故伤亡人员及其亲属的合法权益，维护社会稳定；

四是有利于加强安全生产监管职责的落实，消灭监管盲点，促进安全生产形势的稳定好转。

【课堂讨论 7.1】

身边的安全生产事故

大家谈谈自己所了解到的安全生产事故，回想一下这些安全生产事故是什么原因导致的？

以小组为单位进行讨论，并将讨论结果写于下方：

（1）_____

（2）_____

（3）_____

3．工伤事故

工伤事故又称劳动事故。国家人力资源和社会保障部有关工伤保险的业务指南中指出：工伤事故（Labor Accident）应该是指适用《工伤保险条例》的所有用人单位的职工在工作过程中发生的人身伤害和急性中毒事故。

工伤事故的本质特征是由于工作原因直接或间接造成的伤害和急性中毒事故。

我国在工伤事故统计中，按照《企业职工伤亡事故分类》（GB6441—1986）将企业工伤事故分为20类：物体打击、车辆伤害、机械伤害、起重伤害、触电、淹溺、灼烫、火灾、高处坠落、坍塌、冒顶片帮、透水、放炮、瓦斯爆炸、火药爆炸、锅炉爆炸、容器爆炸、其他爆炸、中毒和窒息、其他伤害等。

三、安全生产事故的分类

（一）按伤害程度分类

根据《企业职工伤亡事故分类标准》（GB 6441—1986）规定，事故按伤害程度分类为以下几类：

1．轻伤

轻伤指损失1个工作日至105个工作日以下的失能伤害。

2．重伤

重伤指损失工作日等于和超过105个工作日的失能伤害。重伤损失工作日最多不超过6 000工作日。

3．死亡

死亡指损失工作日超过6 000工作日，这是根据我国职工的平均退休年龄和平均寿命计算出来的。

（二）按受伤性质分类

受伤性质是指人体受伤的类型，实质上是从医学角度给予创伤的具体名称。

常见的受伤性质分类有：电伤、挫伤、割伤、擦伤、刺伤、撕脱伤、扭伤、倒塌压埋伤、冲击伤等。

（三）按照事故原因划分

根据事故所造成的原因可以有如下类别：物体打击事故、车辆伤害事故、机械伤害事故、起重伤害事故、触电事故、火灾事故、灼烫事故、淹溺事故、高处坠落事故、坍塌事故、冒顶片帮事故、透水事故、放炮事故、火药爆炸事故、瓦斯爆炸事故、锅炉爆炸事故、容器爆炸事故、其他爆炸事故、中毒和窒息事故、其他伤害事故。

（四）按事故损失分类

事故一般分为以下等级：

1. 一般事故

一般事故指造成 3 人以下死亡，或者 10 人以下重伤，或者 1 000 万元以下直接经济损失的事故。

一般事故由县级人民政府初步认定，报设区的市人民政府确认。

2. 较大事故

较大事故指造成 3 人以上 10 人以下死亡，或者 10 人以上 50 人以下重伤，或者 1 000 万元以上 5 000 万元以下直接经济损失的事故。

较大事故由设区的市级人民政府初步认定，报省级人民政府确认。

3. 重大事故

重大事故指造成 10 人以上 30 人以下死亡，或者 50 人以上 100 人以下重伤，或者 5 000 万元以上 1 亿元以下直接经济损失的事故。

重大事故由省级人民政府初步认定，报国家安全监管总局确认。

4. 特别重大事故

特别重大事故指造成 30 人以上死亡，或者 100 人以上重伤（包括急性工业中毒），或者 1 亿元以上直接经济损失的事故。

特别重大事故由国家安全监管总局初步认定，报国务院确认。

本等级划分所称的"以上"包括本数，所称的"以下"不包括本数。

【拓展阅读 7.1】

北京地铁司机洗车身亡事故

1. 事故概况

2010 年 6 月 23 日，司机驾车驶回车站，缓缓将列车开进洗车库房内，按相关规定清洗列车。地铁列车的清洗工作与自动清洗汽车类似，将列车开至洗车机房内，由电脑系统控制自动清洗。据了解，地铁列车驾驶舱内有一个清洗开关，司机拨动按钮后，列车将以每小时 5 千米的速度前行，按顺序洗刷列车外部，直至洗刷完毕后自动停下。

该知情人称，司机在洗车过程中，"不知道什么原因，把驾驶舱的窗户摇下来了"，并将头和身体探出窗外，"可能是想检查刷洗的情况吧"。随后，他的头部被机房内的钢铁设备击中，"被撞得喷出了鲜血"。事发后，该司机"可能失去意识"，被甩出驾驶舱，落在铁轨上。不久，急救人员赶到现场，将其送至附近医院。经一个多小时的抢救，男子不幸死亡。

2. 事故原因分析

司机违章操作，未执行洗车作业相关规定，在洗车时未将玻璃窗关好，并将头部伸出列车外是造成这次伤亡事故的主要原因。

3. 事故防范措施

（1）各班组员工在生产过程中正确使用劳动保护用品，在穿越线路时必须穿荧光衣，在有地沟股道检车时必须戴好安全帽。

（2）严禁在机车、车辆运行时上下车，动车前必须关好司机室侧门，列车运行时严禁打开司机室侧门。

（3）客车在洗车前关好玻璃窗，洗车作业须确认毛刷状态时，通过玻璃窗确认严禁拉开车门确认。

（4）工程车司机原则上不将头伸到窗外瞭望进路，当确实需要伸头到窗外瞭望进路时，注意设备、线路动态。

4. 事故点评

车辆在调车作业、调试作业、洗车作业、折返作业、信号或车辆故障时的作业是司机的重点作业内容，之所以是重点是因为这些作业过程中存在更大的安全风险，轻者造成列车晚点、设备故障，重者则有可能造成设备损坏和人身伤亡。

该案例中司机安全意识不强，在洗车过程中不遵照操作规程作业，未能对身边的危险源有充分的认识是酿成这次惨剧的主要原因。因而我们应提高对危险作业的认识，提高自我安全意识，避免人身伤害的发生。

——引自北京地铁。

第二节　轨道交通企业班组安全生产管理

班组安全生产管理是轨道交通企业班组管理的一个重要组成部分。在轨道交通企业里，绝大部分事故发生在班组，各种设备事故、人身事故的发生均与班组有关。只有抓好班组安全管理，严格执行安全管理制度，搞好安全生产运行，树立安全意识，才能杜绝重大事故，避免一般事故，防止险性事故，才能为企业可持续发展提供根本保障，确保安全生产工作管理有序，确保人民群众生命和财产安全，确保城市轨道交通运营安全。

一、班组安全生产管理职责

城市轨道交通安全稳定与否，与班组安全管理有着直接关系，它在城市轨道交通安全生产中起着十分重要的作用。班组安全管理是城市轨道交通企业生产的重要保证，是企业安全管理的基础，企业要实现安全管理的总目标，必须把整个目标进行层层分解，落实到班组，落实到个人，形成横向到边、纵向到底的安全管理网络，使各个部门的班组互相衔接、紧密配合、协调运转，保证安全生产。班组中的每一个岗位，都对安全生产负有责任。

1. 班组长的安全职责

班组长是班组安全生产第一责任人，对本班组的安全管理负全面责任。班组长既要思想上重视安全生产，有很强的工作责任心，还必须有扎实的专业技术理论知识，以保证班组生产工作的安全。

（1）认真执行上级有关安全生产的方针、政策以及上级有关安全技术、劳动卫生的指示，对本班组的安全生产负责，不违章指挥。制止违章操作。

（2）根据班组人员的技术、体力、思想等情况合理安排工作，做好书面安全注意事项和班前安全讲话、班后安全总结。

（3）搞好安全生产活动，组织员工学习安全操作规程，教育并指导工人正确使用防护用品，检查执行情况。

（4）负责对作业范围内的安全防护设施进行检查、维修、保养，对整改及隐患通知单指出的问题组织落实解决。

（5）对所管人员及现场的安全状况进行经常性检查，发现问题及时解决或上报；在没有安全措施，不能保证安全生产的情况下应停止作业。

（6）发生事故要详细记录及时上报，发生重大事故或重大未遂事故要采取应急措施，保护现场，并立即上报，协助上级调查分析事故。

（7）随时注意观察现场作业的安全情况，保证各工种作业安全，拒绝违章指挥，不强令工人冒险蛮干。

（8）组织安全生产竞赛与评比，交流推广安全生产的经验。结合责任制考核，进行奖惩。

【拓展阅读 7.2】

值班站长的安全管理职责

值班站长是轨道交通车站班组的班组长，也是车站班组的安全工作负责人，对于班组的安全生产负有重要责任，其安全职责如下：

（1）确保行车安全、车站员工及乘客的安全。

（2）确保车站收益安全，确保票款、备用金、车票等的安全使用。

（3）监督车站治安安全、消防安全工作。

（4）在出现大客流或者突发状况进，组织车站班组人员及时控制人潮。

（5）依据《轨道交通管理办法》对影响运营安全的乘客违规行为进行处理。

（6）进行车站日常安全检查，确保本站的运营安全。

（7）组织召开班前、班后安全例会，并督促落实会议精神。

（8）负责组织编制本车队演练计划，并按计划完成本队各类突发事件现场处置演练，提高员工业务技能，确保安全生产。

（9）确保在本车站工作的人员按照相关要求正确佩戴、使用劳动防护用品。

（10）车站发生事故时要担任"事故处理主任"的工作，按应急方案操作，组织相关员工处理事故，尽快恢复正常运营，并及时向行调报告处理情况。

（11）定期向站长汇报安全工作情况，完成上级交办的其他安全生产工作任务。

------

2. 班组安全员的职责

班组安全员负有协助班组长做好安全生产的职责，是班组安全生产的另一道保障。

班组安全员由具有较高的技术水平和安全生产知识，热心安全工作，能联系群众，以身作则、遵章守纪，勇于坚持原则的工人担任。（见图 7.4）

班组安全员的具体职责如下：

（1）班组安全员受班组长领导，协助搞好安全工作，业务受安全监察员的指导。

（2）班组安全员应协助班组长，组织学习有关安全生产的规章制度，并说服工人遵守规章制度和劳动纪律。

（3）对机具设备和工作地点的安全卫生状况进行定期检查，制止违章，落实安全生产事故隐患整改措施。

（4）开展员工安全教育，参与制定事故预防措施。

图 7.4 班组安全员

（5）发现特别危急情况时，有权停止其作业或操作，并立即报告上级处理。

（6）指导工人正确使用个人防护用品。

3. 班组员工的安全职责

安全工作是每一个班组成员都不可推卸的职责，班组员工作为班组中的一分子，对于安全也负有自己的责任。

班组员工的具体职责如下：

（1）严格执行企业安全生产规章制度，服从管理，正确佩戴和使用劳动防护用品，不违章作业并劝阻和制止他人违章作业。

（2）接受安全生产教育和培训，掌握本职工作所需要的安全生产知识，提高安全生产技能，增强事故预防和应急处理能力。

（3）根据规章进行作业，台账记录要准确、清楚、可靠。按时巡回检查，发现事故隐患或者其他不安全因素，应立即向现场安全人员或者本单位负责人报告并采取紧急处理。

（4）加强设备维护，妥善保管和正确使用各种保护用品、操作工具；了解本岗位及作业场所的危险因素、防范措施及事故应急措施。

（5）对本单位安全生产工作中存在的问题，可以提出批评、检举、控告，有权拒绝违章指挥和强令冒险作业；对本单位的安全生产工作提出建议。

（6）学徒工、转岗人员、学习人员及其他参加劳动的人员，必须经过三级安全教育，并考试合格。学习、实习期间不得在没有熟练操作工人的监护指导下单独进行作业。

二、班组安全生产管理相关措施

班组安全管理工作是轨道交通企业运行最基本的要求，是企业安全管理职能的一个重要方面。而班组安全生产管理不能仅由某些人来承担，而是应通过一系列的安全生产制度、措施来进行保障，如此才能将安全规定、措施落到实处，确保施工生产安全顺利进行。

班组安全生产管理相关措施如下：

（一）确立班组安全管理负责人员及职责

1. 班组长

班组长是班组安全工作的第一责任人，对班组安全工作负全责。

2. 安全员

班组应按要求设置兼职安全员，其职责是协助班组长开展班组安全管理工作。

3. 临时负责人

班组分散作业时，每个分散工作团队的负责人即为安全负责人。
安全员不在岗时，班组长必须明确安全代管人员。
班组长不在岗时，安全员有权安排班组有关人员处理与安全有关的工作。

4. 员工

建立班组成员"一岗双责"，明确各岗位在完成生产任务的同时应履行的安全责任。

（二）建立完善的安全生产管理制度

1. 规章制度

班组应建立健全安全生产规章制度，并发放到员工，规范员工的生产作业行为。
班组安全管理制度至少应包含下列内容：班组安全生产责任制、交接班制度、班组会议制度、班组安全生产检查制度、班组安全生产培训教育制度、班组安全生产确认制度、班组安全生产联保互保制度、班组安全生产奖惩制度等。

2. 操作规程

班组每个岗位所从事的作业及其所操作的设备、使用的工器具等都必须有安全技术操作规程或相应的操作标准。

3. 作业标准

班组应建立和健全现场管理标准、员工行为标准、岗位作业标准、设备点检标准、质量控制标准等，标准要科学、合理、适用，做到"简化、量化、程序化"。

4. 临时措施

对临时性工作，班组应制定书面安全措施，经审批后实施。

5. 执行

班组成员对上述各项制度、规程和临时性措施要做到：应知应会、能说会用、制度上墙、熟记在心、严格执行。

6. 评估与修订

班组要根据现场资源和相关因素的变化以及以往事故教训等，检查现有制度、规程和标准，提出补充和修改意见，上报批准后执行。

（三）建立安全例会制度

建立安全例会制度，可以使城市轨道交通企业和班组及时表彰先进、惩罚落后、总结经验、指出问题，并对一定时期的安全生产情况进行总结，对未来安全工作做出部署。

安全例会制度主要包括以下内容：

（1）班组所在中心每周召开一次安全生产工作例会，传达学习上级部门关于安全生产工作的指示精神，研究布置本单位的安全生产任务。

（2）车站、班组每天召开一次安全生产工作例会，在总结、研究、布置生产工作的同时，总结、研究、布置安全管理工作。

（3）班组每天交接班时，在交接生产（工作）的同时，要交接安全生产（工作）的情况。

（4）各类安全生产工作例会，要有专门的会议记录，指定专人如实记录会议情况（时间、地点、参加人员、会议记录、主持人、发言人讲话等）。

（四）开展班组安全教育培训

安全教育培训是安全生产管理工作中一项十分重要的内容，是提高全体员工安全生产素质的一项重要手段。具体措施如下：

1. 培训计划

班组要根据本班组的具体情况和上级要求，制定并实施班组安全教育与培训计划。

2. 培训要求

（1）班组长、安全员应经过岗位任职能力培训，考核合格后方可任职。

（2）班组应对操作岗位人员进行安全教育和操作技能培训，使其熟悉有关安全生产规章制度和安全操作规程，并确认其能力符合岗位要求。未经安全培训，或培训考核不合格的从业人员，不得上岗作业。

（3）新员工在上岗前经过三级安全教育培训后，班组要组织其签订"师徒合同"，制订系统的训练计划，进行指导和考核。

（4）在新工艺、新技术、新材料、新设备设施投入使用前，应对有关操作岗位人员进行专门的安全教育和培训。

（5）从事特种作业的人员应取得特种作业操作资格证书，方可上岗作业。

3. 培训方法

班组要切实加强安全教育，有计划地对全体员工进行技能训练和现场指导，提高班组成员作业技能。

（五）做好班组生产现场及生产过程管理

1. 作业前的准备

班组在作业之前，要进行工器具和作业文件的准备、班前安全检查和生产现场的安全巡视，掌握安全状况。班前安全检查的内容包括：设备运转情况、作业现场隐患、班组成员劳动纪律、精神状态、劳保用品的配备与穿戴情况等。（见图7.5）

图 7.5　安全器具

2. 班前会与班后会

班组每天要召开班前会和班后会，具体布置和总结当天（班次）的安全生产工作。

3. 危险辨识

员工在作业之前，要对作业方法、程序、物料、工器具、设备设施、作业环境等进行风险分析，查找、识别危险源和危险因素，采取有效措施，确保作业安全。

4. 隐患排查与治理

班组应对作业场所、环境、人员、设备设施和作业活动进行隐患排查。

班组要采用安全检查表等方法，通过岗位自查、员工互查、安全员检查、班组长检查、季节性检查、节假日检查、日常检查、改善提案等方式开展隐患排查。

将隐患排查结果进行分类处置，班组不能解决的，要提出相应改善提案上报有关部门并做好记录。

重大事故隐患在治理前应采取临时控制措施并制定应急预案。

5. 作业行为管理

通过开展安全提醒、安全确认、互保联保、反习惯性违章等活动，消除"三违"现象。

对作业方式不正确、操作动作不合理、站位不当等行为隐患要采取纠正和控制措施。

对动火作业、受限空间内作业、临时用电作业、高处作业等危险性较高的作业，严格履行作业许可审批手续，落实监控措施。

6. 作业现场管理

作业现场的照明、通风、噪声、温度、湿度、粉尘浓度和安全通道、梯子、护栏、安全标识标志等，应符合相关法律法规的要求。

班组对作业现场的整理、整顿、清扫和清洁工作，要有明确的分工，落实责任，做到现场整洁、有序、物流顺畅、标识规范。

7. 标准化作业

认真执行作业标准。

作业标准要采用可视化的方式在现场展示，指导员工作业。

（六）开展班组安全宣传活动

1. 安全活动日

班组每周要确定一天为安全活动日，围绕作业安全和班组安全管理开展安全活动，要求全员参加，明确活动内容和活动主题，活动时间不少于45分钟。

2. 安全专题会

班组每月要召开一次安全专题会，研究解决作业安全中存在的主要问题。

3. 改善提案活动

班组要开展以安全为主题的改善提案活动。改善提案活动要有制度、有要求、有奖励措施，做到：员工参与率高，提案覆盖面广，提案采纳率高，提案件数持续增长，改善效果显著。

4. 班组创新活动

结合本班组的特点，推行现代化管理方法，在学习借鉴和总结经验的基础上，突出行业特点和时代特色，在管理方法、操作方式、工艺装备、工具量具、原燃材料等方面开展创新活动、安全质量控制小组活动，探索安全自主管理方法，不断提高班组的安全能力和安全管理水平。

5. 班组安全文化创建活动

班组应以多种形式开展安全文化创建活动，逐步形成为全员所认同、共同遵守、带有本班组特点的安全价值观，塑造"想安全、会安全、能安全"的本质安全型员工，打造班组及岗位长效安全生产的本质安全型班组。

（七）做好事故处理应急预案

1. 应急预案

按照企业应急救援体系和预案体系，结合班组特点，针对岗位存在的薄弱环节和可能发生的事故，编制班组现场应急处置方案。要求应急处置程序、处置措施齐全、正确。

班组成员要熟练掌握紧急情况下的处置方法、处理程序、应急联络电话和联络方式。

班组定期组织一次现场应急处置方案的培训和演练，对演练效果进行评估，提出改善提案，并对应急处置方案进行修改、完善。（见图7.6）

图7.6　事故应急处理演练

2. 应急设备设施和物资

班组对应急设备设施和物资应确定保管责任人，并进行经常性的维护、保养，确保其完好、有效、可靠。

3. 事故应急处置

班组应按照预防和预警要求，做好事故预防工作，将事故处理在萌芽状态。

班组一旦发生事故，事故现场有关人员应当立即向班组长报告，情况紧急时，可以越级，同时应启动班组现场应急处置方案，开展事故救援。应急处置过程中，要注意妥善保护事故现场及有关证据。

配合事故调查，查明事故发生的时间、经过、原因、人员伤亡情况及直接经济损失等。按照事故调查结果，汲取事故教训。

（八）做好安全绩效评定工作

1. 安全绩效

班组安全绩效分为指标类绩效和成果类绩效。

指标类绩效："三违"现象为零，伤害事故为零，职业病事故为零。安全目标达成。

成果类绩效：在班组安全管理方面取得的各类知识成果、技术和管理进步奖等；建立了独具特色的班组安全管理模型、班组安全管理持续改进机制或对典型事故的有效预防机制。

2. 绩效评定

班组应每年至少一次对本班组安全生产标准化的实施情况进行评定，验证各项安全生产制度措施的适宜性、充分性和有效性，检查安全生产工作目标、指标的完成情况。班组发生死亡事故后应重新进行评定。

3. 持续改进

班组应根据安全管理达标评定结果和安全生产评价反映的情况，对班组规章制度、操作规程、安全措施等进行修改完善，持续改进，不断提高安全管理的有效性。

【拓展阅读 7.3】

武汉地铁创建青年安全示范岗：月修班组

武汉地铁运营有限公司车辆二部 4 号线检修车间月修班组（以下简称月修班组）是一个积极向上、富有活力的团体，班组现有成员 26 人，平均年龄 24 岁，其中党员 4 人，团员 20 人，青年群众 2 人。负责轨道交通 4 号线电动客车的月、年修及日常的维护保养工作，是列车安全运营的一道重要屏障。"检修质量信得过，车辆安全有保障"是班组成员的一致承诺。

为了全面提高青年一代的综合素质，培养造就一支政治素质高、职业道德好、专业技术精、开拓精神强的队伍，月修班组结合班组日常工作的特点，突出抓好以下几方面的工作：

1. 建设班组安全文化

要把主题思想融入每个青年人心中，把青年安全岗创建活动与开展班组安全文化建设有机结合起来。积极开展一次安全生产教育活动，强化班组成员安全意识，从"要我安全"到"我要安全"的转变，通过安全生产教育让每一位青年认识到安全在生产生活中的严重性和严肃性，杜绝违章操作、违章生产。

2. 积极开展安全隐患排查

由班组长牵头，车间管理人员监督，定期对本班组整个生产场所生产岗位的潜在隐患点和风险源进行拉网式的排查、清理，对查出的安全隐患应及时进行整改，杜绝一切不安全因素的发生,并详细总结本次查出的隐患是如何发生的。杜绝走形式走过场的行为,对不能查出安全隐患的行为进行重处,查不出隐患就是最大的安全隐患。(每月15—20日,定期开展一次)

3. 开展安全生产知识培训活动

不断激发班组青年骨干的安全业务能力,组织全体成员认真学习安全知识。认真学习《中华人民共和国安全生产法》《中华人民共和国消防法》以及上级下发的法律法规文件和结合本班组制定的各项安全操作规程流程,让每一位成员吃透所有的法律法规以及各项操作规程流程,提高班组青年的安全业务知识,做到安全生产万无一失,确保安全无一疏漏。(每年总计划,按照计划每月至少完成一次)

4. 开展岗位技能练兵

组织班组青年参加安全知识技能竞赛,进行法律法规和安全知识的考问等岗位练兵活动;适时组织岗位能手比赛,进一步提高青年的安全业务素质和技能,促进日常工作的扎实运作。(季度定期开展一次)

5. 开展安全创新活动

引导青年从"小"做起(小发明、小创造、小革新、小设计、小建议),结合本岗位实际进行创新活动,解决本岗位存在的问题,促进安全生产的发展,提升服务质量,对班组青年提出可行的建议、革新、创造进行采纳,并适当地给予奖励。(常态化,目前五小发明完成4件,创建期间保证每月增加1件)

6. 定期开展"安全生产标兵"的评选活动

每月评选一次安全生产标兵,本月内安全业务量靠前,未发生违章操作、违章生产的班组青年作为安全标兵评选候选人,对有助于安全生产传播,传递安全技能和对促进安全生产的发展,提升生产质量的班组青年作为优先评选的人选,对通过"五小"活动提出安全生产"微创新"起到明显效果的在年中先进评选中优先进行考虑。

7. 培养青年社会公益活动

积极根据团委号召,组织青年参加一系列公益活动,如爱心公益活动、"姚捷"志愿小组帮扶等活动,促使青年的思维方式、文明礼貌、待人接物、风度气质等方面在潜移默化中都得到明显提高。

8. 开展全面性生产质量保障工作

在每年度年中及年末开展一次全面性的车辆遗留故障排查整治工作。

——引自《武汉地铁青年》公众号。

三、企业安全生产检查

安全生产检查(Production Safety Inspection)是发现危险因素的手段,安全整改是为了采取措施消除危险因素,把事故和职业通病消灭在事故发生之前,以保证安全生产。

安全生产检查是一项综合性的安全生产管理措施,是建立良好的安全生产环境,做好安全生产工作的重要手段,是预防事故、消除事故隐患、减少职业病的有效方法,是对企业各个部门、每个岗位、各级领导、每个员工贯彻执行国家和各级政府安全生产方针政策、法律法规及企业规章制度的情况,落实各级安全生产责任制的情况,安全生产状况,劳动条件、事故隐患及整改等情况的综合检查。

(一)企业安全生产检查的内容

1. 查思想

检查各级领导和员工对安全生产的思想认识情况,检查各级干部是否真正关心职工的安全健康,检查员工是否关心安全生产,检查国家的安全生产和劳动保护的有关政策法规是否真正得到贯彻。

2. 查制度

检查企业中各项安全管理制度的贯彻执行情况,重点是检查新员工教育制度,特种作业人员和调换工种员工的教育制度,领导干部、中层干部、安全技术干部的安全培训制度,以及各工种安全技术操作规程和各岗位安全责任制贯彻执行情况。

3. 查管理

检查各级领导是否把安全生产工作摆上议事日程,检查各部门是否强化了对安全生产的管理工作,检查员工是否参与安全生产的管理活动,检查改善劳动条件和安全生产的安全技术措施计划是否按规定编制执行,检查各中心、车站、班组的日常安全管理工作的执行情况。

4. 查隐患

检查企业的生产设备、劳动条件、作业环境以及安全卫生设施和安全防护设施是否符合安全生产要求;检查员工在生产劳动过程中有没有违章指挥、违章作业、违反劳动纪律的行为。重点是建筑物是否安全,安全通道是否畅通,零部件的存放是否合理;各种机械设备的排列和防护装置、电器装置的安全设施、各种气瓶、压力容器、化学品等的使用管理情况,车站内的通风照明设施、有毒有害粉尘和气体的防护设施,员工的劳动条件和个人防护用品的使用等,是否符合有关安全生产的规定;特别应注意对危险性大的要害部位要严格检查,对事故隐患监控和整改情况要严格检查。(见图7.7)

5. 查事故处理

检查企业各部门对各类事故是否认真调查,及时报告,严肃处理;是否认真总结教训,并采取了有效措施。

图 7.7 安全生产检查

（二）企业安全生产检查的形式分类

1. 按检查人员分

（1）自查。各部门、中心、车站、班组组织要发动员工自行检查。岗位操作人员对自己专责范围进行安全检查，基层单位领导组织有关人员对本单位进行安全检查。

（2）互查。安保部或有关部门、中心牵头组织部门人员互相进行检查。岗位操作人员之间、班组之间、车站之间也要互相检查。（见图 7.8）

图 7.8 安全互查

（3）抽查。安保部不定期地对重点部门、要害部门、基层单位随机检查。

2. 按检查内容分

（1）例行检查。员工按照规定时间和项目进行的检查，如班前检查，班后检查，生产中的巡回检查。

（2）专业检查。按照专业组织的检查，如防火、防暑、防寒及电气、锅炉、压力容器等检查。

（3）全面检查。一个时期对基层单位进行查思想、查制度、查管理、查隐患、查事故处理的全面检查活动。另外，安全生产竞赛评比、年度安全生产评比的检查活动也属于全面检查。

3. 按检查的时间分

（1）日查。操作人员、班组长、安全技术人员每日对安全生产情况进行检查。

（2）夜查。夜晚对要害部位和上班人员进行检查。

（3）周查。车站领导组织的检查。

（4）月查。安保部和各部门、中心组织的检查。这种检查一般每月一次，并公布检查结果，提出改进措施。

（5）节假日检查。"五一"劳动节、国庆节、元旦、春节前后进行的检查。节假日检查要把员工的思想情绪当作安全检查的主要内容，注意各种不安全因素。

（6）季节性检查。随着季节性变化，针对季节性特点进行安全预防性检查。如高温安全生产查、防暑降温检查、安全防汛检查、防雷电检查、冬季安全检查、防寒保暖检查等。

4. 按检查的手段分

（1）仪器检测。用仪器对机械、设施、设备环境进行检测，通过检测数据说明其是否符合国家有关规定标准。

（2）拍照摄影。将人的不安全行为、物的不安全状态、环境的恶劣情况录像下来，作为安全隐患整改的依据。

（3）直接观测。安全管理人员深入现场，将直接观测到的安全生产中存在的问题记录下来，作为系统解决的依据。

（4）口头询问。通过语言交流，查找安全工作中深层次的问题和隐患。（见图7.9）

图7.9　安全观测与询问

（三）轨道企业安全生产检查的步骤

建立安全生产检查制度的程序主要有以下步骤：

（1）确定安全检查的对象、范围、日期，制订安全检查计划。

（2）根据安全检查的规模和要求，组织有关部门有关人员参加检查组。

（3）编制安全生产检查表，根据企业实际生产情况，确定检查的各个项目。

（4）根据各项目对于安全生产的重要性，确定检查表中各个项目的评分方法和评分标准。

（5）对照安全生产检查表，逐项进行检查。

（6）检查工作结束后，做好总结，写出"安全生产检查报告"。

（7）针对安全检查中发现的突出问题采取有效措施，认真整改，及时排除故障隐患。对事故隐患应发出"事故隐患整改通知书"。

（8）对检查出的不符合安全条件的各种问题，需指定专人负责，限期整改，并明确责任，尤其是明确领导责任。

（9）对需整改的隐患和问题，进行效果评价，跟踪反馈，包括隐患是否彻底清除，问题是否根本解决，是否安全可靠，有何经验教训等。

（10）制定和建立安全检查档案。结合安全检查情况，收集基本数据，掌握基本安全状况，实现事故隐患及危险源的动态管理。

【课堂讨论 7.2】

学校安全检查

在学校也会对学生进行安全检查，以保证在校学生的安全。回想一下发生在身边的安全检查，对比企业班组的安全生产检查，讨论它们之间有何异同？

以小组为单位进行讨论，并将讨论结果写于下方：

（1）_____

（2）_____

（3）_____

四、企业安全生产相关规章制度

为了保障城市轨道交通企业的安全生产，国家出台了一系列法律法规。同时，轨道交通企业也建立了一系列配套的安全运营规章制度，目的是控制风险，将危害降到最低。安全生产管理制度也可以依据风险制定。

具体的法律法规、规章制度如下：

（1）中华人民共和国安全生产法。

《中华人民共和国安全生产法》是为了加强安全生产工作，防止和减少生产安全事故，保障人民群众生命和财产安全，促进经济社会持续健康发展而制定的。

中华人民共和国安全生产法（部分）

第一章 总则

第一条 为了加强安全生产工作，防止和减少生产安全事故，保障人民群众生命和财产安全，促进经济社会持续健康发展，制定本法。

第二条 在中华人民共和国领域内从事生产经营活动的单位（以下统称生产经营单位）的安全生产及其监督管理，适用本法；有关法律、行政法规对消防安全和道路交通安全、铁路交通安全、水上交通安全、民用航空安全以及核与辐射安全、特种设备安全另有规定的，适用其规定。

第三条 安全生产工作应当以人为本，坚持安全发展，坚持安全第一、预防为主、综合治理的方针，强化和落实生产经营单位的主体责任，建立生产经营单位负责、职工参与、政府监管、行业自律和社会监督的机制。

第四条 生产经营单位必须遵守本法和其他有关安全生产的法律、法规，加强安全生产管理，建立、健全安全生产责任制和安全生产规章制度，改善安全生产条件，推进安全生产标准化建设，提高安全生产水平，确保安全生产。（具体内容见附录一）

（2）生产安全事故报告和调查处理条例。

《生产安全事故报告和调查处理条例》是为了规范生产安全事故的报告和调查处理，落实生产安全事故责任追究制度，防止和减少生产安全事故，根据《中华人民共和国安全生产法》和有关法律而制定的。

生产安全事故报告和调查处理条例（部分）

第一章 总则

第一条 为了规范生产安全事故的报告和调查处理，落实生产安全事故责任追究制度，防止和减少生产安全事故，根据《中华人民共和国安全生产法》和有关法律，制定本条例。

第二条 生产经营活动中发生的造成人身伤亡或者直接经济损失的生产安全事故的报告和调查处理，适用本条例；环境污染事故、核设施事故、国防科研生产事故的报告和调查处理不适用本条例。

第三条 根据生产安全事故（以下简称事故）造成的人员伤亡或者直接经济损失，事故一般分为以下等级：

（一）特别重大事故，是指造成30人以上死亡，或者100人以上重伤（包括急性工业中毒，下同），或者1亿元以上直接经济损失的事故；

（二）重大事故，是指造成10人以上30人以下死亡，或者50人以上100人以下重伤，或者5 000万元以上1亿元以下直接经济损失的事故；

（三）较大事故，是指造成3人以上10人以下死亡，或者10人以上50人以下重伤，或者1 000万元以上5 000万元以下直接经济损失的事故；

（四）一般事故，是指造成3人以下死亡，或者10人以下重伤，或者1 000万元以下直接经济损失的事故。

国务院安全生产监督管理部门可以会同国务院有关部门，制定事故等级划分的补充性规定。

本条第一款所称的"以上"包括本数，所称的"以下"不包括本数。

第四条 事故报告应当及时、准确、完整，任何单位和个人对事故不得迟报、漏报、谎报或者瞒报。

事故调查处理应当坚持科学严谨、依法依规、实事求是、注重实效的原则，及时、准确地查清事故经过、事故原因和事故损失，查明事故性质，认定事故责任，总结事故教训，提出整改措施，并对事故责任者依法追究责任。（具体内容见附录二）

（3）城市轨道交通运营管理规定。

《城市轨道交通运营管理规定》是为规范城市轨道交通运营管理，保障运营安全，提高服务质量，促进城市轨道交通行业健康发展，根据国家有关法律、行政法规和国务院有关文件要求，而制定的。

城市轨道交通运营管理规定（部分）

第一章 总 则

第一条 为规范城市轨道交通运营管理，保障运营安全，提高服务质量，促进城市轨道交通行业健康发展，根据国家有关法律、行政法规和国务院有关文件要求，制定本规定。

第二条 地铁、轻轨等城市轨道交通的运营及相关管理活动，适用本规定。

第三条 城市轨道交通运营管理应当遵循以人民为中心、安全可靠、便捷高效、经济舒适的原则。

第四条 交通运输部负责指导全国城市轨道交通运营管理工作。

省、自治区交通运输主管部门负责指导本行政区域内的城市轨道交通运营管理工作。

城市轨道交通所在地城市交通运输主管部门或者城市人民政府指定的城市轨道交通运营主管部门（以下统称城市轨道交通运营主管部门）在本级人民政府的领导下负责组织实施本行政区域内的城市轨道交通运营监督管理工作。（具体内容见附录三）

（4）轨道交通运营事故处理规则。

《轨道交通运营事故处理规则》（修订版）就为及时处理运营事故，规范运营事故的报告和调查程序，落实事故责任追究制度，公正、公开、科学地分清事故责任，维护轨道交通持续、健康的发展。

轨道交通运营事故处理规则（部分）

第一章　总　则

第一条　为及时处理运营行车事故，规范运营生产安全事故的报告和调查处理程序，落实运营生产安全事故责任追究制度，防止和减少运营安全事故的发生。根据《中华人民共和国安全生产法》《生产安全事故报告和调查处理条例》（国务院令第493号）和重庆市人民政府有关安全生产的法律法规的规定，结合集团公司运营安全生产特点，特制定本规则。

第二条　本规则适用于重庆轨道交通集团有限公司（以下简称"集团"）管辖范围内，正式运营和试运营轨道交通线路运营事故调查处理工作。对在建轨道交通线路，发生与行车组织有关的事故，调查处理工作由集团安全质量监察部参照本规则执行。

第三条　运营生产必须贯彻"安全第一，预防为主，综合治理"的方针和"抓早、抓小、安全关前移"的指导思想。

第四条　运营事故的调查处理坚持以事实为依据、以法律、法规、规章为准绳，按照公正、公平和"四不放过"的原则，认真调查分析，查明原因，认定损失，定性定责，追究事故责任。

第五条　在运营过程中发生列车冲突、脱轨等，或者在相关的作业过程中造成人员伤亡、经济损失、设施、设备损坏，以及危及行车安全或影响正常行车达到一定程度的，均构成轨道交通运营事故。（具体内容见附录四）

【课堂练习7.1】

轨道交通事故处理模拟练习

根据本书中介绍的《轨道交通运营事故处理规则》，以某次轨道交通事故为对象，进行事故处理模拟练习，并填写运营事故分析报告。

练习流程如下：

1. 查询轨道交通事故

以小组为单位，查询国内外发生过的轨道交通事故。

2. 轨道交通事故处理讨论

小组以此事故为对象进行讨论，分析事故发生的原因、事故损失情况、事故处理方法等内容。

3. 运营事故分析报告的填写

将讨论好的事故发生的原因、事故损失情况、事故处理方法等内容填入表 7.1 运营事故分析报告中。

表 7.1 运营事故分析报告

事故名称			
事故地点			
相关人员			
发生时间			
事故概况及救援情况			
人员伤亡及直接经济损失情况			
原因分析			
事故性质及责任认定建议			
处理建议			
整改措施			
事故材料清单（材料附后）			
填报单位		填报时间	
填报人（签字）		负责人（签字）	

第八章 班组团队建设与管理

知识目标

（1）理解团队的定义、分类以及构成要素。
（2）了解构建高效团队的方法。
（3）了解团队建设的定义与意义。
（4）了解班组团队建设、团队成员管理的方法。

能力目标

掌握一定的团队建设能力。

关键概念

团队、团队建设、班组团队建设、团队成员管理。

知识框架

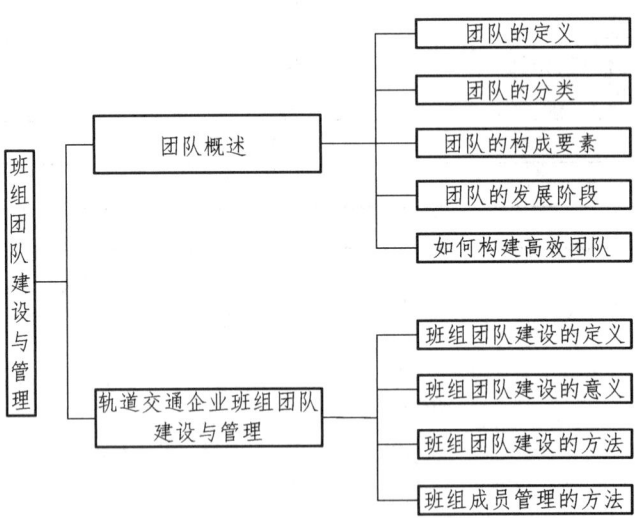

图 8.1　知识框架

第一节　团队概述

一、团队的定义

管理学家斯蒂芬 P. 罗宾斯认为：团队就是由两个或者两个以上的，相互作用、相互依赖的个体，为了特定目标而按照一定规则结合在一起的组织。

在企业当中，可以将团队定义如下：

团队（Team）是由员工和管理者组成的一个共同体，它合理利用每一个成员的知识和技能协同工作，解决问题，达到共同的目标。

团队合作是人类进步的基础，通过团队的共同努力，可以调动团队成员的所有资源和才智，并且会自动地驱除所有不和谐和不公正现象，同时会给予那些诚心、大公无私的奉献者适当的回报。如果团队合作是出于自觉自愿，它必将会产生一股强大而持久的力量。

团队在发展过程中，经过长期的学习、磨合、调整和创新，形成主动、高效、合作且有创意的团体，从而解决问题，达到共同的目标。

班组是企业中基本作业单位，是企业内部最基层的劳动和管理组织，也是一个典型的工作团队，由明确分工的员工与管理者组成，具有明确的工作目标，完成指定的工作任务。

二、团队的分类

按照团队存在的目的和形态进行分类，可以将团队划分成问题解决型团队、自我管理型团队、多功能团队和虚拟团队。

1. 问题解决型团队

这类团队常常是为了解决组织中的某些专门问题而设立的。团队的成员通常每周利用几个小时讨论改进工作程序和工作方法的问题，并提出建议，但他们通常没有权力根据这些建议单方面地采取行动。例如，他们讨论如何提高产品质量、生产效率和改善工作环境等问题。

2. 自我管理型团队

自我管理型团队是与传统的工作群体相对应的一种团队形式。传统的工作群体通常是由领导者来决策的，群体成员遵循领导的指令。而自我管理型团队则承担了很多过去由领导来承担的职责，如进行工作分配、决定工作节奏、决定团队的质量评估，甚至决定谁可以加入团队等。

自我管理型团队能够很好地提高员工的满意度,但是有人发现与传统组织比较起来,自我管理型团队的离职率和流动率较高。

3. 多功能团队

有的团队是由来自组织内部同一层次、不同部门或工作领域的员工组成的,他们合作完成包含多样化任务的一个大型项目,这样的团队就是多功能团队,也称跨职能型团队。多功能团队打破了部门之间的界限,使来自不同领域的员工能够交流,有利于激发出新观点,协调解决复杂的问题。

近年来,越来越多的组织采用这种跨越部门界限的横向小组。早在20世纪60年代,IBM公司就组建了一个大型的特别任务工作组,它的成员来自公司的各个部门,用于开发后来十分成功的360系统。这个特别任务工作组就是一个临时性的多功能团队。实际工作中,被广泛采用的委员会也是一种多功能团队。

4. 虚拟团队

前面的3种团队形式都是基于我们的传统理解的,即团队的活动是面对面进行的。由于现代科技的发展,如互联网、可视电话会议等,使协同性的工作并不需要面对面进行。这种利用计算机和网络技术把实际上分散的成员联系起来,以实现一个共同目标的工作团队,即虚拟团队。

虚拟团队可以同样完成传统团队能够完成的所有工作任务,如分享信息、做出决策和完成任务等。与传统团队形式相比,虚拟团队表现出以下几方面的特征:一是缺少副语言和非言语沟通线索;二是有限的社会背景;三是克服了时间和空间上的制约。这些特点既创造了虚拟团队的工作优势,也产生了一些新的问题,如情感问题等。

【课堂讨论8.1】

轨道交通企业班组的分类与特点

轨道交通企业班组属于以上哪种团队?有什么特点?

以小组为单位进行讨论,并将讨论结果写于下方:

(1) _____

(2) _____

(3) _____

三、团队的构成要素

要形成一个优秀的团队,成员就需具备实现理想目标所必需的技术和能力,而且

相互之间有能够良好合作的个性品质。团队的构成要素简称为5P，分别为目标、人员、定位、职权、计划。（见图8.2）

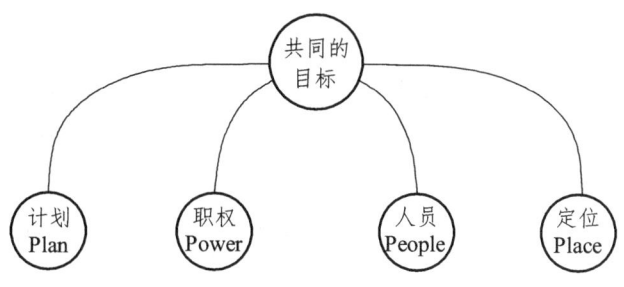

图8.2　团队的构成要素

（一）目标（Purpose）

目标是根据团队的使命而提出的在一定时期内所要达到的预期成果。

目标是使命的具体化，是一个团队在一定的时间内奋力争取达到的、所希望的未来状况。团队应该有一个既定的目标，为团队成员导航，知道去往何处。没有目标，这个团队就没有存在的价值。

目标的订立为团队的集体行动提供方向，从而有助于引导团队成员形成统一的行动。所以，有人把目标的这一作用比喻为"北斗星"。

如果团队失去目标，团队成员就不知道上何处去，最后的结果可能是团队解散，这个团队存在的价值可能就要打折扣。团队的目标必须跟组织的目标一致，可以将大目标分成小目标，从而具体分到各个团队成员身上，让大家合力实现这个共同的目标。同时，目标还应该有效地向大众传播，让团队内外的成员都知道这些目标，有时甚至可以把目标贴在团队成员的办公桌上、会议室里，以此激励所有的人为这个目标去努力。

（二）人员（People）

人员是构成团队最核心的力量，两个（包含两个）以上的人就可以构成团队。目标是通过人员具体实现的，所以人员的选择是团队中非常重要的一个部分。在一个团队中可能需要有人出主意，有人订计划，有人实施，有人协调不同的人一起工作，还有人监督团队工作的进展、评价团队最终的贡献。不同的人通过分工来共同完成团队的目标，在人员选择方面要考虑人员的能力、技能、人员。

（三）定位（Place）

团队的定位包含以下两层意思：

1. 团队的定位

团队在企业中处于什么位置，由谁选择和决定团队的成员，团队最终应对谁负责，团队采取什么方式激励成员?

2. 个体的定位

成员在团队中扮演什么角色?是制订计划还是具体实施或评估?

作为团队中的一员,一些岗位普通但责任不普通,每一个岗位和每一份工作都有它独特而不可或缺的作用。只有团队里的每一个成员都做好自己应做的事情,通力合作,团队才有可能真正成为最终的王者。

俗话说:"尺有所短,寸有所长。"如果全部都是将军,谁来打仗?反过来,如果全部都是士兵,谁来指挥?因此,要进行角色定位,认定"我是谁","我"扮演和充当一个什么样的角色,我要做什么,要怎样做才能做好在其职、做其事、尽其责。

(四)职权(Power)

职权是指职务范围以内的权力。职权是指管理职位所固有的发布命令和希望命令得到执行的一种权力。

团队中领导人的权力大小跟团队的发展阶段相关,一般来说,团队越成熟领导者所拥有的权力相应越小。在团队发展的初期阶段,领导权相对是比较集中的。团队权限包括以下两个方面:

(1)整个团队在组织中拥有什么样的决定权?比如财务决定权、人事决定权、信息决定权。

(2)组织的基本特征,比如组织的规模多大,团队的数量是否足够多,组织对于团队的授权有多大,它的业务是什么类型。

(五)计划(Plan)

计划是指团队根据外部环境与内部条件的分析,提出在未来一定时期内要达到的团队目标以及实现目标的方案途径。团队计划包括以下两层含义:

(1)目标最终的实现,需要一系列具体的行动方案,可以把计划理解成目标的具体工作的程序。

(2)提前按计划进行可以保证团队的进度。只有按计划操作,团队才会一步一步地贴近目标,从而最终实现目标。

在团队管理实践中,计划是其他管理职能的前提和基础,并且还渗透到其他管理职能之中。列宁曾指出:"任何计划都是尺度、准则、灯塔、路标。"它是管理过程的中心环节,因此,计划在管理活动中具有特殊且重要的地位和作用。

四、团队的发展阶段

1. 形成期

形成期是团队成员从混乱中理顺头绪的阶段。

特征：团队成员由不同动机、需求与特性的人组成。此阶段，团队成员缺乏共同的目标，彼此之间的关系也尚未建立起来，人与人的了解与信赖不足，尚在磨合之中，整个团队还没建立规范，或者对于规矩尚未形成共同看法。这时矛盾较多，内耗较多，一致性很少，花很多力气，产生不了效果。

目标：立即掌握团队，快速让成员进入状态，降低不稳定的风险，确保事情的进行。

2. 凝聚期

凝聚期是团队成员开始产生共识与积极参与的阶段。

特征：经过一段时间的努力，团队成员逐渐了解领导者的想法与组织的目标，互相之间也经由熟悉而产生默契，对于组织的规矩也渐渐了解，违规的事项逐渐减少。这时日常事务都能正常运作，领导者不必特别费心，也能维持一定的生产力。但是组织对领导者的依赖很强，主要的决策与问题，需要领导者的指示才能进行。领导者一般非常辛苦，如果其他事务繁忙，极有可能耽误决策的进度。

目标：挑选核心成员，培养核心成员的能力，建立更广泛的授权与更清晰的权责划分。

3. 激化期

激化期是团队成员可以公开表达不同意见的阶段。

特征：借由领导者的努力，建立开放的氛围，允许成员提出不同的意见与看法，甚至鼓励建设性的冲突，目标由领导者制定转变为团队成员的共同愿景。团队关系从保持距离，客客气气变成互相信赖，坦诚相见，规范由外在限制，变成内在承诺。此时期团队成员成为一体，愿意为团队奉献，智慧与创意源源不断。

目标：建立愿景，形成自主化团队，调和差异，运用创造力。

4. 收割期

收割期是团队成员品尝甜美果实的阶段。

特征：借由过去的努力，组织形成强而有力的团队，所有人都有强烈的一体感，组织爆发前所未有的潜能，创造出非凡的成果，并且能以合理的成本，高度满足客户的需求。

目标：保持成长的动力，避免老化。

五、如何构建高效团队

1. 制定团队目标

团队要有共同的目标，使全体成员能够共同奋斗。团队目标来自企业的发展方向和团队成员的共同追求。它是全体成员奋斗的方向和动力，也是感召全体成员精诚合作的一面旗帜。在制定团队目标时，需要明确本团队目前的实际情况，例如：团队处在哪个发展阶段？组建阶段、上升阶段，还是稳固阶段？团队成员存在哪些不足，需要什么帮助，斗志如何？

制定目标时，要遵循目标的 SMART 原则：Specific——明确性，Measurable——可衡量性，Attainable——可接受性，Relevant——实际性，Time-bound——时限性。

2. 通过培训完善成员的技能

团队领导者要根据现实需要，结合不同岗位要做的工作，识别员工的能力需求，找出差距，通过培训、学习等手段弥补员工技能的不足。通常而言，员工需要的能力有技术专业能力、解决问题的能力、解决冲突的能力。

培训需求调查是了解员工培训需求的手段之一，但往往效果不好。据培训需求调查统计，中国排名第一的企业培训需求是英语，然而从企业的角度分析，英语培训并不是企业最迫切的事情，所以班组长要结合能力需求、工作中的不足，发现培训需求。

3. 权责明晰，明确分工

每个团队中都有管理者、监督者、协调者，很多问题都是权责不明导致的。权责明晰、明确分工的好处在于：

第一，明确分工后，成员会有压力，进而产生工作动力。

第二，责任明确以后，如果出现问题，能够很容易找到责任人。

分工是团队目标的细化，也是工作责任的分解，是完成团队目标的基础，分工必须明确。在分工的基础上，还需要团队成员的相互协作，各成员之间职责明确，权利分明，并不意味着互不相关，所有的事都是团体的事，都是大家的事。职务分工仅仅是说工作程序是由谁来具体执行的，如此才不会发生互相推卸责任等影响团队氛围的情况发生。

4. 建立一个信任的氛围

团队氛围和团队成员之间的关系就好像是空气和人、鱼和水，它确确实实地充斥在团队的每一个角落。团队交流局限于工作，隐藏自己的私生活和弱点，畏惧开会，开会缺少争执，也不愿意给出建设性意见，不愿意给别人提供职责范围外的帮助，这些都是缺乏团队信任的表现。

互相信任,是一切的基石。尤其是团队管理者,更要信任下属,相信他们的能力和为人。如果不能信任对方,团队就会惧怕冲突,开会的时候无法产生积极的争论,缺乏思想上的交锋,出现虚假的一团和气,只能达成表面的共识,以致在实际执行的时候缺乏投入。

5. 建立积极的激励机制

建立积极的激励机制,能够激发员工的积极性。对于基层员工,班组长要多奖少罚,多用表扬代替批评,慎用经济处罚,可以用无声的批评让员工感到惭愧,慢慢觉醒。管理方法不能任性而为,有时稍微变化手段效果可能会更好。

在团队形成期,班组长应尽量少授权、少放任,更多采用职权进行控制型团队建设。

在团队凝聚期,班组长可以开始授权,让有能力的员工参与管理或承担一些比较简单的事情,管理者开始做制度建设方面的工作,或者将管理经验制作成标准化文件。

在团队激化期,团队已经发展得十分成熟。这时团队成员可以发表不同的意见,充分进行民主管理,让团队成员参与到管理中来。

在团队收获期,团队逐渐稳固,制度趋于完善,并取得了一定成果。这时更多的是让团队成员享受团队的成果,将好的做法、流程、方法形成文件,继续维持班组管理。

【课堂讨论 8.2】

西游记团队分析

西游记中唐僧师徒历经百险求取真经的故事,家喻户晓。不但故事情节引人入胜,而且已成为团队文化建设的经典。在唐僧师徒这个团队当中,每个人物都有很强的个人特点,但形成了很好的团队合力,最终取得真经。根据本书中介绍的团队知识,分析这个团队是如何构建成为一个高效团队的?

以小组为单位进行讨论,并将讨论结果写于下方:

(1) _____
(2) _____
(3) _____

第二节 轨道交通企业班组团队建设与管理

一、班组团队建设的定义

团队建设(Team Construction)就是有计划、有目的地组织团队,并对其成员进行训练、总结、提高的活动。

在工作中分工合作更默契，对团队目标认同更统一明确，完成团队工作更高效快捷，围绕这一目标所从事的所有工作都称为团队建设。

班组团队建设是团队建设的一种形式，是指通过有效的手段和方法，在班组内部进行班组文化建设、学习制度及工作制度等的建设，最大限度地调动班组成员生产的积极性、创造性，提高班组成员的生产工作技能与综合素质的活动过程。

团队建设主要是通过自我管理的小组形式进行的，每个小组由一组员工组成，负责一个完整的工作过程或其中一部分工作。工作小组成员在一起工作以改进他们的操作或产品，计划和控制他们的工作并处理日常问题。团队建设应该是一个有效的沟通过程。在该过程中，参与者和推进者彼此都会信任、坦诚相对，愿意探索影响工作小组发挥出色作用的核心问题。

二、班组团队建设的意义

班组的团队建设是班组建设的重要方面，与班组的基础管理建设、班组文化建设、组织建设、能力建设不可分割，必须作为一个互相依存的整体来考虑。班组团队建设具有以下重要意义：

1. 建立共同的目标

班组长可以通过团队建设让班组员工达成统一的目标，并把这个目标详细地分解给每位员工，以得到员工的认同，从而成为他们的动力。班组团队建设可以利用

【发散思维】

想一想，我们所在的班级经历过哪些团队建设活动？
（1）_____
（2）_____
（3）_____

各种活动来增强班组凝聚力。这些活动不仅限于班组的游玩或聚餐，还可以是每个季度的技术比武活动。班组成员在练习、选拔直至最终参加比赛的过程中，共同合作，共同争取荣誉，提升团结协作精神。

2. 提升团队执行力

班组团队建设可以提升团队的执行力，提升沟通效果。沟通在团队合作中十分重要，要消除团队合作中出现的冲突，就必须沟通，可以通过如班组座谈会的形式，协调个人利益与团队利益之间的关系。沟通能让成员更好地理解团队的共同目标。开班组会议时向大家讲解新的绩效管理办法，通过讲解，大家能够明白，如何努力才能提升个人的工作能力和收入。这样就将团队利益和个人利益进行了很好的沟通，让员工可以理解并自觉执行公司和部门的规定。另外，班组努力掌握员工思想动态。面对当今复杂的社会形态，年轻员工由于定力不足，容易误入歧途。

3. 提升团队成员责任感

班组团队建设可以提升班组团队的责任感。如果一个团队内部没有竞争，在开始的时候，团队成员也许会凭着一股激情努力工作，但时间一长，他会发现无论干多干少、干好干坏，结果都一样，那么他的热情就会减退。班组在每阶段都要设立工作目标，并做到随时跟进，将员工的完成情况在班内进行展示，并结合每季度的成绩给予鼓励，对做得不好的员工要结合绩效制度予以扣分等处罚。久而久之，班组才能形成较明确的意识，为共同目标努力。

4. 提升团队集体荣誉感

团队建设可以提升班组员工对于团队的荣誉感。比如当遇到突发事件时，班组员工在第一时间响应，包括当天休息的员工也都放弃休息时间纷纷赶往事故现场，就是为了可以在第一时间恢复正常运营，这就是因为肩负着使命感、集体荣誉感。班组团队建设也可以是一起解决工作中的困难，当班组遇到困难时，大家一起面对问题，讨论解决方案。正所谓三个臭皮匠赛过诸葛亮；众人拾柴火焰高；一箭易断，十箭难折。虽然在困难解决过程中，难免会有不同意见的激烈争执，但都是为了同一个目标在努力，最终在具体实施的时候，使每个参与的员工都有一种归属感，有助于提高班组成员的积极性和效率，保证地铁运营的安全、可靠。

【拓展阅读 8.1】

团队为先　以人为本——触网检修车间一号线班组建设

触网检修车间1号线班组现共有组员30人，该班组是一个年轻的、团结的、赋有干劲的、特别能吃苦耐劳的班组，肩负着地铁1号线及北延伸所有接触网设备的维修保养工作，平均每人大约要负担近1千米的线路维修工作。

由于地铁1号线触网设备运行已经10多年，设备老化程度相当严重，而且接触网设备又是地铁供电设备中唯一没有备用的主体设备之一，可以说班组工作负担相当重，责任更是重于泰山。面对如此巨大的工作压力，长久以来，班组一直以团队为先，认真分析本条线路的实际状况，以团队互补协同作业的生产实际，响亮地提出了以人为本，创建"学习型"团队，培育以企业的核心价值理念为主体的团队文化，共创"共荣""协作""求优"的班组团队精神。

目前，1号线运转班组的工作重点如下：

（1）加强班组建设，职工素质整体提高。

（2）做好1号线触网设备大修的监护工作。

（3）做好北延伸触网关键设备的更换工作，保证地铁运营安全。

（4）夯实职工培训，开展技术练兵活动。

（5）组织职工活动，丰富职工业余生活。

面对今夏高温，班组提前召开了"战高温"动员会，会上提出了"奋战高温3个月，拿下触网无事故"的动员令。即对设备大修工程加强专人监护，对车辆场组织一次"地毯式"检查。在此次作业中，每个参战职工都各司其职，当天的气温是39 ℃。在工作现场，由于阳光直射，地表温度在50 ℃以上。在如此恶劣的环境下工作，作业难度之大，班组全体员工正是凭着一腔对地铁事业的热爱之情，对工作的忠诚之心，没有一人退缩。团队精神在此次作业中发挥了极其强大的作用。

班组在注重培养团队意识的同时还十分注重人性化管理，从人性的角度，深入研究每个组员的心理、行为、需求，了解每个员工的个性，以员工的根本需求与个性作为人性化管理的基本出发点，以员工的满意度、认同感为标准，通过对员工的关怀、尊重，领导魅力的感召和激励制度，用民主管理的感召力，从内心激发每个员工内在的自律性、主动性和创造精神。在人性化管理的基础上，大力培育组员"共荣""协作""奉献"的团队精神。通过大胆管理创新以及以上各种管理新举措的实施，该班组终于成为一支思想过硬、作风过硬、技术过硬的生产团队。

——引自上海地铁。

三、班组团队建设的方法

班组团队建设的核心是规范性建设，通过将班组目标植入班组成员的内心、选拔培养合格的班组长、创建学习型班组、加强班组绩效考核管理、理顺班组的团队沟通渠道和加强班组的团队文化建设等方面凝聚团队力量，将目光集中到生产安全、质量、成本和生产进度等管理流程中。班组团队建设的方法多种多样，下面介绍几种常用的班组建设方法。

1. 树立班组团队目标

目标是十分重要的团队要素，只有向着一个明确的目标努力，才能让整个班组成员齐心合力。班组团队的目标可分为两个方面。

（1）制定团队总体目标。比如，质量目标、安全目标、利润目标等，这个目标应该包括组织的长、中、短期目标，并根据不同时间段进行划分，如三年、五年、十年目标等。

（2）团队成员个人目标。团队目标是个人目标的根本，但为了更好地实现团队的目标，团队成员的个人目标，也就是团队成员的"动力"目标也不可缺少，它是团队目标实现的保障。因此，要为团队成员规划未来的职业规划，要为属下描绘未来的前景，让大家心有目标，身有行动。

班组长作为团队负责人，需要制定好团队工作目标与计划，并落实。只有目标明确，事事有计划，才能少走弯路，班组工作也才能事半功倍。

2. 培养团队意识

培养团队意识，把班组作为一个整体，每个人都是这个整体中的一员，大家互相帮助。班组的荣誉就是每个个人的荣誉。每个班组成员都应该积极为班组努力，为班组赢得荣誉。具体可以通过以下方式进行：

（1）班组应定期组织集体活动，号召班组成员积极参加班组活动。班组成员长期从事单一的工作难免会出现对工作的厌烦和冷淡，进而影响正常的工作。因此，要多鼓励并开展体育文化及愉悦身心的文化活动，让成员尽情释放工作压力，进而提高工作的热情和效率。比如开展一些运动项目，如篮球、乒乓球、羽毛球等，培养大家的团队意识，在相互配合中培养默契，了解每个人的性格特点。另外，户外拓展活动、郊游也是不错的选择。

（2）可以通过多种方式营造班组团队氛围，具体可以通过设计班徽、班歌，建设班组"文化墙"，展示班组愿景、管理理念、员工座右铭："班组靠建设、幸福靠奋斗""聚情爱家、聚力建家、聚兴和家、聚智兴家"，采用丰富多彩的形式拉近班组成员之间的感情。

3. 培养班组学习氛围

培养班组学习氛围，加强成员的学习意识，通过班组成员的共同学习，培养班级团队共同学习、共同进步、提升自我的学习氛围（见图8.3）。具体可以通过以下方式进行：

图 8.3　班组学习

（1）订阅书刊。

订阅一些和工作相关的书刊，或是一些比较好的书籍，供大家在闲暇时学习，更新知识。

（2）建立活动积分奖励计划。

个性化的积分服务能挖掘班组成员的积极性，激发班组成员参与班组文化建设的积极性。班组成员积分可兑换礼品：学习发展类（经典培训、精品讲座、外出交流等）、休闲活动类（演唱会门票、电影票等）、消费类（优惠券、实物、超市卡等）等其他一些奖励等。

（3）积极举办技术比武和岗位练兵等活动。

班组内部应在竞赛的深度、广度和方式上下功夫。班组成员作为劳动竞赛的参赛主体，通过参加竞赛，检阅班组成员的水平，与其他班组成员互相学习，互相促进，共同提高。

4. 加强班组团队文化建设

班组的团队文化建设是企业文化建设的落脚点，企业文化最终通过班组文化得以实现。班组成员长期工作和生活在同一环境中，很容易形成一致的工作作风和思想观念。其思维方式和工作作风都集中体现在班组成员身上，对班组外部来讲，班组良好的精神面貌，能够充分展示班组的形象，创造班组信誉，促进班组工作。在开展班组活动时要注意以下方面：

（1）在日常的工作中开展精神文化活动。

开展班组精神文明建设活动、法纪教育交流活动、政治学习、体育周文化活动、撰写书法文学作品等。不同的成员会有不同的爱好和特长，要尽量多给成员提供展现的舞台，让成员尽情地展现自己的一技之长，从而提高他的工作积极性和工作热情。

（2）丰富业余文化生活。

丰富班组业余文化生活，要从班组实际出发，因地制宜地设计班组文化活动，要做好顶层设计，让班组活动既有形又有神。不定期地开展事事争一流的交流活动，端正态度，纠正不良思想，提高班组成员和班组形象，从而使班组成员被班组内的氛围所感染，携手并进。

总之，班组文化建设要做到从长计议和统筹规划，重在建设、分步实施，注重循序渐进，并逐步检查，从而形成具有本班组显著特色的积极向上、健康生动的班组文化。

【拓展阅读 8.2】

检修车间的班组文化建设

夜幕降临，3号线车辆段运用库内灯火通明。最后一班地铁送走夜归的行人，入库迎来检修人。几名当值的夜班检修人头戴安全帽，身穿工作服，脚穿绝缘鞋，穿梭在地铁车库中，正式开始了他们的工作。

车辆部检修车间轮值三班不仅是技术过硬的团队，还是一个文化领先的集体，是一个有凝聚力、有爱萦绕的温馨家园。为了展示班组的风采，给予员工更多正能量，轮值三班开展了丰富多彩的文化建设活动，展板文化墙就是其中一道亮丽的风景线。（见图8.4）

图 8.4　检修车间文化墙

　　温馨的安全贴士、严谨的绩效考核、细致的生产计划、活泼的工作剪影……走进工班的办公室，图文并茂、亮丽醒目的展板让人眼前一亮。中间"遵章守纪　精简细修"八个大字似警钟一般提醒着安全生产的重要性，一侧的"安全　责任　团结　创新"标语则激励着这支队伍永葆青春与活力。文化墙是在班组唯一的女同事的倡议下亲自制作完成的，已经成为轮值三班文化建设的一大特色。

　　据说，展板文化墙的制作完成，还在车辆部检修班组中引起了不小的轰动。不少感兴趣的同事都忍不住过来学习取经，在感叹与羡慕的同时，也开始整理总结流程规范，发现工作中的闪光点，不断完善自己的团队。无形中，他们骨子里的那种好胜心与进取心也被激发出来，在工作上，他们找到了新的目标——向轮值三班看齐！

　　都说地铁车辆检修人是给车辆把脉诊断的"医生"，但是在轮值三班成员心里，他们与列车之间更像是朋友、亲人，每天朝夕相处，付出了感情和心血，一起付出，一起努力，一起成熟，一起撑起地铁运营的安全和明天。如果有一天突然离开了这里，他们会像和亲友离别一样，依恋、不舍、难过。

　　新的一天，列车迎着曙光再次出发，地面上的检修人列队致意送别。或许只有他们知道，送别除了是对一段美好旅程的良好祝愿，更是这群神秘的幕后英雄对保卫安全出行的一份坚定承诺。

——引自青岛地铁。

---

5. 建立团队沟通体系

　　沟通是组织的基本特征和活动之一，有效地沟通可以赢得和谐的人际关系，而和谐的人际关系又使沟通更加顺畅。

　　班组成员的沟通与人际，要本着诚实、尊重、相互关心的原则，以诚待人，打动人心，才能拧成一股绳，更好地完成工作。人与人之间的交流主要是语言，语言也要有艺术性。即语言丰富有情感，听了让人身心愉悦、百听不厌，不好听、不合适、伤和气的话不能说。建立班组成员之间、各班组之间和班组的上下级之间的多通道沟通体系，可有效促进班组团队的凝聚力。

6. 发挥班组成员的优势

班组的每个成员都有自身优势，班组长可以因人而异，充分发挥班组每一个成员的优势，搞好班组建设工作。

对于班组成员不能过于约束，而要积极调动成员的积极性，而人的积极性又源于需要。因此，班组长在工作中就要从每个组员的需要入手，调动其积极性。例如：对于工作认真踏实，勤奋好学，对自己要求严格的组员，就尽可能给他们多些学习锻炼的机会；对工作时间较长，已经积累了一定工作经验的人员，我们可以向他们学习，将他们的优势充分发挥出来。

俗话说得好，"三个臭皮匠，顶个诸葛亮"。谁说的对，就听谁的，谁的方法对就用谁的。只有充分发挥每名班组成员的优势，才能让团队迸发出更多活力。

【课堂练习8.1】

班组团队建设模拟练习

以班级小组为单位，进行班组团队建设模拟练习。

练习流程如下：

（1）为小组取一个组名。

小组所有成员一起商议决定。组名要求积极正面，能代表小组特色。

（2）为小组想一个口号。

小组所有成员一起商议决定。口号要求积极正面，能代表小组特色，尽量原创。

（3）设计一个小组队形。

小组所有成员一起商议决定。队形可以与口号同时进行展示。

（4）为小组设计一首组歌。

小组所有成员一起商议决定。组歌要求积极正面，并要求组员一起演唱，只需要演唱代表性的几句即可。

（5）老师给所有小组一定准备时间（20分钟左右）。准备完成之后，按照小组顺序，所有小组依次上台进行团队建设展示。展示时要求小组尽量整齐划一，有团队气势。

（6）老师给所有小组的团队建设进行评价打分，也可以让所有同学参与评价打分，最终给予表现优秀的小组一定的平时成绩奖励。

可以将小组的组名、口号、组歌写于下方：

（1）组名：

（2）口号：

（3）组歌：

四、班组成员管理的方法

班组成员管理（Team Member Management）是指班组长对班组成员进行组织与管理，以提高班组团队生产效率的管理过程。

只有掌握适当的员工管理办法，才能让班组更团结，更具有凝聚力。班组员工管理方法如下：

（一）如何处理班组成员之间的矛盾

班组成员之间存在意见分歧是不可避免的。班组长应该正视这些分歧，最忌讳的就是对下属之间的矛盾视而不见。作为上级，对下属之间的关系应该有一定的了解。当发现有不是很融洽的气氛出现时，要根据不同的情况，采取不同的调解方式。

1. 不逃避问题

班组成员之间的矛盾是不可避免的，只要能够克服这些矛盾，就能让班组更加具有凝聚力。

2. 不责怪成员

班组长不要责怪员工处理得不好，因为每个人的性格是有差异的，并不是所有人都能够维持良好关系。

3. 避免偏袒一方

班组长不要在矛盾的一方，说另一方对其的看法，以免让他更加怀恨在心，从而使他们之间的关系更僵化。

4. 客观分析问题

班组长在调解的过程中，要尽可能地以平静的心态对待，倾听他们的观点，从中客观分析问题，指出其错误的观点和行为。对已经影响了工作的，必须提出严厉批评。

5. 加强成员合作

班组长可以让有矛盾的班组成员共同完成一个合作性很强的课题，加强他们的团队协作精神。

6. 组织调整

如果矛盾实在无法调解的，班组长应做出组织上的调整，将其一调离。

（二）如何处理班组成员的抱怨

当班组员工认为他受到了不公正的待遇，就会产生抱怨情绪，这种情绪有助于缓解心中的不快。抱怨是一种最常见、破坏性最小的发泄形式。处理得不好，可能还会出现降低工作效率等过激行为，班组长一定要认真对待。处理员工的抱怨时要注意以下几点：

1. 耐心倾听抱怨

抱怨无非是一种发泄，当发现班组成员抱怨时，可以找一个单独的环境，让他无所顾忌地进行抱怨，班组长需要做的就是认真倾听。只要能让班组成员在其面前抱怨，班组长的工作就成功了一半。因为他已经获得了班组成员的信任。

2. 尽量了解起因

任何抱怨都有起因，除了从抱怨者口中了解事件的原委外，班组长还应该听听其他人的意见。在事情没有完全了解清楚之前，班组长不应该发表任何言论。过早地表态，只会使事情变得更糟。

3. 有效疏通

对于抱怨，可以通过与抱怨者平等沟通来解决。班组长首先要认真听取抱怨者的抱怨和意见，其次对抱怨者提出的问题做认真、耐心地解答，并且对员工不合理的抱怨进行友善的批评。这样做基本就可以解决问题了。

4. 处理果断

抱怨因为具有传染性，所以班组长要及时采取措施，尽量做到公正严明处理，防止负面影响进一步扩大。

（三）如何处理员工爱打小报告

爱打小报告的员工并不多，班组里也就是一两个而已。对于这类员工，我们要谨慎对待，有时，员工的小报告能够向我们提供很多不曾掌握的信息；而有时候，小报告会造成整个班组人际关系的紧张。对于爱打别人小报告的员工，处理要点如下：

1. 冷处理

冷处理即以不冷不热的态度对待该员工，让其最终明白上级的立场和想法，逐渐改掉爱打小报告的毛病。

2. 建立和谐氛围

适当调整自己的管理理念和风格，慎重处理所收集的信息，在班组内创造融洽的工作气氛，减少彼此的对立和摩擦。

3. 内部协调

适当利用该员工喜欢传播的性格，以小道消息的方式传播一些信息，作为正式方案出台的预演和过渡。

（四）如何向员工传达执行上级的决议

向班组员工传达执行上级的精神和决议是属于"上令下行"范畴的工作。做好这项工作有以下几个要点：

1. 正确理解上级决议

充分理解上级决议的目的、要求、执行方法。如果自己没有充分理解决议，那员工该如何执行，是否达到要求等都无法判断，万一做错了，事情就更糟糕了。

2. 定期跟踪工作进度

定期的工作进度跟踪是必要的。工作安排以后，执行情况如何，碰到什么问题，该如何解决等，都需要班组长亲自去确认和解决。

3. 耐心解释

做好对员工的疏通、解释工作。作为管理人员要针对决议的内容耐心向员工说明解释，安抚人心，保证生产任务的正常进行。在这一点上，应该站在企业的立场上考虑。

4. 及时沟通反馈

上级的决议下达后，应该将执行过程、结果即时反馈。对于一些反响比较大，可能造成严重后果（如罢工、破坏、人员流失）的事项，更要及时报告，寻找有效的对策。

（五）如何对待员工的越级报告

越级报告指员工越过直属领导直接与更高层领导对接工作任务或者发出请求报告。员工越级报告的原因：① 下属对直属上级有意见或者对直属上级的能力表示怀疑；② 曾经出现过直属上级与下级抢功或者直属上级打压下属的情况；③ 下属为了表现和更好地推销自己，眼睛盯着更上一级的领导，主动靠近。越级报告往往会让管理者为难。

如果要杜绝这种现象，需要做好以下工作：

1. 与上级沟通

与上级达成共识，对一些别有用心的越级报告予以抵制。这是最主要的一点，如果说自己的上级喜欢越级报告的员工，那么这种风气就会愈演愈烈。

2. 宣传教育

通过班前会等形式宣传教育，明确工作报告的途径。

3. 私下沟通

与个别喜欢越级报告的员工开诚布公地倾谈，提出自己的意见、看法使员工明白自己的立场和感受。

（六）如何对待不服管理的员工

员工不服管理多发生在班组长刚刚被提拔上来的时候，有的员工认为自己或某位同事更有资格晋升上来时，他的表现往往是不服，或者出一些难题为难这个刚刚上任的上级。发生这种现象时，有的班组长新官上任三把火，往往会以权力去"镇压"不服，造成上下级关系极度紧张，最终使工作难以开展下去。具体管理方法如下：

1. 做好心理准备

出现这种现象时，班组长需要有 3 种心理准备：自信、大度、区别对待。

2. 坚定自身信心

因为管理经验不足，错误在所难免，但是班组长一定要坚信自己最终能够做好这项工作。有自信的管理者，才会让人信服。

3. 正常开展工作

对于不服管理的员工，班组长要大度，就事论事，不要打击报复，从而渐渐让员工的心安定下来。对这部分人员要先发动起来，开展正常的工作。人都有从众的心理，见别人动起来，又迫于压力，自然就会投入工作。

（七）如何处分违纪员工

班组长一般都会尽量避免采取纪律处分，因为这样对班组成员来说都是很不愉快的。但是，无论是哪一个管理者，在工作上总会遇到给员工纪律处分的问题。有时候，尽管已经多次与员工讨论他的工作表现或习惯，但他仍然没有改善，甚至变本加厉。这时，班组长只好采取纪律处分，通过这种负激励的方法来解决问题。纪律处分的目的在于解决问题或提高工作水平，而不是惩罚员工，或解雇员工。给纪律处分时要把握好以下原则：

1. 态度坚决

在需要采取纪律处分时，班组长不能为了方便工作或偏袒员工而避免采取纪律处分，做出处分决定后，要向员工清楚解释为什么有这样的处分，也要说明如果不解决，将会有什么后果。

2. 公正公平

班组长采取纪律处分时，怎样才可以保持公正呢？班组长应一视同仁，对每个人都用同样的规则采取同样的行动；所给的处分要适当，不应该太严厉或太宽容。

3. 激励其改正

班组长在必须采取适当的纪律处分时，除了做到坚决、公正外，也应该对员工给予信心及支持。

(八) 如何管理技术员工

技术员工是具有一定技能的少数群体，所以班组长在工作上对其有一定的依赖性。既需要发挥他们的创造性及独立思考能力，同时又需要用一定的纪律约束他们，所以对其的管理有一定的难度。在管理技术员工时，要特别注意以下几个方面：

1. 不可摆架子

技术员工具有独立的思考能力，有自己的价值观和抱负，他们往往与管理者一样对很多事情有深刻的认识。班组长应该放下自己的架子，与员工平等共处。

2. 吸纳员工建议

技术员工对工作的开展往往有很多自己的建议，而这些建议一般往往又与他们的抱怨混淆在一起。班组长必须静下心来，仔细分析这些或者"酸溜溜"或者带"刺"的看法，会发现在某些问题上，他们可能比班组长更有见地。把员工当成自己志同道合的合作者，会更有利于工作的开展。讨论和命令并重，技术员工不太喜欢被别人命令，而喜欢根据自己的意愿去做事。但当大家在一起讨论而达不成一致意见时，就需要采用命令的方式强制执行。

3. 敢于批评

不必担心技术员工害怕批评，因为技术员工对待批评可能更加理智和客观。班组长只要批评得有理有据，把员工说服，员工不但不会生气，还会佩服班组长的管理才能。

4. 保证制度公正性

业绩考评很难让每个人都满意，所以，要保证制度的公正性。即便某个制度不尽合理，但只要对每位员工一视同仁，往往不会产生大的矛盾，"有情的领导，无情的制度"说的就是这个意思。

(九) "刺头"员工的管理

每个企业中总存在一部分难以管理的员工，俗称"刺头"员工，班组长要采用灵活的方式管理这些员工。具体管理方法如下：

1. 挖掘其长处

人的优点和缺点是相对的，如员工很爱动、坐不住，这可能是一个缺点，但如果让他做搬运工，就变成了一个优点。再如，员工不善于与人沟通，这是一个缺点，但是他责任心很强，如果让他做检验工作，就挖掘出了一个优点。

2. 不可求全责备

人们常说基层管理者是"婆婆的嘴，跑堂的腿"，班组长可以唠叨，但是不能走极端。管理者要做到大事不糊涂，小事不计较，让员工感觉到管理者的大度。在这里，小事是指与工作绩效没有直接关系的事情，如员工的着装、说话方式；大事是指影响产品质量、生产进度、生产成本的事情。

3. 优势互补

班组长要尽量做到优势互补，如让性格上互补的员工在一起工作会比较和谐。

【课堂讨论 8.3】

班组团队成员管理问题分析

除了以上团队成员管理问题外，还有其他问题。想一想，如果你是班组长，在遇到以下问题时，应该怎样处理？

（1）个别员工经常借口请假不参加集体活动。

（2）有员工心理状态不好。

（3）一些老员工不愿服从管理。

以小组为单位进行讨论，并将讨论结果写于下方：

（1）_____

（2）_____

（3）_____

第九章　班组绩效考核

知识目标

（1）理解绩效、绩效考核的概念。
（2）了解绩效考核的分类及应用。
（3）了解班组绩效考核的内容。
（4）了解班组绩效考核的实施要点。

能力目标

制作班组绩效考核表。

关键概念

绩效、绩效考核、班组绩效考核。

知识框架

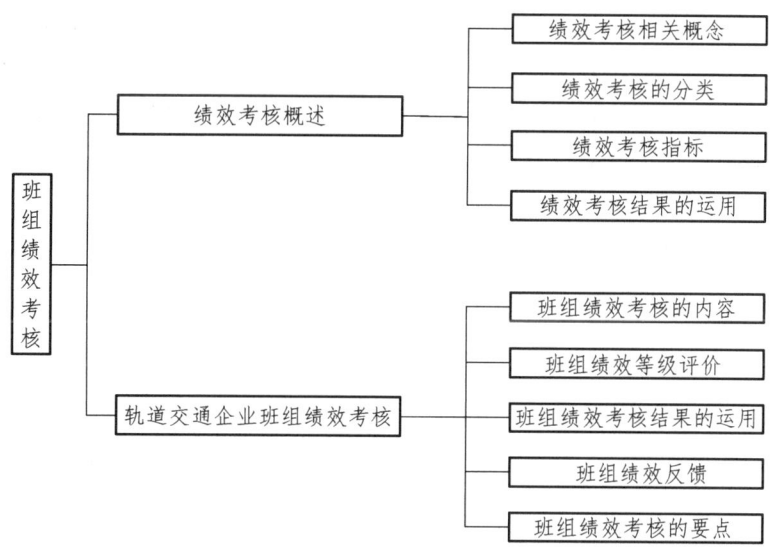

图 9.1　知识框架

第一节　绩效考核概述

一、绩效考核相关概念

1. 绩效

绩效（Performance）是指组织、团队或个人，在一定的资源、条件和环境下，完成任务的出色程度，是对目标实现程度及达成效率的衡量与反馈。

绩效是绩与效的组合。

绩就是业绩，体现企业的利润目标，如工作目标完成率、工作质量、工作效率等。

效就是效率、成效、态度、品行、行为、方法、方式。

绩效是成绩与成效的综合，是一定时期内的工作行为、方式、结果及其产生的客观影响。在企业中，员工的绩效具体表现为完成工作的数量、质量、成本费用以及为企业作出的其他贡献等。

【发散思维】

想一想为什么要进行绩效考核，如果不考核会有什么后果？
（1）＿＿＿＿＿＿＿＿＿＿
（2）＿＿＿＿＿＿＿＿＿＿
（3）＿＿＿＿＿＿＿＿＿＿

2. 绩效管理

绩效管理（Performance Management）是指各级管理者和员工为了达到组织目标，共同参与绩效计划制订、绩效辅导沟通、绩效考核评价、绩效结果应用、绩效目标提升的持续循环过程。绩效管理的目的是持续提升个人、部门和组织的绩效。

绩效管理是一个不断制订计划（Plan）、执行（Do）、检查（Check）、处理（Act）的 PDCA 循环过程，是一个不断发现问题、改进问题的过程。绩效管理具体包括绩效计划、绩效沟通、绩效考核、绩效反馈 4 个流程。（见图 9.2）

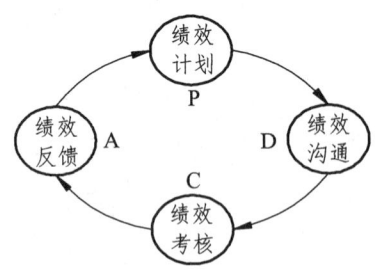

图 9.2　绩效管理过程

绩效计划制订是整个绩效管理流程中的第一个环节；绩效沟通是针对绩效目标的辅导，依托绩效计划阶段所制定的绩效目标，与员工保持持续不断的绩效沟通，对员工进行有针对性的辅导，进而保证员工的绩效目标得以达成和超越；绩效考核是对员工的工作任务完成情况、员工的工作职责履行程度进行评价；在绩效考核结束后，管理者还需要与下属进行一次面对面的交谈，即绩效反馈面谈。通过绩效反馈面谈，员工可以全面了解自己的绩效状况，正确认识自己在这一绩效周期中的优秀表现，同时正确认识自身存在的不足和有待改进的地方。

3. 绩效考核

绩效考核（Performance Assessment）是绩效管理中的一个环节，是指考核主体对照工作目标和绩效标准，采用科学的考核方式，评定员工的工作任务完成情况、工作职责履行程度和发展情况，并且将评定结果反馈给员工的过程。

绩效考核是现代组织不可或缺的管理工具。它是一种周期性检讨与评估员工工作表现的管理系统，是指主管或相关人员对员工的工作做系统的评价。有效的绩效考核，不仅能确定每位员工对组织的贡献或不足，更可在整体上对人力资源管理提供决定性的评估资料，从而改善组织的反馈机能，提高员工的工作绩效，激励士气，也可作为公平合理地酬赏员工的依据。

二、绩效考核的分类

根据不同的划分方法，可以将绩效考核划分为不同的类别。

（一）按考核内容分

1. 业绩考核

业绩考核是针对企业中每个职工所承担的工作，应用各种科学的定性和定量的方法，对职工行为的实际效果及其对企业的贡献或价值进行考核和评价。业绩考核的重点是工作内容和工作质量，如产品的产量和质量、劳动效率等，侧重点是员工完成的工作任务和生产的产品。

2. 行为考核

行为考核的重点是员工的工作方式和工作行为，如服务员的微笑和态度，待人接物的方法等，即对工作过程的考核。相比之下，业绩考核注重工作的结果，而行为考核更注重工作的过程，行为考核基本上都需要通过观察来评价。比如，车间的操作工应该按规程操作，只有通过观察、检查、审核等方法才能确定其执行情况，是全部执行了，还是有的执行，有的没执行，哪些没执行，等等。

3. 特征考核

特征考核的重点是员工的个人特质，如诚实度、合作性、沟通能力等，即考量员工是一个怎样的人。

（二）按考核方法分

1. 客观考核

客观考核是对可以直接量化的指标体系所进行的考核，主要对两类硬性指标进行考核：一是生产指标，如产量、销售量、废次品率、原材料消耗率、能耗率等；二是个人工作指标，如出勤率、事故率等。此种方法不受考核者主观因素的影响，完全以硬性的客观指标为依据，如直接量化的生产指标和工作指标。此种方法客观性强，但也有重工作成果、忽视工作行为的局限性。

2. 主观考核

主观考核是由考核者通过一定的标准设计的考核指标体系对被考核者进行主观评价，如工作行为和工作结果。主观考核通常是当绩效指标难以量化时采用，没有准确的标准，主要依赖于考核者的经验判断，其优点是经济省时，缺点是随意性较大。对员工的工作态度进行考核时就常常采用主观考核法。

（三）按考核主体分

1. 上级考核

上级考核是指上级按照一定的维度标准对其直接下级的工作绩效进行的评估。上级考核是一种非常传统的绩效评估方法，企业一般都会采纳这种形式，因为被考评人的上级对他的工作情况最为了解，因此在绩效考评中也最有发言权。因此，上级主管必须熟悉此评估方法，并善用绩效考核的结果作为指导部属、发展部属潜能的重要指标。

2. 自我考核

自我考核是指让员工针对自己工作期间的绩效表现，或根据绩效表现评估其能力和并据此设定未来的目标。当员工对自己进行评估时，通常会降低自我防卫意识，从而了解自己的不足，进而愿意加强、补充自己尚待开发或不足之处。

3. 同级考核

同级考核是指由同事互评绩效的方式，以达到绩效考核的目的。对一些工作而言，上级与下级接触的时间不多，彼此之间的沟通也比较少，上级要对部属做绩效考核也就非常困难。但相反的，同级彼此间工作在一起的时间较长，所以他们相互间的了解反而会比上级与部属更多。此时，他们之间的互评，反而能更客观。而且，同级之间的互评，可以让彼此知道自己人际沟通方面的能力。

4. 下级考核

下级考核是指由下级来评价上级，这个观念对传统的人力资源工作者而言似乎有点不可思议，但随着社会的发展，越来越多的企业让员工评估其上级主管的绩效，此过程称为向上反馈。而这种绩效考核的方式对上级主管发展潜能上的开发，特别有价值。管理者可以通过下属的反馈，清楚地知道自己管理能力的不足之处及需要改进的地方。

【**课堂讨论** 9.1】

绩效考核方式的优劣

绩效考核的方式有很多，以上各种考核方式，各有什么优劣？你更认可哪一种考核方式？

以小组为单位进行讨论，并将讨论结果写于下方：

（1）_____

（2）_____

（3）_____

（四）按考核时间划分

1. 定期考核

定期考核是指按一定的周期和固定的程序、方法进行考核。定期考核是考核制度的主要形式，如果没有定期考核办法，就不能说已经建立了考核制度。企业定期考核的时间可以是一个月、一个季度、半年、一年。考核时间的选择要根据企业文化和岗位特点绩效进行。

2. 不定期考核

不定期考核有两方面的含义，一方面是指组织中对人员的提升所进行的考评，另一方面是指主管对下属的日常行为表现进行纪录，发现问题并及时解决，同时也为定期考核提供依据。

三、绩效考核指标

绩效考核指标（Performance Indicator）是评价企业员工的工作业绩好坏的参照标准，是绩效考核工作的关键要素。如对企业员工进行考核的指标，包括企业员工的品德、工作绩效、能力和态度等绩效考核指标。

人力资源管理的核心是绩效管理，绩效管理中最重要的环节是绩效考核，而绩效考核是通过考核绩效考核指标来体现的。绩效考核指标就是将品德、工作绩效、能力和态度用科学方式,结合组织特性划分项目与标准,用以评价与改善员工业绩。

绩效考核指标一般应遵循以下原则:

(1)绩效考核指标应遵循同质性原则、关键特征原则、独立性原则。

(2)绩效考核指标是具体的且可以衡量和测度的。

(3)绩效考核指标是考核者与被考核者共同商量、沟通的结果。

(4)绩效考核指标是考核基本工作而非工作者。

(5)绩效考核指标不是一成不变的。它根据企业内外的情况而变动,经常是"缺什么,考什么""要什么,考什么"。

(6)绩效考核指标是大家所熟知的,必须要让绝大多数人理解。

下面介绍某生产性企业的员工绩效考核指标(见表9.1)。

表9.1 某生产性企业的员工绩效考核指标

一级指标	分值	二级指标	分值	指标考核解释
生产指标	60	按时交货率	10	规定周期内,拖货率不得高于5%,超出部门每份货扣除1分
		外返率	25	生产部不得高于1.5%,<1.4%加5分,<1.3%加6分,每超过一个百分点,扣4分,如达5%,扣净本项分值
		内返率	20	达到3%为达标,<3%加5分,<2%加6分,每超过一个百分点,扣5分,如达5%,扣净本项分值
		相同问题连续差错率	5	同一部门相同问题每周不得出现3次,每超出1次扣1分,累计负数为10为最终值
市场反映	20	客户投诉率	8	每月客户投诉数含质量与工期,不得高于5次,每超出1次扣2分
		同一客户连续返工率	6	一周时间内,同一客户连续返工率不得超过两次,超出一次扣2分
		新客户返工率	6	新客户前5次加工单内不得出现返工率,出现一次扣2分
生产安全	15	离岗电源机器关闭情况	5	员工下班离岗后,电源设备需处于安全关闭状态,出现一次扣1分
		生产员工人身安全率	10	因员工违规操作,或设备原因导致的任一对员工身体产生危害的事故,自动扣净本项分值。并且付有赔偿连带责任,具体见公司安全规定
卫生	5	各个车间卫生状况	5	台面保持干净,水槽无材料残留物,设备清理干净,地面无积水,垃圾桶清理干净,卫生无死角,桌面干净,椅子摆放整齐,每项不合格扣1分

【课堂讨论 9.2】

绩效考核指标的制定

想一想，如果要考核一名大学生在校学习与发展情况，可以制定哪些绩效考核指标？

以小组为单位进行讨论，并将讨论结果写于下方：

（1）_____

（2）_____

（3）_____

四、绩效考核结果的运用

绩效考核是每个企业都在进行的工作，考核结果出来之后，人力资源部和用人部门会采取相应的绩效考核处理措施。

大量数据证明，绩效考核流于形式的一个重要原因是没有系统运用考核结果，即没有与考核对象最为关心的薪酬、晋升直接有效关联；没有建立有效公平的考核申诉机制；没有制订绩效改善和调整计划。绩效考核结果的误用会极大地挫伤企业人员参与绩效管理的热情。好的绩效考核应该达到这样的标准：激发企业多数人的积极性、提高企业的整体效率、让多数员工的收入增加。

绩效考核结果一般会运用于以下方面：

1. 绩效奖金的发放

企业人力资源部门可以根据考核结果和事先确定的发放标准发放绩效奖金。奖金的形式多种多样，以年终奖为例，若一年考核多次，则年度考核系数为：

$$年度考核系数 = 各次考核得分之和 \div 考核次数$$

年度考核系数得分越高，则年终奖额度越大。

2. 薪酬调整

绩效考评结果除了作为绩效改进的依据外，在薪酬调整方面的运用也非常普遍。绩效考核结果运用于薪酬调整主要体现了对员工的激励，一方面对于绩效不良的员工，降低其绩效工资，促进其尽快改善；另一方面对于绩效优良的员工也有一个客观的衡量尺度。

将绩效考核结果运用于薪酬的调整有利于提高薪酬的内部公平感。绩效考核结果直接与薪酬关联才能有效发挥量化考核的作用，否则，就达不到提高效率、降低成本、提升员工工作积极性的目标。

3. 人事调整

绩效考评的结果也为职位的调整提供了一定的信息，绩效考核的结果为员工的晋升与降级提供了依据。

对于绩效考核成绩连续优良的员工，可以将其列入晋升名单，让他承担更多的责任；如果员工在某些方面的绩效不够好，就有可能是由于他目前所从事的职务不合适，可以对其职位调整，让他从事更适合他的工作。但对于连续绩效不良的员工，就要考虑降级或者辞退。

4. 在职培训

绩效考评的结果是进行培训分析的重要依据之一，管理者以及培训工作负责人，在进行培训需求分析时，应把绩效考核的结果以及相关记录，作为一个重要材料进行深入研究，从中发现员工表现和能力与所在职位要求的差距，进而判断是否需要培训，需要什么样的培训。如果是因为态度问题，那么可能需引导其认同公司的价值观，普通的培训是难以达到效果的；如果是技能不足，那么展开一些再培训或专门训练就会使问题得到解决。

5. 员工职业生涯规划

通过分析绩效考评结果，就可以有针对性地做好员工的职业生涯规划。每位员工在实现组织目标的同时，也是在实现个人的职业目标。考核，作为一种导向和牵引，明确了组织的价值取向。因此，考核结果的运用，一方面，强化了员工对公司价值取向的认同，使个人职业生涯有序发展；另一方面，通过价值分配激励功能的实现，使员工个人的职业生涯得以更好发展。个人职业生涯的发展，又反过来促进组织的发展。

第二节　轨道交通企业班组绩效考核

班组绩效考核是对班组员工完成目标情况的跟踪、记录、考评的过程。

通过班组绩效考核，班组员工能充分了解自己的工作成绩和不足，从而明确努力方向，不断提高自身素质和工作绩效；班组管理者能全面掌握每位员工的德、能、勤、绩等情况，更有效地发挥沟通、引导、帮助、激励的作用，调动员工的工作积极性，提高班组的生产管理水平。

班组绩效考核是班组基础管理工作的重点，通过加强班组的绩效考核管理，形成规范的绩效考核模式，提升班组每位员工的工作绩效，以达到目标、任务的完成和落实。

一、班组绩效考核的内容

1. 工作业绩

工作业绩（Work Performance）是指工作人员在实际工作中所做出的成绩。

工作业绩考核是对工作人员工作完成情况的考核，如班组工作人员的工作任务完成情况、乘客服务质量、检修计划完成情况、工作质量等方面。

工作业绩是班组绩效考核的重点所在，也是考核的中心。有效的工作业绩考核，不仅能确定每位员工对组织的贡献或不足，更可在整体上对人力资源管理提供决定性的评估资料，从而改善组织的反馈机能，提高员工的工作业绩，更可激励士气，也可作为公平合理地酬赏员工的依据。

下面以车辆检修班组长为例，介绍其工作业绩考核（见表9.2）。

表9.2 车辆检修班组长工作绩效考核表

被考核者			所属部门	车辆检修一车间	职务名称	班组长
主考核者			考核者职务	车间主任	考核期	年 月 日— 年 月 日
指标分类	考核指标	标准分数	量化标准		得分	得分依据及打分人
工作业绩（40%）	检修计划完成情况	20	1. 检修任务完成率达98%以上，每增加0.1%加2分 2. 检修任务完成率达96%~98%，不加分，不扣分 3. 检修任务完成率在96%以下，每降低0.1%扣2分 4. 因供应件缺料、缺人导致生产任务未完成的，（必须以书面形式报主任核实属实）不加分，不扣分			检修日报表、缺件、缺料反馈表 车间主任评分：
	质量考核	10	1. 检修一次交验合格率每增加0.1%加1分，每降低0.1%扣1分 2. 根据各工序质量指标值，每项超标0.1%扣5分 3. 出现质量事故视情节严重程度扣10~40分			质量部月统计报表、不合格品（率）明细表 巡检员评分：
	设备维护、保养与资源管理	10	1. 检修现场由车间主任不定期检查（每周不少于2次），每次不合格扣1分 2. 设备日常维护记录表未按要求填写，每次扣1分，虚填、未按要求实施设备保养，每次扣2分 3. 保养记录每月3日前交车间主任，超1天或漏交1张扣1分			设备日常维护记录表、车间主任现场检查记录（每周不少于2次） 车间主任经理评分：
特殊贡献加分		1~10	加分原因：			
考核得分			考核者简评		签名/日期：	
最后得分			经理审批		签名/日期：	

2. 安全生产

安全生产（Safety Production）是指在生产经营活动中，为了避免造成人员伤亡和财产损失而采取相应的事故预防和控制措施，使生产过程在符合规定的条件下进行，以保证从业人员的人身安全与健康，设备和设施免受损坏，环境免遭破坏，保证生产经营活动得以顺利进行的相关活动。

安全生产考核是对安全生产制度的落实情况进行考核，以减少和杜绝各类生产安全事故的发生。具体包括各类事故起数、伤亡人数、机械设备事故率，轻伤负伤率、火灾事故，意外事故、安全生产例会，安全生产教育，重大事故隐患监控和安全专项整治等实施情况、安全设施、安全标志、安全警示的设置率，安全隐患整改率，劳动保护用品发放率等。

安全生产考核是企业安全生产管理的一个重要组成部分，是企业中最基本的一项安全制度，也是企业安全生产、劳动保护管理制度的核心。

下面以车辆检修班组长为例，介绍其安全生产考核（见表9.3）。

表9.3 车辆检修班组长安全生产绩效考核表

被考核者			所属部门	车辆检修一车间	职务名称	班组长
主考核者			考核者职务	车间主任	考核期	年 月 日—年 月 日
指标分类	考核指标	标准分数	量化标准		得分	得分依据及打分人
安全生产（30%）	安全生产	30	1. 安全隐患未能及时发现或上报每次扣2分 2. 发生轻伤或造成他人轻伤的（医疗费在500元以下，休息在7天以下的）此项不得分，第2次加扣20分，以此类推 3. 出现重伤或造成他人重伤的（医疗费在500元以上），当月考核不得分，并加扣40分，第2次加扣80分，以此类推 4. 发生设备及安全事故的，视情节严重程度扣50～100分			安全检查记录表、安全事故统计表安全管理员日常工作记录 车间主任评分：
特殊贡献加分	1～10		加分原因：			
考核得分			考核者简评		签名/日期：	
最后得分			经理审批		签名/日期：	

3. 劳动纪律

劳动纪律（Labour Discipline）是指劳动者在劳动中所应遵守的劳动规则和劳动秩序。

劳动纪律是用人单位为形成和维持生产经营秩序，保证劳动合同得以履行，要求全体员工在集体劳动、工作、生活过程中，以及与劳动、工作紧密相关的其他过程中必须共同遵守的规则。

劳动纪律是人们从事社会劳动的必要条件。不论在任何生产方式下，只要共同劳动，就必须遵守劳动纪律；否则，生产工作便无法进行。

劳动纪律考核是对班组工作人员对劳动规则与秩序遵守情况的考核，具体包括迟到、早退、旷工等现象发生频率，病假、年休假、探亲假等假期申报情况，5S管理执行情况、违规违纪发生情况等。

下面以车辆检修班组长为例，介绍其劳动纪律考核（见表9.4）。

表9.4 车辆检修班组长劳动纪律绩效考核表

被考核者			所属部门	车辆检修一车间	职务名称	班组长
主考核者			考核者职务		考核期	年 月 日—年 月 日
指标分类	考核指标	标准分数	量化标准		得分	得分依据及打分人
劳动纪律（20%）	劳动纪律	5	1. 上班出现迟到、早退、旷工等现象，一次扣2分，及时上报或给予处罚教育后上报不扣分 2. 无故未按时完成领导交给的工作任务扣3分 3. 参加会议出现迟到1次扣1分，无故不参加会议或集体活动每次扣2分 4. 打架斗殴、酒后上班、酗酒闹事、聚众赌博发现一次，每次扣50分 5. 违纪违规行为，受上级部门通报处理的每次扣10分，如当月次数达3次（含）以上，此项不得分，并加扣30分			每天由行政部组织安排专管人员进行监督检查 行政部经理评分：
	属下违纪	5	1. 属下被罚款5~29元，扣1分 2. 属下被罚款30~49元，扣2分 3. 属下被罚款50~99元，扣3分 4. 属下被罚款100元以上，扣5分			奖罚单 车间主任评分：
	5S管理	10	1. 整理清除不必要的废弃物品，有一处未清理扣1分 2. 工具、材料、物品等应整齐清理，不得乱丢乱扔，应码放整齐、摆放有序，有一处未整理归位扣1分 3. 清扫责任区的杂物垃圾，保持工作场所整洁干净，如有1处不干扣1分 4. 保养设备、工具，使其整洁完好，设备、工具有1处不整洁扣1分 5. 每班清理1次，每班不清扫扣3分，达不到要求扣2分			日常检查记录表、行政值班记录表，每天由行政部专人督查（每天至少1次） 车间主任评分：
特殊贡献加分		1~10	加分原因：			
考核得分			考核者简评			签名/日期：
最后得分			经理审批			签名/日期：

4. 工作态度

工作态度（Working Attitude）是指对工作所持有的评价与行为倾向，包括工作的认真度、责任度、努力程度等。

工作态度作为工作的内在心理动力，影响对工作的知觉与判断、促进学习、提高工作的忍耐力等。这些功能直接关系到工作绩效的大小。积极的工作态度对工作的知觉、判断、学习、工作的忍耐力等都能发挥积极的影响，因而能提高工作效率，取得良好的工作绩效。

工作态度考核是对班组工作人员工作行为倾向的考核。由于这些因素较为抽象，因此通常只能通过主观性评价来考评。工作态度考核具体包括对工作责任心、团队意识、工作积极性、工作认真程度等方面的考核。

下面以车辆检修班组长为例，介绍其工作态度考核（见表 9.5）。

表 9.5　车辆检修班组长工作态度绩效考核表

被考核者		所属部门	车辆检修一车间	职务名称	班组长
主考核者		考核者职务	车间主任	考核期	年 月 日— 年 月 日
指标分类	考核指标	标准分数	量化标准	得分	得分依据及打分人
工作态度（10%）	工作责任心	5	1. 及时合理地安排检修任务，漏、错派任务每次扣 1 分，影响车辆运行的每次扣 5 分 2. 及时与其他部门沟通协调检修中遇到的各种问题，确保工作的正常进行，未及时进行沟通协调，导致生产停滞每次扣 2 分 3. 每日早会缺一次扣 1 分 4. 检修日报表等不按时送交每次扣 1 分，缺 1 次扣 2 分 5. 数据统计必须准确，每错 1 次扣 1 分		《生产计划单》《生产指令单》车间主任工作记录 车间主任评分：
	团队意识	5	有强烈的团队意识，对本组员工有凝聚力，按民主评议结果评分 1. 很满意：本组员工很满意达 85% 以上，加 5 分 2. 满意：本组员工满意达 85% 以上，不加分，不扣分 3. 不满意：本组员工不满意 50% 以上，扣 5 分 4. 不按上级要求组织员工加班，每次扣 2 分 5. 不按时完成上级交办的其他临时性工作，每次扣 1 分		班组长民主评议表 车间主任评分：
特殊贡献加分	1~10	加分原因：			
考核得分		考核者简评			签名/日期：
最后得分		经理审批			签名/日期：

【课堂练习 9.1】

绩效考核表的制定

参考以上《车辆检修修班组长绩效考核表》,通过网络资料、课本资料等相关信息的收集,以"轨道交通车站站务员"为考核对象,制作一个简要的绩效考核表。(见表 9.6)

表 9.6　轨道交通车站站务员绩效考核表

被考核者		所属部门		职务名称	
主考核者		考核者职务		考核期	
考核指标	标准分数	量化标准		得分	得分依据及打分人
工作业绩					
安全生产					
劳动纪律					
工作态度					
考核得分	考核简评		签名/日期:		
最后得分	经理审批		签名/日期:		

二、班组绩效等级评价

绩效等级（Performance Level）是指依据绩效评估后对员工绩效考核结果划分的等级层次。

绩效等级一方面与具体的绩效指标和标准有关，也与企业考核的评价主体和方式有关；在做到公正、客观对员工绩效进行评价的基础上，绩效等级的多少和等级之间的差距将会对员工绩效薪酬分配产生很大影响。

以某地铁班组员工年度绩效考核为例，员工年度绩效考核结果划分为优秀、良好、称职、基本称职和不称职5个等级。（见表9.7）

表9.7 轨道班组绩效考核等级与系数表

绩效等级	绩效系数	分配比例
优秀	1.3	15%
良好	1.2	15%
称职	1.0	70%
基本称职	0.5	
不称职	0	

具体内容见附录五《地铁运营公司员工绩效管理办法》。

1. 优秀

"优秀"员工一年来能够出色地完成各项工作任务，且有超出预期工作目标的情形，工作态度表现良好，在季度考核中至少出现过一次"好"的等级，且从未出现过"一般"及以下的考核等级。

2. 良好

"良好"员工一年来能够比较好地完成各项工作任务，工作态度表现良好，在季度考核中未出现过"需改进"等级。

3. 称职

"称职"员工一年来能够胜任岗位职责要求，完成各项工作任务，工作态度较好。

4. 基本称职

"基本称职"员工一年来能够基本完成各项工作任务，但出现部分工作不能达到预期目标的情形，在季度考核中出现过两次"需改进"或出现过一次"需改进"且两次及以上"一般"。

5. 不称职

出现以下情形之一者,年度考核结果定义为"不称职"。

(1)不认真履行岗位职责,工作中出现较大失误,给公司和部门造成负面影响或经济损失者;

(2)因营私舞弊被投诉,经查实并对公司形象和声誉造成较大影响者;

(3)因保管不善,造成重要文书资料和工程、设备技术文件、人事档案丢失者;

(4)违反公司考勤制度规定的相应情形者;

(5)上年度绩效考核结果为"基本称职",本年度绩效考核结果再次为"基本称职"者;

(6)年度内季度考核出现三次及以上"需改进"等级者;

(7)经公司研究认定或明文规定的其他情形。

三、班组绩效考核结果的运用

1. 绩效奖金的发放依据

班组员工的绩效考核结果将与个人绩效奖金直接挂钩,具体的发放系数因不同的企业有所不同。以下是某地铁公司年度绩效奖金的发放标准。

普通员工年度绩效奖金=个人年度绩效奖金基数×个人年度绩效系数×部门年度目标管理考核系数×年度内本公司工作月数/12

公司领导人员及中层管理者年度绩效奖金=个人年度绩效奖金基数×个人年度绩效系数×个人绩效责任系数×年度本公司工作月数/12

2. 作为岗位调整依据

轨道交通企业班组员工的绩效考核结果将作为员工岗位调整、升职、降职的依据,以下是某地铁公司岗位调整办法:

年度考核结果为"基本称职"的员工,将进行1~6个月以内的待岗培训,培训期间只发放基本工资。经培训合格者,可申请优先在原部门重新上岗,也可在公司内其他部门双向选择上岗。待岗培训期内不能上岗的,则终止劳动合同。年度考核结果为"不称职"的员工,按规定解除劳动合同。

3. 作为薪资调整依据

轨道交通企业班组员工的绩效考核结果将作为员工薪资调整的依据,具体的调整程度因不同的企业有所不同。以下是某地铁公司薪资调整办法:

从执行本办法的年度算起,年度绩效考核结果"优秀"的员工,下一年起薪资水平上调一个薪资点;连续两年年度绩效考核结果"良好"的员工,下一年起薪资水平上调一个薪资点；连续三年年度绩效考核结果为"称职"及以上的员工，下一年起薪资水平上调一个薪资点。

4. 其他绩效考核运用

轨道交通企业员工年度绩效考核的结果，还可以作为优秀员工评选、人才培养、运营标兵和后备人才库甄选的依据。

【课堂讨论 9.3】

绩效管理制度解读

阅读附录五《地铁运营公司员工绩效管理办法》，并回答以下问题：
1. 一般生产员工，是由哪个部门来考核？
2. 一般生产员工，绩效考核的周期是多长？
3. 管理人员与一般生产员工在绩效考核上有什么区别？

以小组为单位进行讨论，并将讨论结果写于下方：

（1）_____
（2）_____
（3）_____

四、班组绩效反馈

绩效反馈（Performance Feedback）主要通过考核者与被考核者之间的沟通，就被考核者在考核周期内的绩效情况进行面谈，在肯定成绩的同时，找出工作中的不足并加以改进。

绩效反馈的目的是让员工了解自己在本绩效周期内的业绩是否达到所定的目标，行为态度是否合格，让管理者和员工双方达成对评估结果一致的看法；双方共同探讨绩效未合格的原因并制订改进计划，同时，管理者要向员工传达组织的期望，双方对绩效周期的目标进行探讨，最终形成一个绩效合约。由于绩效反馈在绩效考核结束后实施，而且是考核者和被考核者之间的直接对话，因此，有效的绩效反馈对绩效管理起着至关重要的作用。

班组绩效反馈常常通过绩效面谈的方式展开。班组长每月月初根据班组成员上月的表现，全面、客观地进行评价，帮助组员寻找与工作目标之间的差距，与企业要求的差距，提出改进意见，表达对组员的期望，以提高组员工作绩效。面谈的内容集中表现在：哪些因素限制了员工优势的发挥，如何与员工共同努力消除这些限制。

【拓展阅读 9.1】

绩效面谈的神效

某班组的班组长在一次绩效考核时，发现该班组成员小城只有 82% 的满意度。出现如此严重的问题，班组长觉得应当适当关注一下小城。班组长观察几天下来发现，小城的情绪有点问题，于是班组长果断地向值班经理申请了绩效面谈。

谈话要掌握技巧，所以班组长首先了解了小城这几天对于上班情况的一些看法。班组长发现，虽然该班组在团队建设方面做得较好，但小城由于性格问题，仍然没有能全方位地融入集体中，所以在小组里面遇到问题时也没有知心的朋友可以分担。而且进一步谈话后，班组长发现小城在个人生活方面也出现了一些小问题，从而导致情绪低落，明显影响工作效果。

在长达两个半小时的面谈中，小城把自己工作中对公司各方面的不满都尽情发泄出来（如排班、绩效等），并表示自己可能受不了了要离职。

当班组长在面谈中了解到小城的真正想法后，班组长首先把在心理辅导培训上学习到的东西全部运用到绩效面谈的工作中，帮他分析了公司的现状、发展空间，并指点他以后工作的方向，特别是如何处理与同事之间关系等。然后，班组长又和跟他一起探讨：如何把工作与生活的关系处理好，如何融入团队，如何寻找自己的兴趣等。看着小城的情绪逐渐好转，班组长便开始帮助小城分析他满意度低的原因，并从工作方面给小城定下了提升方案。

通过这一次面谈，小城的情绪明显好转，能够主动与小组成员交流，也开心了很多，对公司的归属感也增强了。同时，小城的满意度从 6 日的 82% 变成了 8 日的 87%，11 日的 91%，到月底的 94%，各方面表现都很优异。

班组长需要聆听员工内心真正的声音，因此一次绩效面谈可以有效地促进班组长与组员间的交流，使班组长更加准确地给组员做好相应的辅导工作，更加有利于全面提升组员各方面的素质。

五、班组绩效考核的要点

班组作为企业的一个基层组织，管理工作面广，内容细化具体，存在着一定的管理难度。在班组开展绩效考核管理制度，可以更好地激发班组员工的工作积极性，全面提升班组管理水平。要真正发挥绩效考核对于班组员工积极的促进作用，应当重视以下要点：

1. 对所有员工一视同仁

每个班组工作内容不同，班组内成员工作岗位的难易程度，质量要求也不尽相同。如乘务岗位和站务岗位在难易程度、质量要求方面就存在较大区别。再加上班组员工和班组长自身素质的不同，这些因素的存在对绩效考核产生了不利影响。因此，班组的绩效考核一定要遵循"公平、公正、公开""有法可依，有法必依"的原则。

班组的绩效考核标准要对员工公开，严格按照标准进行考核。考核记录要对员工公开，要详细，不能记"黑账"。绩效考核对所有员工要一视同仁，不分亲疏远近，不包庇纵容。考核要有理有据，严格按照公司、车间相关制度标准执行，不能具有随意性。这样才能保证绩效考核的正常有效进行，发挥其应有的作用。

2. 绩效是"辅导"出来的

班组的绩效是"辅导"出来的，而不是"考核"出来的，班组长布置完任务后，不能撒手不管，当甩手掌柜，而要时刻关注生产过程，对员工进行绩效辅导。当员工情绪低下、积极性不高时，班组长应及时去沟通和关心，帮助员工调整心态，提高士气。

当员工技能水平欠缺时，班组长应给予具体指导，传授技能，当好教练和培训师，并监督员工实施执行，对于技能水平较高的员工，班组长只需指导方向，多给予鼓励，发挥其创造性。当员工遇到难题和困难时，班组长应想方设法，帮助员工分析原因，解决困难和难题。班组长应经常与员工沟通，对班组员工的工作方法、业绩、精神气等进行点评，分析每位员工有哪些进步和好的做法，及时予以赞扬和奖励，有哪些不足之处，及时予以分析帮助解决。这样做的好处是：可以随时跟踪和了解任务的执行情况，便于在第一时间发现问题，解决问题，对目标实现的关键点进行有效控制，保证任务的圆满完成。

班组长对员工的辅导要因地制宜，因时制宜，可以进行现场作业指导，也可以进行正式的绩效辅导，召开班组会议，传达上级政策，培训知识，传授技能，分析班组绩效状况等，也可采用非正式的辅导，与员工一对一、面对面的沟通。总之，要把对员工的辅导贯穿于整个生产全过程，使例行和随机的辅导成为常态化。

3. 考核不能流于形式

绩效考核要发挥其真正的作用，不能流于形式，不能为了考核而考核，不能在员工眼里成为扣分、扣工资的代名词。对于员工的不足，在考核扣分的同时，要从帮助员工提升、改善的角度，分析原因，找出改进方法，而不是用激烈的言辞去批评，甚至冷嘲热讽。要给予员工更多的关怀和鼓励，给员工信心和支持，让员工用积极的心态去要面对以后的工作。

如果员工对考核结果有不满情绪，就要与员工开诚布公地沟通，加以开导教育，消除员工的不满情绪，不能让员工带着情绪去工作。由于班组长职权有限，对绩效指标完成较好的员工，更多的是采用职权之内的激励方式，如听觉激励，班组长以语言激励赞美下属；视觉激励，班组长组织员工根据月度绩效考核结果评选"月度优秀员工"上报车间进行奖励，并在班组管理看板上粘贴其照片及事迹，或者将表现优秀员工的事迹以稿件的形式向公司宣传栏、班组驿站、长丰扬子通讯、风采电子杂志进行投稿宣传。

  班组也可以根据年度绩效考核结果，对表现优秀的员工推荐其参加企业先进个人的评选。班组评选"月度优秀员工"千万不能搞轮流坐庄，否则就失去了考核激励的意义，对表现优秀的员工可连续评选"月度优秀员工"，享受半年6个月中3次当选"月度优秀员工"工资晋升一级（半年有效期）的奖励。

第十章 班组沟通与激励

知识目标

（1）理解沟通的定义与组成要素。
（2）了解沟通的分类与技巧。
（3）了解班组沟通的定义与内容。
（4）了解轨道交通企业班组沟通的技巧与形式。

能力目标

掌握班组沟通的能力。

关键概念

沟通、班组沟通、轨道交通企业班组沟通技巧。

知识框架

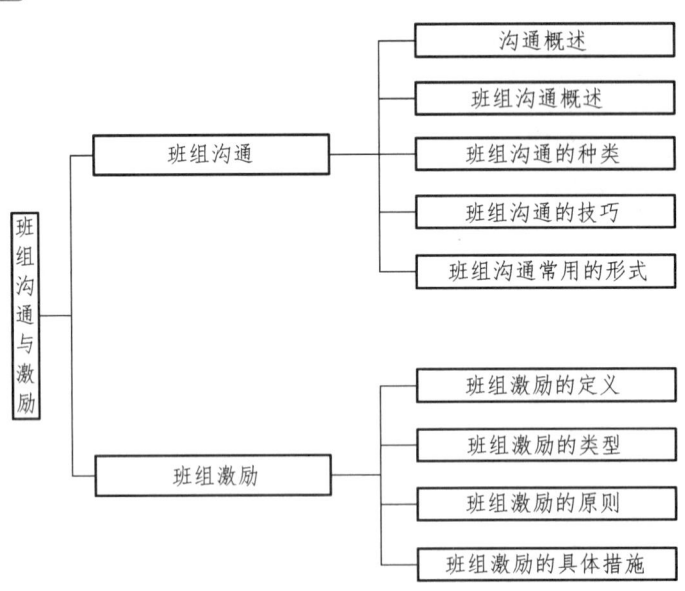

图 10.1　知识框架

第一节　班组沟通

对于人类而言，沟通是一种自然而然的、必需的、无所不在的活动，它是形成人类关系的基本手段。人生活在一个沟通的社会里：交流思想、情感以及理想与希望，交流各自的欢乐、变化、高兴和痛苦。沟通让人的才能得以发挥，使人获得赞扬和尊重。沟通是否有效还关系到生活是否幸福、一生是否成功。

一、沟通概述

（一）沟通的定义

沟通（Communication）是人们分享信息、思想和情感的过程。

这种过程不仅包含口头语言和书面语言，还包含形体语言、个人的习气和方式、物质环境等赋予信息含义的任何东西。

沟通是信息双向流动的过程，由信息的传递和反馈共同组成。如果信息只有从发送者到接收者的传递，而没有反馈，通常就意味着沟通失败或无效。

【发散思维】

想一想，沟通除了书中提到的作用外，还有哪些作用？
（1）_____
（2）_____
（3）_____

对于我们来说，沟通是一种自然而然的、必需的、无所不在的活动。那为什么要沟通？

通过沟通人们可以交流信息、获得感情与思想。人们在工作、娱乐、居家、买卖时，或者希望与一些人的关系更加稳固和持久时，都要通过交流、合作，达成协议来达到目的。

在沟通过程中，人们分享、披露、接收信息。根据沟通信息的内容，可分为事实、情感、价值取向、意见观点。根据沟通的目的可以分为交流、劝说、教授、谈判、命令等。

综上所述，沟通的主要作用有两个。

1. 传递和获得信息

信息的采集、传送、整理、交换，无一不是沟通的过程。通过沟通，人们交换有意义、有价值的各种信息，生活中的大小事务才得以开展。

掌握低成本的沟通技巧、了解如何有效地传递信息能提高人的办事效率，而积极地获得信息会提高人的竞争优势。好的沟通者可以一直保持注意力，随时抓住重点内容，找出所需要的重要信息。他们能更透彻地了解信息的内容，拥有最佳的工作效率，并节省时间与精力，获得更多的生产力。

2. 改善人际关系

社会是由人们互相沟通所维持的关系组成的网，人们相互交流是因为需要同周围的社会环境相联系。

沟通与人际关系相互促进、相互影响。有效的沟通可以赢得和谐的人际关系，而和谐的人际关系又使沟通更加顺畅；相反，人际关系不良会使沟通难以开展，而不恰当的沟通又会使人际关系变得更坏。

（二）沟通的要素

尽管人与人之间的沟通形式多种多样，但信息传播都有它的一般规律。沟通最基本的要素包括信息发出者、信息、渠道、信息接收者、反馈。（见图10.2）

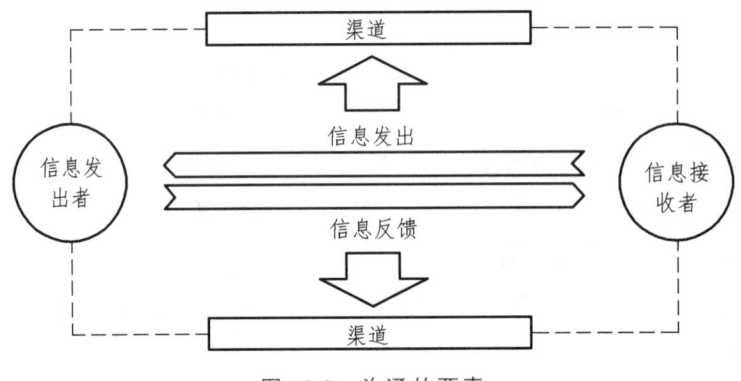

图 10.2　沟通的要素

1. 信息发出者

信息发出者是信息沟通的主体，他不仅有目的地传播信息，还对传出的信息进行编码，即把信息加工、组织成便于传递的形式。

2. 信息

信息是指沟通的内容，具体指信息发出者希望传达的思想、感情、意见和观点等。信息包括语言和非语言的行为，以及这些行为所传递的所有影响语言使用的音调、身体语言，如面部表情、姿势、手势、抚摸、眼神等，都是发出信息的组成部分。

3. 渠道

渠道是指信息由一个人传递到另一个人所通过的讯道即信息传递的途径、手段。信息必须载入渠道才能存在和传递，声、光、电、动物、人以及报纸、书刊、电影、电视等都是信息传递的渠道。

4. 信息接收者

信息接收者是指信息传递的对象，即接收信息的人。个体在接收带有信息的各种音形符号后，根据已有经验把它转译为沟通者试发送的信息或态度、情感。

5. 反馈

反馈是指信息由接收者返回到信息发出者的过程，即信息接收者对信息发出者的反应。有效的、及时的反馈是极为重要的。所以，我们在交流时，要及时反馈，并把反馈加以归纳、整理，再及时地反馈回去。

二、班组沟通概述

作为企业最基本的单元，班组日常信息具有内容的丰富性、形式的多样性、来源的多头性、用途的务实性等特点。除了班前会、周例会等定期沟通外，还有科研生产计划、质量安全、党群工作等方面的信息，根据沟通内容的不同，需要班组成员即时进行一对一、一对多的面对面交流沟通。

（一）班组沟通的定义

班组沟通（Team Communication）是班组成员在工作过程中进行信息、思想交换的过程。

班组沟通包括班组长与班组成员之间的沟通、班组成员之间的沟通等两个层面。（见图 10.3）

图 10.3　班组沟通

在班组日常工作中，沟通是一项重要的技能。有效的沟通可以促进工作的积极开展，可以使思想保持一致、产生共识；可以减少工作上的摩擦争执与意见分歧；可以使管理者洞悉真相、排除误解；可以减少互相猜忌、凝聚团队情感；可以疏导人员情绪、消除心理困扰；可以使员工了解组织环境、减少革新阻力；可以收集信息、改善团队状况；可以增进人员彼此了解、改善人际关系；而且与他人沟通越充分，就越有可能实现自己的目标。同时，任何形式的不良沟通都可能带来时间和资源的浪费。

良好的沟通是开展工作的重要条件，有效的沟通是提高工作效率的基础。沟通的重要性表现在以下方面：

（1）通过沟通达成一致、协调行动，促进工作顺利开展。

（2）增加对同事的性格、爱好、观点的了解，提高人员管理的针对性。

（3）通过沟通协调同事之间的是非观念、行为准则，降低班组管理的沟通成本。

（4）通过沟通增进同事之间的感情交流，提高班级凝聚力。

（5）通过沟通，争取各个部门对本班组工组的支持。

（二）班组沟通的内容

班组沟通的内容包括工作上的沟通和工作之外的沟通等。

1. 工作沟通

在工作沟通方面，班组长扮演着上传下达的角色，将上级的指示消化成自己的处事论调，并且要换位思考，从班组成员的角度传达班组成员易于理解、易于执行的命令内容，使班组成员产生认同感、共鸣，保证班组各项工作的顺利开展。在工作过程中，班组长要加强与班组成员的沟通，及时发现、改正沟通产生的信息偏差等问题，做好协调工作，以确保工作质量。班组成员之间要打破岗位之间的壁垒，围绕每项工作任务，加强信息沟通、彼此交换意见，达成共识，保持和谐、融洽的团队氛围。

2. 工作之外的沟通

在工作之外，班组长也要与下属、班组成员之间进行密切的沟通，及时了解下属、班组成员的思想动向、学习和生活上遇到的问题，互相帮助，共同进步。

同一班组的员工，工作环境相同，业务工作相近，身份地位相仿，经常加班加点的班组、组员之间每天面对面近距离相处的时间，比家人还多，可以说，不是一家人，胜似一家人。因此，组员之间有着天然的情感沟通渠道。实践证明，加入了情感因子的沟通，比单纯的信息沟通更有效，这也是班组沟通有别于其他沟通的特色和优势。

三、班组沟通的种类

轨道交通企业通过建立班组长和员工之间的开放、自由、充分的沟通机制，建立班组与班组、领导与员工、员工与员工之间的沟通渠道，通过正式或非正式、口头或网络等多种渠道开展班组沟通交流，营造良好的沟通氛围。具体的沟通分类如下：

（一）根据沟通方式进行分类

在班组日常工作中，面对面的交流是沟通的主要形式，同时也可以采用口头沟通、书面沟通、非语言沟通、电子媒介沟通等。

1. 口头沟通

口头沟通（Oral Communication）是指借助语言进行的信息传递与交流。

口头沟通的形式很多，如会谈、电话、会议、广播、对话等。口头沟通是日常生活中最常采用的沟通形式，管理者在工作中要做的最重要的事情之一就是信息沟通。在口头沟通中，沟通技能是管理者必须要掌握的技能。

班组沟通中采用口头沟通的如开会、谈心、汇报、讨论、传闻、小道消息等。

由于同一班组的员工的工作地点往往比较集中，每天都可以面对面进行交流，所以面对面的口头交流也是班组沟通的主要形式。

2. 书面沟通

书面沟通（Written Communication）是指借助文字进行的信息传递与交流。

书面沟通的形式有很多，如通知、文件、通信、布告、报刊、备忘录、书面总结、汇报等。书面沟通是公共关系的工作途径之一，采用书面媒介的形式与公众交流信息，沟通情况，主要用于内部公众之间的沟通，其形式有内部报刊、信件、公告板、标语和各种辅助出版物。内部报刊的形式有普通报纸式、杂志式和文件式，发行方式有赠阅和销售两种。信件也是书面沟通的一种方式。信件有组织信件和私人信件两种。此外还有辅助出版物，如时事通讯、各种手册说明和有关书籍等。

班组沟通中采用书面沟通的比如报告、备忘录、信件、期刊、布告栏等。

为了保证班组的有效管理，每名班组成员都需要严格按照企业要求，完成日常报表填写、工作报告的发送，工作相关信息的上传，接收上级文件等，这些都是通过书面形式来完成的，以确保沟通的有效性。

3. 非语言沟通

非语言沟通（Non-verbal Communication）是指使用除语言符号之外的各种符号系统，包括形体语言、副语言、空间利用以及沟通环境等。

沟通中，信息的内容部分往往通过语言来表达，而非语言则作为提供解释内容的框架，来表达信息的相关部分。因此，非语言沟通常被错误地认为是辅助性或支持性角色。

班组沟通中的非语言沟通有标识、手势、面部表情、其他身体动作等。

班组成员在口头沟通之外，也会采用一些非语言的沟通方式，来应对各种复杂环境的要求，如轨道交通中的手信号就是非语言沟通的一种形式。

4. 电子媒介沟通

电子媒介沟通（Electronic Media Communication）是指通过现代电子技术进行信息传播活动。比如最早出现的是电报、电话，后来出现广播、电影、传真、手机通信、网络等。

各种沟通方式的优点与缺点如表 10.1 所示。

表 10.1　不同沟通方式的优点与缺点

沟通方式	举例	优点	缺点
口头	交谈、讲座、讨论会、电话	快速传递、快速反馈、信息量很大	传递中经过层次愈多,信息失真愈严重、核实越困难
书面	报告、备忘录、信件、内部期刊	持久、有形、可以核实	效率低、缺乏反馈
非语言	体态、语调、声光信号、	信息意义十分明确,内涵丰富,含义隐含灵活	传递距离有限,界限模糊,只能意会不能言传
电子媒介	传真、闭路电视、计算机网络、电子邮件(e-mail)	快速传递、信息容量大、一份信息可同时传递给多人、廉价	单向传递,电子邮件可以交流,但看不见表情

班组沟通中的电子媒介沟通有电话、对讲机、计算机、传真等。

除了常用的口头沟通、书面沟通之外,班组成员还可以通过单位局域网、班组微信群、QQ 群等新媒介进行及时沟通和反馈,这也是较有效的班组沟通形式。

【拓展阅读 10.1】

轨道交通中的手信号

手信号是行车人员直接采用信号旗(见图 10.4)或信号灯的方式下达指示列车行车的各种命令,是非语言沟通的一种体现。通常是在采用电话闭塞法行车时或者列车运行时信号机无法开放以及发生危及行车安全情况时使用。

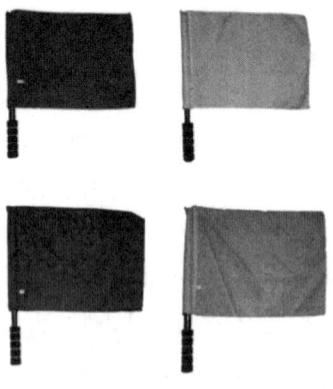

图 10.4　手信号旗

常见的手信号共有以下几种:

1. 停车信号:要求列车停车

昼间:展开红色信号旗;无信号旗时,双臂高举向两侧上下急剧摇动。

夜间：红色信号灯光；无红色灯光时，用白色灯光上下急剧摇动。

2. 发车信号：要求列车发车

绿色信号灯光，上弧线向列车方向做圆形转动。

3. 通过信号：准许列车由车站通过

昼间：展开绿色信号旗。

夜间：绿色灯光信号。

4. 引导信号：准许列车进入车站或车场

昼间：展开黄色信号旗，高举头上左右摇动。

夜间：黄色信号灯光（无黄色信号灯光时用绿色灯光）高举头上作"∞"形转动（子中心起，先向左顺时针转动，后逆时针转动）。

5. 紧急停车信号

昼间：展开红色信号旗，下压数次。无信号旗时，双臂高举头上，向两侧急剧摇动。

夜间：红色信号灯光下压数次，无红色灯光时，用白色灯光上下急剧摇动。

6. 减速信号

昼间：展开黄色信号旗，无黄色信号旗时，用绿色信号旗下压数次。

夜间：黄色灯光信号（无黄色灯光时用绿色灯光）下压数次。

7. 开门信号

昼间：双臂高举头上，作左右分开式。

夜间：白色信号灯光胸前左右摇动。

8. 关门信号

绿色信号灯光高举头上左右摇动。

9. 不开门信号

昼间：双臂高举头上，作交叉式。

夜间：红色信号灯光胸前左右摇动。

10. 关门良好信号

白色信号灯光，上弧线向列车方向作圆形转动。

注意，手信号是在特殊情况下由地铁工作人员使用的，大家平时乘坐地铁时不要随意使用，否则会扰乱地铁的正常运行甚至会引发安全事故。

（二）根据沟通对象进行分类

以班组长为例，根据沟通对象不同可以分为上级沟通、同级沟通、下级沟通三个类别（见图10.5）。

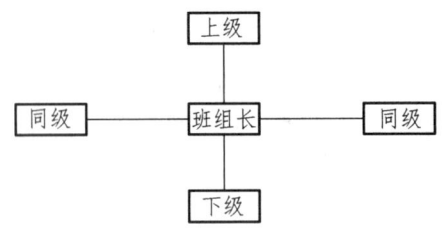

图 10.5 班组长的沟通对象

1. 上级沟通

上级沟通是指与上级管理者进行信息交流、反映情况的过程，如反映近期的生产进度情况、突发事故等。

2. 同级沟通

同级沟通是指与地位相当的人之间的沟通，如不同班组的班组长一起探讨如何管理员工，如何改进工作等。

3. 下级沟通

下级沟通是指管理者与下属之间的沟通，如班组长向班组成员传达近期工作安排、班组间的协调等。

四、班组沟通的技巧

良好的沟通能力是班组长必不可少的一种能力，在面对不同的沟通对象时，应注重相应的技巧，不能一概而论。

（一）上级沟通

1. 积极主动

积极主动首先表现在经常向上级汇报自身工作进展情况，而不是上级去找你问情况；其次对上级交代的事情要积极回应，完成后要告知上级已完成；最后当与上级之间有误解时，要及时寻找合适的时机解释清楚，从而化解上级的"心结"。

2. 沟通目的明确

与上级沟通的目的是获得支持或建设性的意见，从而有利于工作的进行。因此，无论用哪种方式或技巧与领导沟通，其目的都是有助于工作的良好推进。在沟通之前，一定要将自己沟通的目的与思路理清楚，尽量在沟通过程中做到快捷与高效。

3. 尊重上级

要想与上级有效地沟通,首先应该尊重上级。无论上级的能力怎样,下属都应该尊重。这里的尊重是指从行动上和言语上的尊重,但绝不是盲从。不要因为上级的能力不足或者自认为有功劳,就居功自傲,看不起上级。

4. 注意沟通时机与话题

要想与上级有效地沟通,还应该注意沟通时机。不是任何时候都适合和上级沟通聊天,下属还要注意掌握沟通的时机,哪些时候可以去沟通,哪些时候不能去沟通,这很关键,假如没有掌握好时机,可能无法愉快地沟通。另外,不是什么话题都可以与上级沟通,肯定有些话题不能随便说,有些话题也不能随便谈。上下有别,这是最基本的道理,想和上级有效沟通,首先必须选好沟通的话题,注意沟通的话题雷区。

5. 多替上级着想

站在上级的角度去思考问题,有利于形成双向性交流。比如在执行工作的过程中,总会遇到一些难题,为了解决这些难题,应向上级请示。在请示的时候,可以从上级的角度思考一下,应该如何解决这些问题,因此在请示时一方面可说出问题,另一方面也要说出自己想好的解决方案,让上级做选择题,而不是做问答题。

【课堂讨论 10.1】

上级沟通技巧

与上级沟通时要注意沟通技巧,沟通时要多思考,并且注意沟通中的用语等。以下是与上级沟通的一些场景,请以小组为单位进行讨论,并将讨论结果写于下方:

(1)如果上级找到你,有一些额外的事情需要你完成,但是你最近工作比较忙,应该如何与上级沟通?

(2)如果你有工作上的急事需要请示上级,但现在已经是晚上十点了,上级可能已休息了,应该采取什么样的沟通方式更合适?

(1)_____
(2)_____
(3)_____

(二)同级沟通

一般来说,人们在与自己同等级、同层次的人讲话时,表现会比较随意,行为举止会比较自然、大方。但同级之间往往容易产生利益冲突,如工作量的分配、责任的承担等，所以同级沟通也是一个相当难的事情。

1. 明确双方利益

必须找到双方共同利益。同级基本都是工作中的同事，如其他班组的班组长等。同级的利益与工作绩效相关，能为别人达成绩效提供多少能量，这就是同级沟通的共同基础。企业的部门都是相互联系、相辅相成的，没有高低之分，只有相互提携、相互服务，而不是在背后拖后腿，明白这些道理，别人才愿意与你沟通。

2. 提供支持帮助

请同事帮忙时，看看自己能帮对方做点什么，以加快对请托之事的回应速度。要有利他思维，碰到事情、想问题换位思考去想其他部门是如何想的，自己有什么资源、能提供什么服务，为他们解决问题，实现部门业绩，从而实现企业目标。如果只会为自己着想，碰到事情只会落井下石，则不利于企业目标的实现，甚至会被众人遗弃。

3. 加强情感沟通

感情是人际关系的协调器。同级之间的关系应当融洽，互无"心理防线"。这样工作时才会顺心，心情才会愉快。对同级取得的成绩，要表达赞美，真心为对方高兴。但很多情况下，同事取得了一些成绩，一些人不是给予赞美，而是羡慕、嫉妒。

（三）下级沟通

1. 任务沟通要明确

给每个人布置任务的时候，班组长一定要讲明白，工作的要求是什么，工作的标准是什么，确认下属听明白了，并且我们还要跟踪员工的执行情况，观察并了解员工的执行情况是否有变化，会不会有作假的行为出现，怎样检测工作结果才是有效的，这些都需要班组长去跟踪，通过提问、抽查、1对1沟通的形式，尽可能让员工执行到位。

2. 公正——对事不对人

管理也是人，人也会犯错误，而有些下属指出上级的错误，会被穿小鞋，所以不敢讲实话，不敢当面提问题，导致整个团队敢怒不敢言，并且也没有按时完成预期目标，这并不是我们所想的。只要是围绕目标，能提出合理的建议，有用的基本都会采纳，而领导错误被指出来，也不要责怪员工或者给员工穿小鞋，有错就改，达成目标才是关键。

3. 私下建立良好的关系

无论是请班组成员吃饭、吃小零食，还是平时发红包、团队建设、谈点工作之外的事，如生活、家里的情况等。目的就是把关系搞得融洽一些，然后大家在这个工作环境里开心地做事，在需要帮忙的时候，大家都很热心。当然，基层管理平时应该尊重员工，平等地对待员工。

4. 尊重下级

上下级之间的讲话，上级要力求避免采取自鸣得意、命令、训斥、使役下级的口吻说话，而是要放下架子，以平易近人的方式对待下级。这样下级才会对你敞开心扉。谈话是双边活动，只有感情上的贯通，才谈得上信息的交流。

【课堂讨论 10.2】

下级沟通技巧

在与下级沟通时，也需要掌握沟通技巧，这样才能够让班组成员更加团结，更愿意服从管理。以下是与下级沟通的一些场景，请以小组为单位进行讨论，并将讨论结果写于下方：

（1）如果你是班组长，你发现某位班组成员老是出现一些小问题，如上班迟到、工作期间开小差等，应该如何与其沟通？

（2）如果你是班组长，明天工作时间有上级领导要过来检查班组的工作情况，应该如何与班组成员沟通？

（1）_____
（2）_____
（3）_____

五、班组沟通常用的形式

班组沟通常用的形式有很多，具体包括班组长谈心、文件解读会、班组信息公告栏、网络沟通、班组聚会、班组长信箱、班组辩论会等。

1. 班组长谈心

班组长与员工之间可以建立谈心制度，班组长可定期与员工进行沟通，分享工作、生活中的快乐与经验，了解和掌握员工的思想动向，关心员工关注的热点、难点、焦点问题，设法帮助员工解决。当员工情绪低落时，班组长要及时了解原因，如果班组成员家庭出现重要事情时，要表达关注、关怀，提供一定的支持和帮助；如果班组成员工作方式有偏差，遇到了困难无法解决时，应及时帮助其分析原因并提出改进的办法。员工取得优异成绩时,班组长要表达对组员的赞赏,并提出对组员更高的工作期望。

2. 文件解读会

班组长在班组中要上传下达,要准确理解、把握上级文件精神,消化、吸收后再结合班组实际情况,因地制宜地详细传达文件、布置工作。班组长要按照工作的实际需要,及时开展文件解读会,向组长详尽地解读最新文件,并进行讨论,聆听组员的意见和建议,不断改进工作。

3. 班组信息公告栏

班组信息包括业务文件、班组班务安排、绩效考核、评选活动结果以及临时通知等,可通过板报、企信通、博客等方式向组员公布班组最新信息。

4. 网络沟通

通过微信、QQ等网络形式进行班组沟通,通过成立班组内部QQ群、微信群,或者班组成员按照工作需要成立其他虚拟团队群。网络沟通可以方便班组工作的信息交流,提高信息传递效率,在群空间轻松的环境下自由沟通、交流业务,方便快捷地传送文件,以发布群公告让成员了解近期的最新工作安排和活动,分享快乐、经验,交换意见。

5. 班组聚会

班组沟通不仅局限于工作内容,也可以在工作之余开展。通过班组成员聚会的形式开展沟通,这更有利于班组成员之间的感情培养,促进班组成员的团结(见图10.6)。具体包括以下几个方面:

图 10.6 班组聚会

(1)生日会。

班组集中每季度举办一次集体生日会,为同季度生日的组员庆祝生日,一方面,能加强班组成员之间工作以外的沟通；另一方面，能充分体现以人为本的企业精神，让员工感受公司、班组对员工的关心，增强班组的凝聚力和归属感，进一步激发每一位员工的工作热情。

（2）班组茶话会。

班组成员可能在工作时间将全部精力放在工作、服务上，但对班组成员工作之余的兴趣爱好等，可以通过茶话会的形式进行充分沟通，谈谈自己最近看的电影、聊聊自己的瑜伽课、想想下一步的学习计划……让班组成员在充分的休闲、放松之后，以充沛的精力投入接下来的工作中。

（3）家属联欢会。

班组每季度举行一次不同形式的家属联欢会，邀请组员家属一起参加，公布优秀组员的业绩，对家属给予一定的表彰和奖励，使家属对组员工作有进一步的了解，密切组员家庭之间的联系，从而促进家属对组员工作的理解和支持，保持公司与家庭之间和谐的关系。

6. 班组长信箱

班组长须及时了解、掌握组员对自己管理风格、管理方式的意见和建议，并积极改进，与组员共同成长。通过设立班组长信箱，组员可以通过匿名的方式向班组长反映心声、反映困难。班组长定期进行收集，将相关的意见和解决办法、建议通过班组的小板报进行反馈。

7. 班组辩论会

班组可以提前拟定辩论主题，确定正反方，由班组成员轮流担任辩论会主席，按照一辩、二辩、自由辩手等角色，围绕主题开展针锋相对、有理有据的辩论。班组成员可不定期在中午用餐时间或下班前15分钟前，集体对某个工作话题进行辩论，各抒己见，以活跃班组讨论氛围，交流班组成员思想，提升大家的思维力和逻辑力。

【课堂讨论 10.3】

班组沟通的其他形式

除了以上常用的班组沟通形式外，还可以通过哪些方式开展班组沟通？

请以小组为单位进行讨论，并将讨论结果写于下方：

（1）_____

（2）_____

（3）_____

第二节　班组激励

一、班组激励的定义

激励（Incentive）就是激发和鼓励，是通过各种有效的方法去调动员工的积极性和创造性，使员工努力去完成组织的任务，实现组织的目标。

班组激励（Team Incentive）是通过各种有效的方法去调动班组员工的积极性和创造性，使员工努力完成班组任务，实现班组工作目标。

激励是管理过程中不可或缺的环节和活动。有效的激励会点燃员工的激情，促使他们的工作动机更加强烈，让他们产生超越自我和他人的欲望，并将潜在的巨大内驱力释放出来，为企业的远景目标奉献自己的热情。

二、班组激励的类型

不同的激励类型对班组员工的行为过程会产生程度不同的影响，所以激励类型的选择是做好员工激励工作的一项先决条件。激励包括有物质激励与精神激励、正激励与负激励、内激励与外激励等不同类型。

1. 物质激励与精神激励

物质激励（Substance Incentive）是指运用物质的手段使受激励者得到物质上的满足，从而进一步调动其积极性、主动性和创造性。

物质激励具体包括资金、奖品等。

精神激励（Spiritual Incentive）是指精神方面的无形激励。

精神激励具体包括向员工授权，对他们的工作绩效的认可，公平、公开的晋升制度，提供学习和发展进一步提升自己的机会，实行灵活多样的弹性工作时间制度以及制定适合每个人特点的职业生涯发展道路等。

虽然物质激励与精神激励两者的目标是一致的，但是它们的作用对象却是不同的。前者作用于人的生理方面，是对人物质需要的满足，后者作用于人的心理方面，是对人精神需要的满足。随着人们物质生活水平的提高，人们对精神与情感的需求越来越迫切。比如期望得到爱、得到尊重、得到认可、得到赞美、得到理解等。

2. 正激励与负激励

正激励（Positive Incentive）是当一个人的行为符合组织的需要时，通过奖赏的方式来鼓励这种行为，以达到持续和发扬这种行为的目的。

负激励（Negative Incentive）是当一个人的行为不符合组织的需要时，通过制裁的方式来抑制这种行为，以达到减少或消除这种行为的目的。

正激励与负激励作为激励的两种不同类型，目的都是对人的行为进行强化，不同之处在于两者的取向相反。正激励起正强化的作用，是对行为的肯定；负激励起负强化的作用，是对行为的否定。

3. 内激励与外激励

内激励（Internal Incentive）是指由内酬引发的、源自工作人员内心的激励。

内酬是指工作任务本身的刺激，即在工作进行过程中所获得的满足感，它与工作任务是同步的。追求成长、锻炼自己、获得认可、自我实现、乐在其中等内酬所引发的内激励，会产生一种持久性的作用。

外激励（External Incentive）是工作本身和完成工作任务无内在联系的各种外在奖酬所引起的激励作用之和。

外激励具体包括提高工资、增加奖金、提升职务等。

外酬是指工作任务完成之后或在工作场所之外所获得的满足感，它与工作任务不是同步的。如果一项又脏又累、谁都不愿干的工作有一个人干了，那可能是因为完成这项任务，将会得到一定的外酬——奖金及其他额外补贴。一旦外酬消失，他的积极性可能就不存在了。所以，由外酬引发的外激励是难以持久的。

三、班组激励的原则

1. 目标结合原则

班组激励的目标设置必须体现出组织目标的要求，否则激励将偏离实现组织目标的方向；还必须满足个人要求，否则无法提高员工的目标绩效，达不到满意的激励程度。只有将组织目标和个人目标相结合，使组织目标包含较多的个人目标，才能收到良好的激励效果。

2. 物质激励和精神激励相结合的原则

物质需要是人类最基本的需要，是单层次也是最低的，所以物质激励的作用是表面的，激励深度有限，应把重心转移到满足到高层次需要即社交、自尊、自我实现需要的精神激励上去。换句话说，物质激励是基础，精神激励是根本。激励应在结合两者的基础上，逐步过渡到以精神激励为主。

3. 外激励与内激励相结合的原则

如果工作能让人们发挥其所长，让人喜欢这项工作，那么工作本身就是一种激励，它能较持久地维持人的动机水平。这与外激励有本质区别。外激励任何时候都是必不可少的，但是管理只有从内激励上去努力，才能从根本上调动员工的积极性，而单靠外激励是不全面的。所以只有将外激励与内激励，以及将人的自然需要与社会需要结合起来，才能取得最大的激励效果。

4. 正激励和负激励相结合的原则

单纯的正激励或单纯的负激励都难以取得理想的效果，把握正激励和负激励的结合点的关键是要分清楚员工的行为是正确的还是错误的。正确的行为用正激励去强化，错误的行为只能用负激励去避免。

正激励和负激励作为两种相辅相成的激励类型，它们从不同的侧面对人的行为起强化作用。正激励是主动性的激励，负激励是被动性的激励，它是通过对人的错误动机、行为进行压抑和制止，促使其幡然悔悟，改弦更张。正激励与负激励都是必要而有效的，因为这两种方式的激励效果不仅直接作用于个人，而且会间接地影响周围的个体与群体。

5. 按需激励原则

激励的起点是满足员工的需要，但员工的需要存在着个体差异和动态性，因人而异、因时而异，并且只有满足最迫切需要的措施，其效果才好，激励强度才大。所以必须深入地进行调查研究，不断理解员工需要层次和需要结构的变化趋势，有针对性地采取激励措施，才能收到实效。

6. 民主公正原则

民主公正是激励的一个基本原则，民主公正就是赏罚严明并赏罚适度，对待所有员工都一律同仁。

四、班组激励的具体措施

班组激励在班组管理中无处不在，班组中就常有这样的说法："与其责怪员工不努力，不如激励其潜能。"因此，班组长应根据激励原理，参考员工需要采取不同激励方式，最大限度地发挥员工的积极性、主动性和创造性。具体的激励形式如下：

1. 薪酬激励

对业绩较为优秀的员工进行绩效薪酬奖励，并可在一定范围内提升其绩效奖励比例。

（1）根据员工当月绩效考核指标总体完成情况进行合理性调整，兑现当月绩效奖金，不断激励员工。

（2）通过当月绩效考核，班组工作质量、班组工作完成率都达到公司优秀指标，评选为优秀员工。

（3）负责新员工培训指导的员工，按新员工试用要求期限内完成各项培训及技术传授指导工作，受培训人员个人能力达到转岗要求或掌握基本操作能力，培训期间培训人月基本绩效上调。

2. 荣誉激励

对为班组做出贡献的员工赋予一定的荣誉称号，如评选为优秀员工。

具体包括如下内容：

（1）服从班组管理，能自发向班组提出建议，如班组管理、班组建设、质量控制等方面的意见，并得到有效推行，成绩效果显著的员工。

（2）生产工作中能以身作则，善于团结同事，得到班组推荐的员工。

（3）班组工作个人完成表现出色和为班组赢得荣誉的员工。

（4）班组巡检工作到位，工作积极主动，能提前发现和预防班组存在的问题并及时上报得到有效解决的员工。

（5）不定期向公司简报投稿并得到刊登及对公司有突出贡献的个人。

3. 竞赛与评比激励

竞赛与评比激励法，是指通过组织开展正确的竞赛与评比活动，以增加员工不甘落后的压力感和奋发向上的竞争心的激励方法。具体包括以下方式：

（1）定时开展班组劳动竞赛，对竞赛期间获得荣誉的团队或个人给予劳动用品及其他生活用品的奖励。（见图10.7）

图 10.7　班组劳动竞赛

（2）劳动竞赛当月工作完成率、工作质量评比，提取成绩优秀的班组或个人进行奖励，对成绩落后的班组和个人给予一定的鼓励，激发其工作积极性。

（3）操作技能的评比，通过以技能竞赛等形式开展不同岗位级别人员的评比，以此激励个人技能的提升，并增强自信心。

（4）利用班组活动的开展，组织一些形式多样的比赛，对获得前几名的员工给予奖励，充分调动员工积极参与的意识。

【拓展阅读 10.2】

成都地铁开展职工技能大赛

9月19日,成都市总工会主办、成都轨道集团下设的成都交通高级技工学校共同举办了"建功新时代建设新天府"2019年成都百万职工技能大赛轨道列车司机和值班员大赛,比赛现场精彩非凡。

成都地铁自2010年9月27日开通1号线以来,坚持以轨道交通引领城市发展格局为使命,为不断提高地铁运营服务水平、持续提升城市群众的出行环境不断努力。此次比赛将轨道列车司机和值班员项目列入成都百万职工技能大赛,正是大力弘扬工匠精神,为成都轨道交通发展培养高素质技术技能型人才的有效措施。

竞赛以考核技能人员的综合职业能力和应急处置能力为核心,轨道列车司机决赛项目分别为"故障处理""救援连挂""驾驶技能"。在本次司机比赛项目中,参赛选手展示了成都地铁的应急处置能力和精准的对标水平,裁判员也不由得竖起大拇指称赞。

在轨道值班员决赛现场,参赛选手们正通过对讲机与司机进行沟通,快速处理单道门无法开启和多道门无法关闭故障。"上行司机请重新开关站台门""粘贴故障纸""站台门安全,向司机显示信号"。伴随着口令,参赛选手熟练标准地进行了一系列操作,展示了成都地铁值班员标准化作业、快速处理故障的水平和能力。

经过几天的激烈角逐,比赛最终评选出6名优胜的列车司机和值班员,并授予"成都市技术能手"称号,第一名获得"五一劳动奖章"称号。

——引自《天府早报》,2019-09-19。

4. 精神激励

(1)利用班前班后会,对当天工作成绩表现优秀的员工进行通报表扬,肯定和鼓励其阶段性的工作业绩,对存在的不足进行帮助引导。

(2)根据当月绩效考核结果,做好当月绩效突出团队、优秀团队、月度优秀员工的评比,并在班组范围内表彰通报。

(3)在兑现绩效奖励的同时做好班组的宣传及通报表扬,以增强员工的集体荣誉感和个人成就感。

5. 关心激励

(1)建立班组员工生日情况表、签发员工生日贺卡,关心慰问困难员工,充分体现公司对员工的关怀。

(2)不定期地举行聚餐、茶话会、郊游等积极向上的班组活动,使大家在工作之余有交流的机会,在轻松的气氛中促进大家的交流和感情,用另一种方式化解矛盾、消除隔阂。组织大家积极参与企业举办的各种文化活动，鼓励在某些有特长的员工充分展现自己的才华，为班组争取荣誉，激发大家的集体荣誉感。

（3）通过个别交流保持对于员工个体的关注，因时、因人、因事与员工进行个体交流、指导，在交流中充分考虑对方的内心感受，给予员工充分表达的机会，形成双向交流，对等互动。

6. 培训激励

（1）做好班组员工的技术指导及培训工作，对接受适应能力快的员工进行多种方式的鼓励，如岗位调整或通报表扬等。

（2）通过考核对成绩优秀的员工提供各种内部培训和外派培训的机会，通过培训不断提升员工的工作能力，促进员工个人发展和公司发展相结合。

（3）对绩效表现不佳者，公司也提供岗位适应性再培训。通过培训改善员工工作态度和提高员工工作能力，促使绩效表现差的员工也能适应并达到岗位要求。

（4）为半年内绩效考核达到优秀的员工优先提供岗位晋升机会。

（5）年内工作业绩达到优秀的员工优先获取年度优秀员工荣誉称号，并得到公司优先外派培训的机会。

7. 职位晋升

通过全方位绩效考评，对绩效突出、素质好、有创新能力的优秀员工，通过岗位轮换、个性化培训等方式，从素质和能力上进行全面培养，随着公司发展，需要补充和调整人员时，优先予以提拔重用。

8. 班组激励的注意事项

（1）班组激励制度要确保在班组内部每月实施一次，使激励制度对员工的激励作用具有持续性，永葆员工工作热情。

（2）班组激励制度的实施过程要确保公平、公开、公正，使每位优秀员工都有机会获得相应的激励奖励。

（3）班组激励制度的奖励方式要兼顾物质奖励和精神奖励，不能偏一。如果一味推行物质奖励，将会使制度实施充满金钱气息，与制度实施的目的、意义相违背；如果一味推行精神奖励，将会使人缺乏激情、缺乏竞争的动力。

（4）班组长要充分利用领导的权威和力量，与优秀同事、班组的上级领导，一起分享该同事的成功案例，让受激励的同事在上级领导面前得到表现。

（5）班组激励要向外显性化，将优秀同事的事迹最大限度地让外界知晓。

（6）班组激励的方法、手段要采取原则性和艺术性相结合的办法。班组管理人员应对每个人的情绪、性格有个全面的了解，针对他的性格及情绪波动的变化采取相应的灵活的激励方法，提高每个班组成员的积极性，使班组永葆活力。

【课堂讨论 10.4】

其他班组激励形式

除了以上常用的班组激励形式外,还可以通过哪些方式开展班组激励呢?

请以小组为单位进行讨论,并将讨论结果写于下方:

(1) _____

(2) _____

(3) _____

第十一章　班组会议组织

知识目标

（1）理解会议的概念与分类。
（2）了解会议的组织与准备。
（3）了解班组会议的定义与类别。
（4）了解班前会的步骤。

能力目标

组织小型的班组会议。

关键概念

会议、班组会议、轨道交通企业班组会议组织。

知识框架

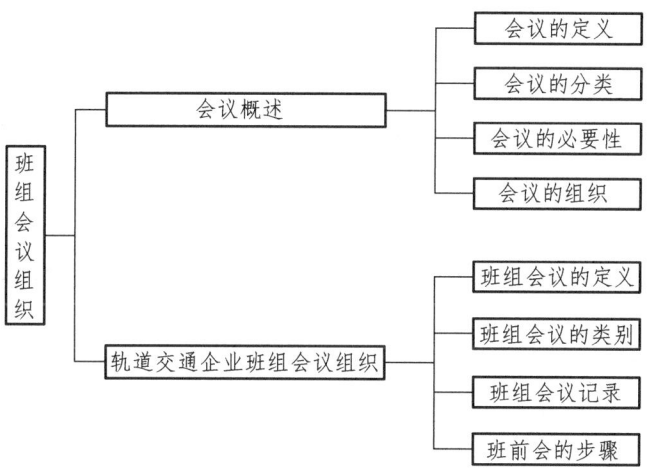

图 11.1　知识框架

第一节　会议概述

一、会议的定义

会议（Meetings）是人们为了解决某个共同的问题或出于不同的目的聚集在一起进行讨论、交流的活动。

会议是一种普遍的社会现象，几乎有组织的地方都会有会议，会议的主要功能包括决策、控制、协调和教育等。日常工作中，我们常常会通过开会来布置、协调、研讨工作。各种各样的会议名目繁多。那么，在实际工作中会议有多重要，或者说开会的意义有多大呢？会议的作用主要可概括为以下4个方面：

1. 集思广益

通过会议使不同的人、不同的想法汇聚一堂，相互碰撞，擦出火花，从而产生一些富有创意、切实可行的"金点子"，并通过会议进行决策，是实现决策科学化、民主化的有效手段。

2. 信息交流

任何会议都是某种信息的输入、传递、输出的过程。通过会议可以上传下达，联络左右，互通情况，交流经验，发挥信息沟通的作用。较之其他沟通形式，会议沟通具有直接、快速和形象的优势。

3. 加强领导

通过会议，可以传达上级的政策和指令，可以部署本组织的中心工作和重大行动，可以责成所属单位统一行动步调，可以解决工作中存在的某些问题。因此，会议能起到行政手段的作用。

4. 协调矛盾

运用座谈、对话、协商等会议形式，往往能收到事半功倍的协调效果。

二、会议的分类

会议可以分为不同的种类，每类会议都有其各自的特点和要求。

1. 按会议规模分类

根据会议的规模即参加会议的人数，可将会议分为小型会议、中型会议、大型会议及特大型会议。

（1）小型会议：出席的人数少则几人，多则几十人，但是不超过100人。

（2）中型会议：出席人数在100～1 000人。

（3）大型会议：出席人数在1 000～10 000人。

（4）特大型会议：人数在10 000人以上，如节日聚会、庆祝大会等。

2. 按会议性质分类

按照会议的性质和内容划分，可以有如下分类：

（1）法定性或制度规定性会议：如党代会、人代会、职代会、妇代会、股东大会等。

（2）决策性会议：如常委会、党组会、理事会、行政会、董事会等。

（3）工作性会议：如动员大会、工作布置会、经验交流会、现场办公会、总结会、联席会、座谈会、协调会、务虚会等。

（4）专业性会议：如研讨会、论坛、听证会、答辩会、专题会、鉴定会等。

（5）告知性会议：如表彰会、纪念会、庆祝会、庆功会、命名会等。

（6）商务性会议：如招商会、订货会、贸易洽谈会、观摩会、广告推介会、促销会等。

（7）联谊性会议：如接见、会见、茶话会、团拜会、恳谈会、宴会等。

（8）信息性会议：如新闻发布会、记者招待会、报告会、咨询会等。

3. 按会议区域分类

按区域分是指按会议代表来自的范围划分，可分为：世界大型会议、国际会议、全国会议、区域会议、单位或部门会议等。

（1）世界大型会议：数国以上的代表为解决互相关心的重大国际问题、协调彼此利益，在共同讨论的基础上寻求或采取共同行动（如通过决议、达成协议、签订条约等）而举行的多边集会，如世界贸易组织部长级会议（WTO）、G20峰会、联合国海洋法会议、世界人口会议、世界能源会议等。

（2）国际会议：以共同讨论国际问题、协调彼此利益，寻求或采取共同行动等为目的由多国成员共同举行的会议，如国际经济合作会议等。

（3）全国会议：由国家相关部门进行召集，对涉及全国人民相关的问题进行探讨的会议，如全国人民代表大会、全国人大常委会等。

（4）区域会议、单位或部门会议：由相关区域机关部门、单位机构、部门进行召集，对相关问题进行探讨的会议。

4. 按会议形式分类

按照会议召开的形式，可以将会议分为现场会议、视频会议、电话会议等。

（1）现场会议：现场会议的特点是直观，既是会议又是观看的场所，这样的会议效果比较好，比如可以以一个专题去组织会议，可以到田间地头去开，可以到工厂学校、建筑工地去开。这样的会议解决问题比较快，有说服力，是一种好的会议形式。

（2）视频会议：通过网络通信技术来实现的虚拟会议，使在地理上分散的用户可以共聚一处，通过图形、声音等多种方式交流信息，支持人们远距离进行实时信息交流与共享、开展协同工作的应用系统。视频会议极大地方便了协作成员之间真实、直观的交流，对于远程教学和会议有着举足轻重的作用。

（3）电话会议：利用电话机作为工具，利用电话线作为载体来开会的一种新型会议模式。与传统会议相比，具有会议安排迅速，没有时间、地域限制，费用低廉等特点。

【拓展阅读 11.1】

视频会议在疫情期间的应用

受疫情影响，2020年的春节假期后，全国来了一场最大规模的"在家办公"，视频会议等远程办公软件备受重视，视频会议已是一种不可阻挡的趋势。

视频会议系统主要应用于企业远程视频通信、异地业务开展等场景中。近年来，云技术的成熟应用提升了视频会议系统的应用场景，视频会议逐步覆盖到个人电脑、智能手机、iPad等移动终端上，云际视界云视频会议支持电话、电脑网页、手机APP、微信小程序、专业会议室终端多种方式入会。疫情期间，远程视频会议成为众多企业部署工作、远程汇报的主要手段，这使远程视频会议首次大规模应用于众多企业办公之中。同时，教育机构、医疗机构借助视频会议系统开展远程教育、远程医疗等工作，进一步拓宽了视频会议使用场景。

各大互联网巨头也在此期间推出自己的会议APP，腾讯公司在2019年12月底推出了腾讯会议APP，提供实时共享屏幕、支持在线文档协作，300人在线会议等功能。而华为公司也推出WeLink APP，这个软件源自华为内部实践，为企业打造联接团队、设备、业务、知识的全联接数字化工作平台，构建

【发散思维】

想一想，班组会议属于哪一种类别的会议？

（1）_____
（2）_____
（3）_____

企业专属的安全、开放、智能的工作空间，助力企业数字化转型。阿里巴巴也推出了自己的钉钉APP，为中国企业打造了免费沟通和协同的多端平台。

视频会议已经渗透到各个党政机关、金融、医疗、教育等行业。以教育行业为例，在疫情期间，清华大学教师方方就采用了雨课堂和腾讯会议同步嵌套的方式展开，既能通过雨课堂保障选课学生的课程学习需要，又能通过腾讯会议使更多校友在线观看学习。"我们要开通旁听权限，与更多的学生和校友分享金融实务课堂"，开课前几小时，课程负责人做了这一决定。根据课程内容和学生反馈随时调整、丰富授课形式和服务，使更多人能够聆听金融巨擘的知识分享，共享优质的教学资源，让行业洞察走向学生和校友。

三、会议的必要性

组织会议需要花费时间和精力,每次召开会议之前应该仔细考虑,是否有必要开会,有没有其他的方式可以比开会更有效。因此,如果要组织一次会议,首先需要考虑会议是否必要。如果会议是必要的,还需要考虑会议的实施要素:什么情况下有必要开会,什么情况下没必要开会,开会的人选如何确定,开会的议程怎样去准备,会前怎样准备,会议什么时候开始,会议中如何去遵守时间,如何主持及控制会议,会议的总结,会议记录以及会议遗留任务的闭环跟踪,记录会议的概括以及具体执行的备案等。

什么情况下有必要开会?开会开得好是一种效率,开得不好就是浪费时间。因此,首先应确定哪些情况下必须开会。具体可以通过以下方法来进行判断:

(1)需要通过讨论来获得最佳的决策,需要开会。

(2)需要听取多方面的意见,获得别人的支持需要开会。

(3)需要听取不同的意见,达成共识,共同完成某项工作需要开会。

(4)传递会议的内容复杂但是很重要,要求所有的人都要正确理解的需要开会。

(5)身体语言和口头表达在传递信息中起着重要的作用,可以激励士气。

(6)汇报项目的进度,协调多方的合作需要开会。

在工作中,最常见的就是开会,而开会在一些人心目又往往是浪费时间的代名词。有很多情况是没有必要开会的,比如以下的情形就没必要开会:

(1)传递一般信息给许多人,可以用网络途径进行分发。

(2)已经有例会了,可以安排在例会上讨论。

(3)资料未收集齐备或者起决定作用的人无法参加,不用开会。

(4)如果是决策人,并且知道如何决策,再让其他人来参加可能会把事情复杂化,并且拖延时间。

【课堂讨论 11.1】

会议的必要性分析

生活中的会议有很多,想一想你所经历过的会议,分析一下这些会议是否有必要进行,或者是否需要改进?

以小组为单位进行讨论,并将讨论结果写于下方:

(1)_____

(2)_____

(3)_____

四、会议的组织

会议的组织过程大致包括会议的开始、主持与控制会议、会议的总结、会议记录等过程。

（一）会议的开始

1. 介绍与会者

如果是互不认识的话，首先要介绍与会者。这是一种礼貌，因为如果没有介绍不认识的客人，会给人一种不被尊重的感觉。想想看，一个人在开会时如果觉得没有受到尊重，请问这个会议有效吗？

2. 说明会议规则

会议规则是开会过程中应当遵守的秩序和规则。会议规则需要在会议开始前向全体人员进行强调，以保证会议的正常进行。例如：今天的会议是一个什么样的会议，第一不准抽烟，第二请所有的人把呼机、手机全部关掉，第三请所有的人不要随便走动。

3. 介绍会议议程

会议议程是为使会议顺利召开所做的程序性的工作，是会议需要遵循的程序。在会议正式开始前，要向所有参会人员介绍会议议程。

4. 指定会议记录员

会议过程中，需要由相关记录人员把会议的组织情况和具体内容记录下来，这需要在会议开始时就明确指定由谁来负责。

（二）主持与控制会议

1. 收集信息、鼓励发言

如果会议不是在听主持人说，也不是在听承办单位说，会议可能是解决问题，可能是做一个信息的传达，还可能是做一个会议的讨论，特别是对事情的讨论协调等。

怎样鼓励大家发言，可以提问与会者：大家对此有什么意见？各位对这个产品有哪些看法？大家也可以看一下这个产品怎样定价？

主持会议的人要掌握技巧，要学会打破冷场。

主持会议的人一定要注意避免走题。走题是浪费时间，是会议的失败，要明确会议的目标和内容，抓紧议程，严格按照议题逐步讨论。

2. 中断冗长的发言

对于冗长的发言，要表示理解发言者的观点和意见，及时让他中断，向别人发问。

还有一种就是处理与会者之间的争论，会议主持者应该表明立场。

打断讨论，征求沉默者的意见，这也是控制会议的一种技巧。

3. 维持会场秩序

作为会议的主持人，选择能够同时看得见所有与会者的位置，可以看到全场。规定同一个时间内只有一个人发言，禁止交头接耳。保持与会者的注意力，对开小差那种中途遛班的或者一直沉默的人可以用提问法让他参与讨论，提示他发言。

（三）会议的总结

开会也是一种激励，要善于去做小结。会议结束前，应该由主持人总结会议讨论的结果，以达成一致的方案，确认行动计划。行动计划至少要明确由谁执行什么任务，何时完成。

主持人应该确保每个与会者都对采取的行动做出承诺。

（四）会议记录

每次会议都要有记录文件存档，目的是方便以后补充。同时，可以作为下一次会议的参考，并保证与会者没有借口声称不知道会议上讨论的任何事情。

会议记录要求忠于事实，不能夹杂记录者的任何个人情感，更不允许有意增删发言内容。会议记录一般不宜公开发表，如需发表，应征得发言者的同意。

会议记录必须包括会议名称、会议时间、参加人员名单、缺席人员名单、何人做何事等与会议有关的内容。会议记录表如表11.1所示。

表11.1　××会议记录

会议名称			
会议时间		会议地点	
主持人		记录人	
参加人员			
缺席人员			
会议内容			
备注			

【课堂讨论 11.2】

会议组织的要点

谈谈你所经历过的会议,分析一下组织会议需要注意哪些要点?

以小组为单位进行讨论,并将讨论结果写于下方:

(1) _____

(2) _____

(3) _____

第二节 轨道交通企业班组会议组织

一、班组会议的定义

班组会议(Team Meeting)是班组进行人员清点、作业指示、生产总结、培训教育、信息交流等的会议。

开展班组会议是为了及时总结分析班组工作中存在的问题,明确班组工作重点和工作目标,讨论制定班组工作计划和实施办法,安排部署班组工作具体任务,确保班组工作质量不断提升,切实强化各单位基础管理水平。

二、班组会议的类别

1. 班前例会

根据班组实际生产安排,在开班之前,班组长要组织召开班前例会。班前例会的具体要求如下:

(1)班前例会以小组为单位在班组生产现场召开,主要以班组长发言进行点评为主。会议时间控制在 10~20 分钟,特殊情况需要延长会议时间则由班组临时决定。

(2)会议内容涉及工作安排、分解落实责任,传达班组内部要求、工作要求等事项,介绍班组工作目标及班组生产情况和上级要求,规章制度。

(3)及时反馈班组内涌现的值得点评的事,讲评工作对事不对人,以表扬与肯定为主,提出批评时要先肯定成绩再指出不足。

【拓展阅读 11.2】

长沙地铁举办"班前会"标准化评选

今天我当班，我承诺：严格遵守安全规章制度，自觉履行安全生产责任制，严格执行安全生产操作规程，拒绝违章指挥，对公司负责，对乘客负责，对工友负责，对自己和家庭亲人负责，永不违章。

——长沙地铁安全宣誓词

一句句口号响亮的誓词，每天都会在长沙地铁一线生产岗位"班前会"上响起。为弘扬在岗安全意识，贯彻标准化作业理念，长沙地铁举办各岗位"班前会"标准化评选。

顾名思义，"班前会"即指各一线生产岗位班组上岗前的工作会。鉴于地铁生产岗位昼夜轮班 24 小时不间断的特点，"班前会"作为企业文化的载体，不仅是传达企业讯息、安排具体工作、巩固业务知识的重要渠道，而且能够加强内部员工交流，共同保证地铁安全运营。

车务人员：

值班站长班前会上通报上一班安全情况和存在问题，并重点强调当班施工安全风险点及把控措施，并带领所有车务人员练习服务标准化动作。

电客车司机：

电客车司机因上班时间跟车而定，出勤时间跨度大，为确保班前会信息及时传达，采用特有的抄写运行揭示。

列车检修团队：

车辆段列车检修团队设置有"班前班后会"，班前组织安全宣誓、分配检修任务、安全教育学习，班后总结确认作业效果和现场复原情况，顺利交接给下一班检修同事。

运营控制中心：

地铁运营控制中心作为"运营大脑"，班前会不仅要做好所有类别调度例行注意事项交代，还需具体交接调度运转情况。

安全生产始终是长沙地铁常抓不懈的重要环节，"班前会"已成为保障长沙地铁安全运营的一项重要制度。目前，长沙地铁已安全运营 1 500 余天。长沙地铁时刻践行安全意识，捍卫安全红线，推进标准化建设，落实企业安全生产责任制，为市民提供安全、有序、正点、优质的运营服务。

——引自长沙地铁。

2. 班组骨干例会

根据班组实际生产安排和实际情况，每月由班组长组织召开班组骨干例会一次，如有特殊情况，根据需要增加会议次数（见图11.2）。班组骨干例会的具体要求如下：

图11.2 班组骨干例会

（1）班组骨干例会主要以班组主要工作研讨为主。会议的具体流程为：首先班组进行发言，总结上月度工作以及存在问题，同时梳理本月度的工作重点和难点。

（2）班组骨干例会在创新工作室召开，会议时间大约30~60分钟，要求大家做好相应记录，认真参与会议，每月至少两次。

（3）会议过程主要是班组长与班组骨干成员进行工作交流。

根据班组关键指标设定班组主要目标，并且根据关键指标确定本月度工作重点。找出上一阶段工作存在的问题纳入问题清单，并且讨论解决方案，同时有些技术难题，可利用五步行动法解决，并且形成方案；总结上一阶段工作的成功经验，并且形成标准化；梳理本月度工作的重点难点并且纳入问题清单。

3. 班组全员例会

根据班组实际生产安排，每周或每月由班组长组织召开班组全员例会。班组全员例会的具体要求如下：

（1）班组全员例会主要以班组工作安排为主。对本周、本月的工作进行一个概括性总结，对本周工作中存在的问题进行分析并改善，同时建议每人提出个人意见，工作有进展难度时，提出帮助请求，并集体讨论解决。

（2）会议内容主要传达班组内部要求、工作要求等事项，说明班组工作目标及班组生产情况和上级要求，并及时更新班组规章制度。

（3）每月度公布班组优秀员工以及优秀班组，树立班组标杆。同时，对班组内涌现出的优秀员工进行宣传表扬，并且对于上周、上月工作中出现的失误进行点评。

4. 增补临时会议

临时会议召开情况如下：

（1）工作过程中，在规定时间内如果例会召开不方便或者有其他原因无法召开，那么由工段长口头通知会议人员，并且增补会议。

（2）在日常生产过程中，如有必要（如产生严重质量安全问题时），需要召开临时会议时，要做好详细记录，内容视具体情况而定。

三、班组会议记录

班组中应有专人负责会议签到、会议内容记录并做会议考核，会议记录由班组长保管。所有会议材料都要分类整理好。各部门与会人员均应记录会议要点，与本身工作相关的内容应详细记录。

班组会议记录应满足以下要求：

（1）准确写明会议名称（要写全称），开会时间、地点，会议性质。

（2）详细记录会议主持人、出席会议应到和实到人数，缺席、迟到或早退人数及其姓名、职务，记录者姓名。如果是群众性大会，只要记录参加的对象和总人数，以及出席会议的较重要的领导即可。如果某些重要的会议，出席对象来自不同单位，应设置签名簿，请出席者签署姓名、单位、职务等。

（3）真实记录会议上的发言和有关动态。

会议发言的内容是记录的重点。其他会议动态，如发言中插话、临时中断以及别的重要的会场情况等，也应予以记录。

记录发言可分摘要与全文两种。多数会议只要记录发言要点，即发言者讲了哪几个问题，每一个问题的基本观点与主要事实、结论，发言的态度等，做摘要式的记录，不必"有闻必录"。某些特别重要的会议或特别重要的人物的发言，需记下全部内容。有录音机的，可先录音，会后再整理出全文；没有录音条件，应由速记人员担任记录；没有速记人员，可以多配几个记得快的人担任记录，以便会后互相校对补充。

（4）记录会议的结果，如会议的决定、决议或表决等情况。

会议记录要求忠于事实，不能夹杂记录者的任何个人情感，更不允许有意增删发言内容。会议记录一般不宜公开发表，如需发表，应征得发言者的审阅同意。

具体的班组会议记录表如表 11.2 所示。

表 11.2　检修班组周安全会议纪要

班组名称	检修班组	会议类型	周安全例会
会议时间	2020.5.20　9:00-10:00	会议地点	班组会议室
主持人	张某某	记录人	李某某
参加人员	李某某、张某某、王某某、周某某		
缺席人员	无		

续表

会议内容	简要内容： 1. 加强安全意识，服从管理。 2. 严禁在工作现场做与工作无关的事情。 3. 各组需进行工作人员培训，掌握人员数量及情况，分工应明确。 4. 在施工中遇到问题需要协调的，提前上报项目部。 5. 各组的工作现场应按标准化作业流程进行。 6. 工作现场劳动安全器具的配置要到位。 7. 工作现场抓好安全，安全第一，质量是重点。
备注	

四、班前会的步骤

顾名思义，班前会是班组每天工作前开的会，是对每天工作的具体安排，工作中要注意的安全事项。班前会的内容是丰富多彩的，除了由班长（科长、部长）做工作安排外，还可以让组员在会上就本职工作各抒己见，谈谈自己对本职工作的看法，把工作中的难题说出来，让组员讨论、分析，找出解决的办法，以此来调动组员的积极性，做到人人参与。

班前会有利于把管理工作细化到车间、班组、个人，有利于培养主管部门目标任务观念；有利于提高管理人员的检查、监督、执行力度。通过召开班前会，管理人员的领导能力、组织能力、表达能力、指挥能力、策划能力都将得到极大的提高；同时，也便于各部门之间的信息交流，从而提高工作效率，也为员工提供了一个学习交流的平台，提高了企业的学习氛围和员工的知识水平。

班前会的具体步骤如下：

1. 班前准备

班组长收集上一个班次当中的工作相关信息、数据，以及企业或班组出台的新的制度、标准、流程、体系文件等内容，以便在班前会上进行传达。

班组长也可以收集一些旧的、员工掌握得不好的制度、标准、流程，以及相关工作案例等内容，让班组员工学习。通过这种"每天学习一点点，每天进步一点点"的方式，班组成员的整体素质和能力得到提升，从而提升班组管理的整体水平。

2. 人员集合

所有参会人员以班组为单位到指定地点集合，等待班组长进行人员点检、考勤管理、调整大家的精神状态。

班前排查内容如下：

（1）查衣着：检查工作服穿着情况，有无不符合要求。

（2）查安防：检查安全防护用品是否佩戴正确。

（3）查人员精神状态：观察员工是否有班前饮酒、情绪波动等不利于工作的状态，确保员工精神饱满，能够以最佳状态投入工作。

3. 布置工作

（1）安排当日任务。介绍当天需要完成的工作任务、工作要求，是否需要加班，设备、人员、刀具、量具、工装等生产物资的准备情况，强调生产过程中的注意事项，如何提前预防和避免问题的发生。

（2）总结前一班次工作。通报上一班次的工作完成情况，并且下达当天的工作要求。生产、质量是班组管理的重要工作内容，所以应对前一天的生产任务完成情况和质量情况进行介绍，异常情况要着重强调，首次或反复发生的问题也需要进行强调。另外，周末、月末、季末、年末均需要进行阶段性总结。

（3）讲安全、讲质量、讲任务、讲精神。安全是生产环节中最重要、最应该引起大家注意的事情。所以，安全问题需要每天强调，让员工的安全弦时刻紧绷。另外，安全的讲解要结合班组生产管理和生产环境实际，不能假大空，否则员工不会认真听，达不到安全管理的目的。

4. 班前学习

根据工作需要，组织学习公司文件、传达公司的会议内容、读书活动交流。

班前会并不是班组长一个人的舞台，同时也是班组员工的舞台，每一个员工都有权登台表演。每个员工每工作一段时间，在工作效率、质量、安全、成本等方面都有自己独到的经验和心得，这就需要利用班前会这个平台，将他的经验进行分享，让大家共同提升。这种分享一般是一个小的知识点，时间控制在 2~3 分钟。这个步骤的目的是通过日积月累，实现班组内部优秀操作和管理经验的积累、传承，把老员工好的心得和经验传授给新员工，避免新员工走弯路。

5. 班前士气鼓舞

在开班之前一起喊班组口号，进行士气展示，宣布作业开始。

员工士气展示是班组管理中的重要环节，现在员工士气展示已经推广到各行各业中。说明员工的士气展示很重要。员工士气展示并没有固定的形式和内容。有的企业统一进行了要求，那么在士气展示的时候则要按公司的要求执行；没有要求的，则由班组内部统一商量，确定即可。不过，注意士气展示的内容一定要积极向上，且内容要简短、清晰，没有生僻字、词，朗朗上口。一听就让人精神振奋的口号就是好的口号，就能达到提升班组员工士气的目的。

表11.3是某班组的具体实施内容。

表11.3 班前会的内容

班前会的内容	所需时间	注意点
步骤一：检查员工出勤及穿戴情况	10秒	
步骤二：问候，内容可以是"大家早上好"或"早上好"	10秒	需面带微笑并做30°鞠躬
步骤三：背诵企业的质量方针与质量目标	1分钟	
步骤四：若有新进员工，须将新员工介绍给大家。介绍完后要求班组全体鼓掌欢迎	1分钟	
步骤五：总结前一天的生产情况。内容包括：前一天计划达到的工作任务及质量要求，实际达到的任务及质量情况，若有差异，分析造成差异的原因	5分钟	描述前一天的生产情况，应尽量采用数据来描述
步骤六：对前一天出现的问题进行剖析（如班组6S、劳动纪律、人员协作、设备仪器、工具使用维护控制等状况）	3分钟	应对事不对人，若需提出批评，应私下向当事人提出
步骤七：对前一天表现较为突出的员工给予口头表扬。内容可以是前一天工作较为突出的员工，或有效制止某一重大事故发生，或好人好事等	2分钟	在描述时应尽量采用详细的数字说明，特别是在产量及质量上
步骤八：公布当天生产计划及任务分配（如对工作中的技术要求进行标准讲解、工序人员编排），并提醒应注意的几个要点	3分钟	任务分配时需明确每人每小时应生产的产量
步骤九：传达企业及部门的指示	3分钟	
步骤十：征求班组成员是否有意见发表	2分钟	
步骤十一：班前会结束并致结束词，内容可以是："早会结束，谢谢大家！"	10秒	同样的需面带微笑并做30°鞠躬（即后背与垂直面成30°角）

【课堂练习11.1】

班前会模拟练习

通过本书中介绍的班前会步骤，以小组为单位进行班前会练习。指导老师可以提供一定的班前会相关专业资料以供小组参考。

班前会练习活动步骤如下：

（1）人员集合：集合小组人员，人员点检、通报考勤信息、调整大家的精神状态。

（2）布置工作：总结组内存在的问题，介绍当天需要完成的工作任务、工作要求。

（3）班前学习：知识测验、案例分享、日志检查等。

（4）班前士气鼓舞：班组口号、振作士气，宣布作业开始。

（5）填写班前会议记录表。（见表11.4）

（6）指导老师根据小组表现进行点评打分，并指出会议中存在的问题。

表11.4 _____班组_____会议纪要

班组名称		会议类型	
会议时间		会议地点	
主持人		记录人	
参加人员			
缺席人员			
会议内容			
备注			

附录一　中华人民共和国安全生产法（部分）

第一章　总　则

第一条　为了加强安全生产工作，防止和减少生产安全事故，保障人民群众生命和财产安全，促进经济社会持续健康发展，制定本法。

第二条　在中华人民共和国领域内从事生产经营活动的单位（以下统称生产经营单位）的安全生产及其监督管理，适用本法；有关法律、行政法规对消防安全和道路交通安全、铁路交通安全、水上交通安全、民用航空安全以及核与辐射安全、特种设备安全另有规定的，适用其规定。

第三条　安全生产工作应当以人为本，坚持安全发展，坚持安全第一、预防为主、综合治理的方针，强化和落实生产经营单位的主体责任，建立生产经营单位负责、职工参与、政府监管、行业自律和社会监督的机制。

第四条　生产经营单位必须遵守本法和其他有关安全生产的法律、法规，加强安全生产管理，建立、健全安全生产责任制和安全生产规章制度，改善安全生产条件，推进安全生产标准化建设，提高安全生产水平，确保安全生产。

第二章　生产经营单位的安全生产保障

第十八条　生产经营单位的主要负责人对本单位安全生产工作负有下列职责：

（一）建立、健全本单位安全生产责任制

（二）组织制定本单位安全生产规章制度和操作规程

（三）组织制定并实施本单位安全生产教育和培训计划

（四）保证本单位安全生产投入的有效实施

（五）督促、检查本单位的安全生产工作，及时消除生产安全事故隐患

（六）组织制定并实施本单位的生产安全事故应急救援预案

（七）及时、如实报告生产安全事故。

第三章　从业人员的安全生产权利义务

第四十九条　生产经营单位与从业人员订立的劳动合同，应当载明有关保障从业人员劳动安全、防止职业危害的事项，以及依法为从业人员办理工伤保险的事项。

生产经营单位不得以任何形式与从业人员订立协议，免除或者减轻其对从业人员因生产安全事故伤亡依法应承担的责任。

第五十条　生产经营单位的从业人员有权了解其作业场所和工作岗位存在的危险因素、防范措施及事故应急措施，有权对本单位的安全生产工作提出建议。

第五十三条　因生产安全事故受到损害的从业人员，除依法享有工伤保险外，依照有关民事法律尚有获得赔偿的权利的，有权向本单位提出赔偿要求。

第五十四条 从业人员在作业过程中,应当严格遵守本单位的安全生产规章制度和操作规程,服从管理,正确佩戴和使用劳动防护用品。

第五十五条 从业人员应当接受安全生产教育和培训,掌握本职工作所需的安全生产知识,提高安全生产技能,增强事故预防和应急处理能力。

第五十六条 从业人员发现事故隐患或者其他不安全因素,应当立即向现场安全生产管理人员或者本单位负责人报告;接到报告的人员应当及时予以处理。

第四章 安全生产的监督管理

第六十一条 负有安全生产监督管理职责的部门对涉及安全生产的事项进行审查、验收,不得收取费用;不得要求接受审查、验收的单位购买其指定品牌或者指定生产、销售单位的安全设备、器材或者其他产品。

第五章 生产安全事故的应急救援与调查处理

第七十六条 国家加强生产安全事故应急能力建设,在重点行业、领域建立应急救援基地和应急救援队伍,鼓励生产经营单位和其他社会力量建立应急救援队伍,配备相应的应急救援装备和物资,提高应急救援的专业化水平。

国务院安全生产监督管理部门建立全国统一的生产安全事故应急救援信息系统,国务院有关部门建立健全相关行业、领域的生产安全事故应急救援信息系统。

第七十八条 生产经营单位应当制定本单位生产安全事故应急救援预案,与所在地县级以上地方人民政府组织制定的生产安全事故应急救援预案相衔接,并定期组织演练。

第七十九条 危险物品的生产、经营、储存单位以及矿山、金属冶炼、城市轨道交通运营、建筑施工单位应当建立应急救援组织;生产经营规模较小的,可以不建立应急救援组织,但应当指定兼职的应急救援人员。

危险物品的生产、经营、储存、运输单位以及矿山、金属冶炼、城市轨道交通运营、建筑施工单位应当配备必要的应急救援器材、设备和物资,并进行经常性维护、保养,保证正常运转。

第八十条 生产经营单位发生生产安全事故后,事故现场有关人员应当立即报告本单位负责人。

单位负责人接到事故报告后,应当迅速采取有效措施,组织抢救,防止事故扩大,减少人员伤亡和财产损失,并按照国家有关规定立即如实报告当地负有安全生产监督管理职责的部门,不得隐瞒不报、谎报或者迟报,不得故意破坏事故现场、毁灭有关证据。

第八十一条 负有安全生产监督管理职责的部门接到事故报告后,应当立即按照国家有关规定上报事故情况。负有安全生产监督管理职责的部门和有关地方人民政府对事故情况不得隐瞒不报、谎报或者迟报。

第八十二条 有关地方人民政府和负有安全生产监督管理职责的部门的负责人接

到生产安全事故报告后,应当按照生产安全事故应急救援预案的要求立即赶到事故现场,组织事故抢救。

参与事故抢救的部门和单位应当服从统一指挥,加强协同联动,采取有效的应急救援措施,并根据事故救援的需要采取警戒、疏散等措施,防止事故扩大和次生灾害的发生,减少人员伤亡和财产损失。

事故抢救过程中应当采取必要措施,避免或者减少对环境造成的危害。

任何单位和个人都应当支持、配合事故抢救,并提供一切便利条件。

第八十三条　事故调查处理应当按照科学严谨、依法依规、实事求是、注重实效的原则,及时、准确地查清事故原因,查明事故性质和责任,总结事故教训,提出整改措施,并对事故责任者提出处理意见。事故调查报告应当依法及时向社会公布。事故调查和处理的具体办法由国务院制定。

事故发生单位应当及时全面落实整改措施,负有安全生产监督管理职责的部门应当加强监督检查。

第六章　法律责任

第九十四条　生产经营单位有下列行为之一的,责令限期改正,可以处五万元以下的罚款;逾期未改正的,责令停产停业整顿,并处五万元以上十万元以下的罚款,对其直接负责的主管人员和其他直接责任人员处一万元以上二万元以下的罚款:

(一)未按照规定设置安全生产管理机构或者配备安全生产管理人员的;

(二)危险物品的生产、经营、储存单位以及矿山、金属冶炼、建筑施工、道路运输单位的主要负责人和安全生产管理人员未按照规定经考核合格的;

(三)未按照规定对从业人员、被派遣劳动者、实习学生进行安全生产教育和培训,或者未按照规定如实告知有关的安全生产事项的;

(四)未如实记录安全生产教育和培训情况的;

(五)未将事故隐患排查治理情况如实记录或者未向从业人员通报的;

(六)未按照规定制定生产安全事故应急救援预案或者未定期组织演练的;

(七)特种作业人员未按照规定经专门的安全作业培训并取得相应资格,上岗作业的。

第九十六条　生产经营单位有下列行为之一的,责令限期改正,可以处五万元以下的罚款;逾期未改正的,处五万元以上二十万元以下的罚款,对其直接负责的主管人员和其他直接责任人员处一万元以上二万元以下的罚款;情节严重的,责令停产停业整顿;构成犯罪的,依照刑法有关规定追究刑事责任:

(一)未在有较大危险因素的生产经营场所和有关设施、设备上设置明显的安全警示标志的;

(二)安全设备的安装、使用、检测、改造和报废不符合国家标准或者行业标准的;

(三)未对安全设备进行经常性维护、保养和定期检测的;

(四)未为从业人员提供符合国家标准或者行业标准的劳动防护用品的;

（五）危险物品的容器、运输工具，以及涉及人身安全、危险性较大的海洋石油开采特种设备和矿山井下特种设备未经具有专业资质的机构检测、检验合格，取得安全使用证或者安全标志，投入使用的；

（六）使用应当淘汰的危及生产安全的工艺、设备的。

第一百零九条　发生生产安全事故，对负有责任的生产经营单位除要求其依法承担相应的赔偿等责任外，由安全生产监督管理部门依照下列规定处以罚款：

（一）发生一般事故的，处二十万元以上五十万元以下的罚款；

（二）发生较大事故的，处五十万元以上一百万元以下的罚款；

（三）发生重大事故的，处一百万元以上五百万元以下的罚款；

（四）发生特别重大事故的，处五百万元以上一千万元以下的罚款；情节特别严重的，处一千万元以上二千万元以下的罚款。

第一百一十一条　生产经营单位发生生产安全事故造成人员伤亡、他人财产损失的，应当依法承担赔偿责任；拒不承担或者其负责人逃匿的，由人民法院依法强制执行。

生产安全事故的责任人未依法承担赔偿责任，经人民法院依法采取执行措施后，仍不能对受害人给予足额赔偿的，应当继续履行赔偿义务；受害人发现责任人有其他财产的，可以随时请求人民法院执行。

附录二 生产安全事故报告和调查处理条例

第一章 总 则

第一条 为了规范生产安全事故的报告和调查处理，落实生产安全事故责任追究制度，防止和减少生产安全事故，根据《中华人民共和国安全生产法》和有关法律，制定本条例。

第二条 生产经营活动中发生的造成人身伤亡或者直接经济损失的生产安全事故的报告和调查处理，适用本条例；环境污染事故、核设施事故、国防科研生产事故的报告和调查处理不适用本条例。

第三条 根据生产安全事故（以下简称事故）造成的人员伤亡或者直接经济损失，事故一般分为以下等级：

（一）特别重大事故，是指造成 30 人以上死亡，或者 100 人以上重伤（包括急性工业中毒，下同），或者 1 亿元以上直接经济损失的事故；

（二）重大事故，是指造成 10 人以上 30 人以下死亡，或者 50 人以上 100 人以下重伤，或者 5000 万元以上 1 亿元以下直接经济损失的事故；

（三）较大事故，是指造成 3 人以上 10 人以下死亡，或者 10 人以上 50 人以下重伤，或者 1000 万元以上 5000 万元以下直接经济损失的事故；

（四）一般事故，是指造成 3 人以下死亡，或者 10 人以下重伤，或者 1000 万元以下直接经济损失的事故。

国务院安全生产监督管理部门可以会同国务院有关部门，制定事故等级划分的补充性规定。

本条第一款所称的"以上"包括本数，所称的"以下"不包括本数。

第四条 事故报告应当及时、准确、完整，任何单位和个人对事故不得迟报、漏报、谎报或者瞒报。

事故调查处理应当坚持科学严谨、依法依规、实事求是、注重实效的原则，及时、准确地查清事故经过、事故原因和事故损失，查明事故性质，认定事故责任，总结事故教训，提出整改措施，并对事故责任者依法追究责任。

第五条 县级以上人民政府应当依照本条例的规定，严格履行职责，及时、准确地完成事故调查处理工作。

事故发生地有关地方人民政府应当支持、配合上级人民政府或者有关部门的事故调查处理工作，并提供必要的便利条件。

参加事故调查处理的部门和单位应当互相配合，提高事故调查处理工作的效率。

第六条 工会依法参加事故调查处理，有权向有关部门提出处理意见。

第七条　任何单位和个人不得阻挠和干涉对事故的报告和依法调查处理。

第八条　对事故报告和调查处理中的违法行为，任何单位和个人有权向安全生产监督管理部门、监察机关或者其他有关部门举报，接到举报的部门应当依法及时处理。

第二章　事故报告

第九条　事故发生后，事故现场有关人员应当立即向本单位负责人报告；单位负责人接到报告后，应当于1小时内向事故发生地县级以上人民政府安全生产监督管理部门和负有安全生产监督管理职责的有关部门报告。

情况紧急时，事故现场有关人员可以直接向事故发生地县级以上人民政府安全生产监督管理部门和负有安全生产监督管理职责的有关部门报告。

第十条　安全生产监督管理部门和负有安全生产监督管理职责的有关部门接到事故报告后，应当依照下列规定上报事故情况，并通知公安机关、劳动保障行政部门、工会和人民检察院：

（一）特别重大事故、重大事故逐级上报至国务院安全生产监督管理部门和负有安全生产监督管理职责的有关部门；

（二）较大事故逐级上报至省、自治区、直辖市人民政府安全生产监督管理部门和负有安全生产监督管理职责的有关部门；

（三）一般事故上报至设区的市级人民政府安全生产监督管理部门和负有安全生产监督管理职责的有关部门。

安全生产监督管理部门和负有安全生产监督管理职责的有关部门依照前款规定上报事故情况，应当同时报告本级人民政府。国务院安全生产监督管理部门和负有安全生产监督管理职责的有关部门以及省级人民政府接到发生特别重大事故、重大事故的报告后，应当立即报告国务院。

必要时，安全生产监督管理部门和负有安全生产监督管理职责的有关部门可以越级上报事故情况。

第十一条　安全生产监督管理部门和负有安全生产监督管理职责的有关部门逐级上报事故情况，每级上报的时间不得超过2小时。

第十二条　报告事故应当包括下列内容：

（一）事故发生单位概况；

（二）事故发生的时间、地点以及事故现场情况；

（三）事故的简要经过；

（四）事故已经造成或者可能造成的伤亡人数（包括下落不明的人数）和初步估计的直接经济损失；

（五）已经采取的措施；

（六）其他应当报告的情况。

第十三条　事故报告后出现新情况的，应当及时补报。

自事故发生之日起 30 日内，事故造成的伤亡人数发生变化的，应当及时补报。道路交通事故、火灾事故自发生之日起 7 日内，事故造成的伤亡人数发生变化的，应当及时补报。

第十四条　事故发生单位负责人接到事故报告后，应当立即启动事故相应应急预案，或者采取有效措施，组织抢救，防止事故扩大，减少人员伤亡和财产损失。

第十五条　事故发生地有关地方人民政府、安全生产监督管理部门和负有安全生产监督管理职责的有关部门接到事故报告后，其负责人应当立即赶赴事故现场，组织事故救援。

第十六条　事故发生后，有关单位和人员应当妥善保护事故现场以及相关证据，任何单位和个人不得破坏事故现场、毁灭相关证据。

因抢救人员、防止事故扩大以及疏通交通等原因，需要移动事故现场物件的，应当做出标志，绘制现场简图并做出书面记录，妥善保存现场重要痕迹、物证。

第十七条　事故发生地公安机关根据事故的情况，对涉嫌犯罪的，应当依法立案侦查，采取强制措施和侦查措施。犯罪嫌疑人逃匿的，公安机关应当迅速追捕归案。

第十八条　安全生产监督管理部门和负有安全生产监督管理职责的有关部门应当建立值班制度，并向社会公布值班电话，受理事故报告和举报。

第三章　事故调查

第十九条　特别重大事故由国务院或者国务院授权有关部门组织事故调查组进行调查。

重大事故、较大事故、一般事故分别由事故发生地省级人民政府、设区的市级人民政府、县级人民政府负责调查。省级人民政府、设区的市级人民政府、县级人民政府可以直接组织事故调查组进行调查，也可以授权或者委托有关部门组织事故调查组进行调查。

未造成人员伤亡的一般事故，县级人民政府也可以委托事故发生单位组织事故调查组进行调查。

第二十条　上级人民政府认为必要时，可以调查由下级人民政府负责调查的事故。

自事故发生之日起 30 日内（道路交通事故、火灾事故自发生之日起 7 日内），因事故伤亡人数变化导致事故等级发生变化，依照本条例规定应当由上级人民政府负责调查的，上级人民政府可以另行组织事故调查组进行调查。

第二十一条　特别重大事故以下等级事故，事故发生地与事故发生单位不在同一个县级以上行政区域的，由事故发生地人民政府负责调查，事故发生单位所在地人民政府应当派人参加。

第二十二条　事故调查组的组成应当遵循精简、效能的原则。

根据事故的具体情况，事故调查组由有关人民政府、安全生产监督管理部门、负有安全生产监督管理职责的有关部门、监察机关、公安机关以及工会派人组成，并应当邀请人民检察院派人参加。

事故调查组可以聘请有关专家参与调查。

第二十三条　事故调查组成员应当具有事故调查所需要的知识和专长，并与所调查的事故没有直接利害关系。

第二十四条　事故调查组组长由负责事故调查的人民政府指定。事故调查组组长主持事故调查组的工作。

第二十五条　事故调查组履行下列职责：

（一）查明事故发生的经过、原因、人员伤亡情况及直接经济损失；

（二）认定事故的性质和事故责任；

（三）提出对事故责任者的处理建议；

（四）总结事故教训，提出防范和整改措施；

（五）提交事故调查报告。

第二十六条　事故调查组有权向有关单位和个人了解与事故有关的情况，并要求其提供相关文件、资料，有关单位和个人不得拒绝。

事故发生单位的负责人和有关人员在事故调查期间不得擅离职守，并应当随时接受事故调查组的询问，如实提供有关情况。

事故调查中发现涉嫌犯罪的，事故调查组应当及时将有关材料或者其复印件移交司法机关处理。

第二十七条　事故调查中需要进行技术鉴定的，事故调查组应当委托具有国家规定资质的单位进行技术鉴定。必要时，事故调查组可以直接组织专家进行技术鉴定。技术鉴定所需时间不计入事故调查期限。

第二十八条　事故调查组成员在事故调查工作中应当诚信公正、恪尽职守，遵守事故调查组的纪律，保守事故调查的秘密。

未经事故调查组组长允许，事故调查组成员不得擅自发布有关事故的信息。

第二十九条　事故调查组应当自事故发生之日起60日内提交事故调查报告；特殊情况下，经负责事故调查的人民政府批准，提交事故调查报告的期限可以适当延长，但延长的期限最长不超过60日。

第三十条　事故调查报告应当包括下列内容：

（一）事故发生单位概况；

（二）事故发生经过和事故救援情况；

（三）事故造成的人员伤亡和直接经济损失；

（四）事故发生的原因和事故性质；

（五）事故责任的认定以及对事故责任者的处理建议；

（六）事故防范和整改措施。

事故调查报告应当附具有关证据材料。事故调查组成员应当在事故调查报告上签名。

第三十一条　事故调查报告报送负责事故调查的人民政府后，事故调查工作即告结束。事故调查的有关资料应当归档保存。

第四章　事故处理

第三十二条　重大事故、较大事故、一般事故，负责事故调查的人民政府应当自收到事故调查报告之日起15日内做出批复；特别重大事故，30日内做出批复，特殊情况下，批复时间可以适当延长，但延长的时间最长不超过30日。

有关机关应当按照人民政府的批复，依照法律、行政法规规定的权限和程序，对事故发生单位和有关人员进行行政处罚，对负有事故责任的国家工作人员进行处分。

事故发生单位应当按照负责事故调查的人民政府的批复，对本单位负有事故责任的人员进行处理。

负有事故责任的人员涉嫌犯罪的，依法追究刑事责任。

第三十三条　事故发生单位应当认真吸取事故教训，落实防范和整改措施，防止事故再次发生。防范和整改措施的落实情况应当接受工会和职工的监督。

安全生产监督管理部门和负有安全生产监督管理职责的有关部门应当对事故发生单位落实防范和整改措施的情况进行监督检查。

第三十四条　事故处理的情况由负责事故调查的人民政府或者其授权的有关部门、机构向社会公布，依法应当保密的除外。

第五章　法律责任

第三十五条　事故发生单位主要负责人有下列行为之一的，处上一年年收入40%至80%的罚款；属于国家工作人员的，并依法给予处分；构成犯罪的，依法追究刑事责任：

（一）不立即组织事故抢救的；

（二）迟报或者漏报事故的；

（三）在事故调查处理期间擅离职守的。

第三十六条　事故发生单位及其有关人员有下列行为之一的，对事故发生单位处100万元以上500万元以下的罚款；对主要负责人、直接负责的主管人员和其他直接责任人员处上一年年收入60%至100%的罚款；属于国家工作人员的，并依法给予处分；构成违反治安管理行为的，由公安机关依法给予治安管理处罚；构成犯罪的，依法追究刑事责任：

（一）谎报或者瞒报事故的；

（二）伪造或者故意破坏事故现场的；

（三）转移、隐匿资金、财产，或者销毁有关证据、资料的；

（四）拒绝接受调查或者拒绝提供有关情况和资料的；

（五）在事故调查中作伪证或者指使他人作伪证的；

（六）事故发生后逃匿的。

第三十七条　事故发生单位对事故发生负有责任的，依照下列规定处以罚款：

（一）发生一般事故的，处10万元以上20万元以下的罚款；

（二）发生较大事故的，处20万元以上50万元以下的罚款；

（三）发生重大事故的，处50万元以上200万元以下的罚款；

（四）发生特别重大事故的，处200万元以上500万元以下的罚款。

第三十八条　事故发生单位主要负责人未依法履行安全生产管理职责，导致事故发生的，依照下列规定处以罚款；属于国家工作人员的，并依法给予处分；构成犯罪的，依法追究刑事责任：

（一）发生一般事故的，处上一年年收入30%的罚款；

（二）发生较大事故的，处上一年年收入40%的罚款；

（三）发生重大事故的，处上一年年收入60%的罚款；

（四）发生特别重大事故的，处上一年年收入80%的罚款。

第三十九条　有关地方人民政府、安全生产监督管理部门和负有安全生产监督管理职责的有关部门有下列行为之一的，对直接负责的主管人员和其他直接责任人员依法给予处分；构成犯罪的，依法追究刑事责任：

（一）不立即组织事故抢救的；

（二）迟报、漏报、谎报或者瞒报事故的；

（三）阻碍、干涉事故调查工作的；

（四）在事故调查中作伪证或者指使他人作伪证的。

第四十条　事故发生单位对事故发生负有责任的，由有关部门依法暂扣或者吊销其有关证照；对事故发生单位负有事故责任的有关人员，依法暂停或者撤销其与安全生产有关的执业资格、岗位证书；事故发生单位主要负责人受到刑事处罚或者撤职处分的，自刑罚执行完毕或者受处分之日起，5年内不得担任任何生产经营单位的主要负责人。

为发生事故的单位提供虚假证明的中介机构，由有关部门依法暂扣或者吊销其有关证照及其相关人员的执业资格；构成犯罪的，依法追究刑事责任。

第四十一条　参与事故调查的人员在事故调查中有下列行为之一的，依法给予处分；构成犯罪的，依法追究刑事责任：

（一）对事故调查工作不负责任，致使事故调查工作有重大疏漏的；

（二）包庇、袒护负有事故责任的人员或者借机打击报复的。

第四十二条　违反本条例规定，有关地方人民政府或者有关部门故意拖延或者拒绝落实经批复的对事故责任人的处理意见的，由监察机关对有关责任人员依法给予处分。

第四十三条　本条例规定的罚款的行政处罚，由安全生产监督管理部门决定。

法律、行政法规对行政处罚的种类、幅度和决定机关另有规定的，依照其规定。

第六章　附则

第四十四条　没有造成人员伤亡，但是社会影响恶劣的事故，国务院或者有关地方人民政府认为需要调查处理的，依照本条例的有关规定执行。

国家机关、事业单位、人民团体发生的事故的报告和调查处理，参照本条例的规定执行。

第四十五条　特别重大事故以下等级事故的报告和调查处理，有关法律、行政法规或者国务院另有规定的，依照其规定。

第四十六条　本条例自 2007 年 6 月 1 日起施行。国务院 1989 年 3 月 29 日公布的《特别重大事故调查程序暂行规定》和 1991 年 2 月 22 日公布的《企业职工伤亡事故报告和处理规定》同时废止。

附录三 城市轨道交通运营管理规定（部分）

第一章 总 则

第一条 为规范城市轨道交通运营管理，保障运营安全，提高服务质量，促进城市轨道交通行业健康发展，根据国家有关法律、行政法规和国务院有关文件要求，制定本规定。

第二条 地铁、轻轨等城市轨道交通的运营及相关管理活动，适用本规定。

第三条 城市轨道交通运营管理应当遵循以人民为中心、安全可靠、便捷高效、经济舒适的原则。

第四条 交通运输部负责指导全国城市轨道交通运营管理工作。

省、自治区交通运输主管部门负责指导本行政区域内的城市轨道交通运营管理工作。

城市轨道交通所在地城市交通运输主管部门或者城市人民政府指定的城市轨道交通运营主管部门（以下统称城市轨道交通运营主管部门）在本级人民政府的领导下负责组织实施本行政区域内的城市轨道交通运营监督管理工作。

第二章 运营基础要求

第六条 城市轨道交通工程项目可行性研究报告和初步设计文件中应当设置运营服务专篇，内容应当至少包括：

（一）车站开通运营的出入口数量、站台面积、通道宽度、换乘条件、站厅容纳能力等设施、设备能力与服务需求和安全要求的符合情况；

（二）车辆、通信、信号、供电、自动售检票等设施设备选型与线网中其他线路设施设备的兼容情况；

（三）安全应急设施规划布局、规模等与运营安全的适应性，与主体工程的同步规划和设计情况；

（四）与城市轨道交通线网运力衔接配套情况；

（五）其他交通方式的配套衔接情况；

（六）无障碍环境建设情况。

第七条 城市轨道交通车辆、通信、信号、供电、机电、自动售检票、站台门等设施设备和综合监控系统应当符合国家规定的运营准入技术条件，并实现系统互联互通、兼容共享，满足网络化运营需要。

第十二条 运营单位承担运营安全生产主体责任，应当建立安全生产责任制，设置安全生产管理机构，配备专职安全管理人员，保障安全运营所必需的资金投入。

第十三条 运营单位应当配置满足运营需求的从业人员，按相关标准进行安全和技能培训教育，并对城市轨道交通列车驾驶员、行车调度员、行车值班员、信号工、通信工等重点岗位人员进行考核，考核不合格的，不得从事岗位工作。运营单位应当对重点岗位人员进行安全背景审查。

城市轨道交通列车驾驶员应当按照法律法规的规定取得驾驶员职业准入资格。

运营单位应当对列车驾驶员定期开展心理测试，对不符合要求的及时调整工作岗位。

第十四条　运营单位应当按照有关规定，完善风险分级管控和隐患排查治理双重预防制度，建立风险数据库和隐患排查手册，对于可能影响安全运营的风险隐患及时整改，并向城市轨道交通运营主管部门报告。

城市轨道交通运营主管部门应当建立运营重大隐患治理督办制度，督促运营单位采取安全防护措施，尽快消除重大隐患；对非运营单位原因不能及时消除的，应当报告城市人民政府依法处理。

第十五条　运营单位应当建立健全本单位的城市轨道交通运营设施设备定期检查、检测评估、养护维修、更新改造制度和技术管理体系，并报城市轨道交通运营主管部门备案。

运营单位应当对设施设备进行定期检查、检测评估，及时养护维修和更新改造，并保存记录。

第十六条　城市轨道交通运营主管部门和运营单位应当建立城市轨道交通智能管理系统，对所有运营过程、区域和关键设施设备进行监管，具备运行控制、关键设施和关键部位监测、风险管控和隐患排查、应急处置、安全监控等功能，并实现运营单位和各级交通运输主管部门之间的信息共享，提高运营安全管理水平。

运营单位应当建立网络安全管理制度，严格落实网络安全有关规定和等级保护要求，加强列车运行控制等关键系统信息安全保护，提升网络安全水平。

第三章　运营服务

第十九条　运营单位应当按照有关标准为乘客提供安全、可靠、便捷、高效、经济的服务，保证服务质量。

运营单位应当向社会公布运营服务质量承诺并报城市轨道交通运营主管部门备案，定期报告履行情况。

第二十条　运营单位应当根据城市轨道交通沿线乘客出行规律及网络化运输组织要求，合理编制运行图，并报城市轨道交通运营主管部门备案。

运营单位调整运行图严重影响服务质量的，应当向城市轨道交通运营主管部门说明理由。

第二十一条　运营单位应当通过标识、广播、视频设备、网络等多种方式按照下列要求向乘客提供运营服务和安全应急等信息：

（一）在车站醒目位置公布首末班车时间、城市轨道交通线网示意图、进出站指示、换乘指示和票价信息；

（二）在站厅或者站台提供列车到达、间隔时间、方向提示、周边交通方式换乘、安全提示、无障碍出行等信息；

（三）在车厢提供城市轨道交通线网示意图、列车运行方向、到站、换乘、开关车门提示等信息；

（四）首末班车时间调整、车站出入口封闭、设施设备故障、限流、封站、甩站、暂停运营等非正常运营信息。

第二十二条 城市轨道交通票价制定和调整按照国家有关规定执行。

城市轨道交通运营主管部门应当按照有关标准组织实施交通一卡通在轨道交通的建设与推广应用，推动跨区域、跨交通方式的互联互通。

第二十三条 城市轨道交通运营主管部门应当制定城市轨道交通乘客乘车规范，乘客应当遵守。拒不遵守的，运营单位有权劝阻和制止，制止无效的，报告公安机关依法处理。

第二十四条 城市轨道交通运营主管部门应当通过乘客满意度调查等多种形式，定期对运营单位服务质量进行监督和考评，考评结果向社会公布。

第二十五条 城市轨道交通运营主管部门和运营单位应当分别建立投诉受理制度。接到乘客投诉后，应当及时处理，并将处理结果告知乘客。

第二十六条 乘客应当持有效乘车凭证乘车，不得使用无效、伪造、变造的乘车凭证。运营单位有权查验乘客的乘车凭证。

第二十七条 乘客及其他人员因违法违规行为对城市轨道交通运营造成严重影响的，应当依法追究责任。

第二十八条 鼓励运营单位采用大数据分析、移动互联网等先进技术及有关设施设备，提升服务品质。运营单位应当保证乘客个人信息的采集和使用符合国家网络和信息安全有关规定。

第四章 安全支持保障

第二十九条 城市轨道交通工程项目应当按照规定划定保护区。

开通初期运营前，建设单位应当向运营单位提供保护区平面图，并在具备条件的保护区设置提示或者警示标志。

第三十条 在城市轨道交通保护区内进行下列作业的，作业单位应当按照有关规定制定安全防护方案，经运营单位同意后，依法办理相关手续并对作业影响区域进行动态监测：

（一）新建、改建、扩建或者拆除建（构）筑物；

（二）挖掘、爆破、地基加固、打井、基坑施工、桩基础施工、钻探、灌浆、喷锚、地下顶进作业；

（三）敷设或者搭架管线、吊装等架空作业；

（四）取土、采石、采砂、疏浚河道；

（五）大面积增加或者减少建（构）筑物载荷的活动；

（六）电焊、气焊和使用明火等具有火灾危险作业。

第三十三条 禁止下列危害城市轨道交通运营设施设备安全的行为：

（一）损坏隧道、轨道、路基、高架、车站、通风亭、冷却塔、变电站、管线、护栏护网等设施；

（二）损坏车辆、机电、电缆、自动售检票等设备，干扰通信信号、视频监控设备等系统；

（三）擅自在高架桥梁及附属结构上钻孔打眼，搭设电线或者其他承力绳索，设置附着物；

（四）损坏、移动、遮盖安全标志、监测设施以及安全防护设备。

第三十四条 禁止下列危害或者可能危害城市轨道交通运营安全的行为：

（一）拦截列车；

（二）强行上下车；

（三）擅自进入隧道、轨道或者其他禁入区域；

（四）攀爬或者跨越围栏、护栏、护网、站台门等；

（五）擅自操作有警示标志的按钮和开关装置，在非紧急状态下动用紧急或者安全装置；

（六）在城市轨道交通车站出入口 5 米范围内停放车辆、乱设摊点等，妨碍乘客通行和救援疏散；

（七）在通风口、车站出入口 50 米范围内存放有毒、有害、易燃、易爆、放射性和腐蚀性等物品；

（八）在出入口、通风亭、变电站、冷却塔周边躺卧、留宿、堆放和晾晒物品；

（九）在地面或者高架线路两侧各 100 米范围内升放风筝、气球等低空漂浮物体和无人机等低空飞行器。

第三十五条 在城市轨道交通车站、车厢、隧道、站前广场等范围内设置广告、商业设施的，不得影响正常运营，不得影响导向、提示、警示、运营服务等标识识别、设施设备使用和检修，不得挤占出入口、通道、应急疏散设施空间和防火间距。

城市轨道交通车站站台、站厅层不应设置妨碍安全疏散的非运营设施。

第三十六条 禁止乘客携带有毒、有害、易燃、易爆、放射性、腐蚀性以及其他可能危及人身和财产安全的危险物品进站、乘车。运营单位应当按规定在车站醒目位置公示城市轨道交通禁止、限制携带物品目录。

第三十七条 各级城市轨道交通运营主管部门应当按照职责监督指导运营单位开展反恐防范、安检、治安防范和消防安全管理相关工作。

鼓励推广应用安检新技术、新产品，推动实行安检新模式，提高安检质量和效率。

第五章 应急处置

第四十条 城市轨道交通所在地城市及以上地方各级人民政府应当建立运营突发事件处置工作机制，明确相关部门和单位的职责分工、工作机制和处置要求，制定完善运营突发事件应急预案。

运营单位应当按照有关法规要求建立运营突发事件应急预案体系，制定综合应急预案、专项应急预案和现场处置方案。运营单位应当组织专家对专项应急预案进行评审。

因地震、洪涝、气象灾害等自然灾害和恐怖袭击、刑事案件等社会安全事件以及其他因素影响或者可能影响城市轨道交通正常运营时，参照运营突发事件应急预案做好监测预警、信息报告、应急响应、后期处置等相关应对工作。

第四十一条 运营单位应当储备必要的应急物资，配备专业应急救援装备，建立应急救援队伍，配齐应急人员，完善应急值守和报告制度，加强应急培训，提高应急救援能力。

第六章 法律责任

第四十九条 违反本规定，运营单位有下列行为之一的，由城市轨道交通运营主管部门责令限期改正；逾期未改正的，处以5000元以上3万元以下的罚款，并可对其主要负责人处以1万元以下的罚款：

（一）未全程参与试运行；

（二）未按照相关标准对从业人员进行技能培训教育；

（三）列车驾驶员未按照法律法规的规定取得职业准入资格；

（四）列车驾驶员、行车调度员、行车值班员、信号工、通信工等重点岗位从业人员未经考核上岗；

（五）未按照有关规定完善风险分级管控和隐患排查治理双重预防制度；

（六）未建立风险数据库和隐患排查手册；

（七）未按要求报告运营安全风险隐患整改情况；

（八）未建立设施设备检查、检测评估、养护维修、更新改造制度和技术管理体系；

（九）未对设施设备定期检查、检测评估和及时养护维修、更新改造；

（十）未按照有关规定建立运营突发事件应急预案体系；

（十一）储备的应急物资不满足需要，未配备专业应急救援装备，或者未建立应急救援队伍、配齐应急人员；

（十二）未按时组织运营突发事件应急演练。

第五十条 违反本规定第十八条、第四十六条，运营单位未按照规定上报城市轨道交通运营相关信息或者运营安全重大故障和事故的，由城市轨道交通运营主管部门责令限期改正；逾期未改正的，处以5000元以上3万元以下的罚款。

第五十一条 违反本规定，运营单位有下列行为之一，由城市轨道交通运营主管部门责令限期改正；逾期未改正的，处以1万元以下的罚款：

（一）未向社会公布运营服务质量承诺或者定期报告履行情况；

（二）运行图未报城市轨道交通运营主管部门备案或者调整运行图严重影响服务质量的，未向城市轨道交通运营主管部门说明理由；

（三）未按规定向乘客提供运营服务和安全应急等信息；

（四）未建立投诉受理制度，或者未及时处理乘客投诉并将处理结果告知乘客；

（五）采取的限流、甩站、封站、暂停运营等措施，未及时告知公众或者封站、暂停运营等措施未向城市轨道交通运营主管部门报告。

附录四　轨道交通运营事故处理规则（修订版）
【重庆市轨道交通（集团）有限公司印发】

第一章　总　则

第一条　为及时处理运营行车事故，规范运营生产安全事故的报告和调查处理程序，落实运营生产安全事故责任追究制度，防止和减少运营安全事故的发生。根据《中华人民共和国安全生产法》《生产安全事故报告和调查处理条例》（国务院令第493号）和重庆市人民政府有关安全生产的法律法规的规定，结合集团公司运营安全生产特点，特制定本规则。

第二条　本规则适用于重庆轨道交通集团有限公司（以下简称"集团"）管辖范围内，正式运营和试运营轨道交通线路运营事故调查处理工作。对在建轨道交通线路，发生与行车组织有关的事故，调查处理工作由集团安全质量监察部参照本规则执行。

第三条　运营生产必须贯彻"安全第一，预防为主，综合治理"的方针和"抓早、抓小、安全关前移"的指导思想。

第四条　运营事故的调查处理坚持以事实为依据、以法律、法规、规章为准绳，按照公正、公平和"四不放过"的原则，认真调查分析，查明原因，认定损失，定性定责，追究事故责任。

第五条　在运营过程中发生列车冲突、脱轨等，或者在相关的作业过程中造成人员伤亡、经济损失、设施、设备损坏，以及危及行车安全或影响正常行车达到一定程度的，均构成轨道交通运营事故。

第六条　职责。

（一）集团公司安全生产委员会：

1. 组织成立事故调查组；
2. 审定运营事故调查报告；
3. 向集团公司报告事故处理情况；
4. 配合上级主管部门进行事故调查；

（二）事故调查组：

1. 查明事故发生经过、原因和人员伤亡、经济损失情况；
2. 认定事故的性质和事故责任；
3. 对事故提出处理建议；
4. 总结事故教训，提出防范和整改措施；
5. 提交运营事故调查报告。

（三）工会：

参与运营事故的调查处理，有权向集团公司有关部门对事故提出处理建议。

（四）安全质量监察部：

1. 负责一般 A 类及以上事故的调查处理；

2. 监督、指导一般 B 类及以下事故的调查处理；

3. 参与涉及施工参建单位事故的调查分析；

4. 协助上级事故调查组进行事故调查。

（五）网络运管中心：

1. 负责一般 B 类及以下运营事故的调查处理；

2. 收集事故证据，整理事故材料；

3. 下发事故责任认定书；

4. 协助集团公司安全生产委员会进行事故调查。

（六）运营公司：

1. 负责提供事故发生时的各种技术参数（如列车状态、客流情况、行车设备状态、机电设备状态、当值人员情况等）、损失和现场情况等资料；

2. 负责对乘客伤亡情况、列车载客情况做好调查；对目击者进行调查，并做好记录；

3. 负责组织内部事故调查分析，及时向安全质量监察部或运管中心提交分析报告。

第七条　在轨道交通运营区域内发生的治安案件或由于乘客自身原因发生的伤亡，经相关部门认定，统计事故件数，责任列其他。

第八条　任何单位和个人应当积极配合事故调查处理，不得干扰和阻拦。

第二章　运营事故的分类

第九条　按照事故的性质、人员伤亡、经济损失及对运营造成的影响程度，地铁和单轨系统的运营事故分为：特别重大事故、重大事故、较大事故和一般事故。

第十条　特别重大事故。

单轨、地铁系统运营中发生下列情形的，为特别重大事故。

（一）死亡 30 人以上；

（二）重伤 100 人以上（含急性中毒）；

（三）直接经济损失在 1 亿元以上；

（四）中断运营 48 小时以上；

（五）发生特别重大火灾事故。

第十一条　重大事故。

单轨、地铁系统运营中发生下列情形的，为重大事故。

（一）死亡 10 人以上，30 人以下；

（二）重伤 50 人以上，100 人以下；

（三）直接经济损失 5000 万元以上，1 亿元以下；

（四）中断运营 24 小时以上；

（五）发生重大火灾事故；

（六）发生爆炸或毒气袭击等恐怖事件，造成严重后果的。

第十二条　较大事故。

单轨、地铁系统运营中发生下列情形的，为较大事故。

（一）死亡 3 人以上，10 人以下；

（二）重伤 10 人以上 50 人以下；

（三）直接经济损失 1000 万元以上，5000 万元以下；

（四）中断运营 12 小时以上；

（五）发生较大火灾事故。

第十三条　一般事故分为：一般 A 类事故；一般 B 类事故；一般 C 类事故；一般 D 类事故；一般 E 类事故。

（一）单轨、地铁系统运营中发生下列情形之一，未构成较大以上事故的，为一般 A 类事故。

1. 死亡 1~2 人；

2. 重伤 3 人以上 10 人以下；

3. 直接济济损失 500 万以上，1000 万元以下；

4. 中断运营 6 小时以上；

5. 发生一般火灾事故。

（二）单轨、地铁系统运营中发生下列情形的，为一般 B 类事故。

1. 重伤 2 人；

2. 直接经济损失 100 万以上，500 万元以下；

3. 中断运营 3 小时以上，6 小时以下。

（三）单轨、地铁系统运营中发生下列情形的，为一般 C 类事故。

1. 重伤 1 人；

2. 直接经济损失 50 万元以上，100 万元以下；

3. 中断运营 2 小时以上，3 小时以下。

（四）单轨、地铁系统中发生下列情形为一般 D 类事故。

1. 直接经济损失 10 万元以上，50 万元以下；

2. 中断运营 1 小时以上，2 小时以下；

3. 运营时段正线列车脱轨、冲突、挤岔、分离、碰轧脱轨器；

4. 单轨正线线路发生撞岔；

5. 擅自降级或切除车载 ATP 运行；

6. 运营时段正线列车冒进信号或越过警冲标；

7. 载客列车停站错开门、未关闭车门开车、运行途中开门；

8. 列车夹人动车；

9. 工作车、列车占用道岔区段时，道岔转动；

10. 信号系统故障造成升级显示；

11. 未办或错办闭塞发出列车；

12. 列车运行中车辆断轴，车轮崩裂，制动器、车钩连接装置等部件脱落，以及走行部轴承、传动装置等破损不能继续运行。

13. 擅自改变列车运行方向行车；

14. 向占用线接入列车，向占用区间发出列车；

16. 正线接触网断线、倒杆或塌网；

17. 未准备好进路接、发列车；

18. 列车、工作车溜入区间或站内；

19. 地铁线路正线钢轨断轨；

20. 列车带电进入停电区；

21. 行车指挥无线通信系统故障，造成全线无线通信中断 30 分钟及以上、局部无线通信中断 60 分钟及以上；

22. 工作车无凭证发车；

23. 无证驾驶列车、工作车、内燃机车；

24. 载客列车开错图定运行方向；

25. 有责乘客坠轨；

26. 运营时段单个车站照明全部熄灭；

27. 运营时段正线列车撞轧侵限物；

28. 错送电、漏停电、错停电、漏送电。

（五）单轨、地铁系统运营中发生下列情形的，为一般 E 类事故。

1. 直接经济损失 10 万元以下，5 万元以上；

2. 运营时段列车晚点或中断运营 30 分钟以上，1 小时以下；

3. 车辆段（场）及非运营时段正线列车脱轨、冲突、挤岔、分离、撞岔、碰轧脱轨器；

4. 车辆段（场）及非运营时段正线列车撞车档、防护信号或未撤防护信号动车；

5. 车辆段（场）及非运营时段正线列车冒进信号或越过警冲标；

6. 运营时段正线设施、设备部件破损、脱落影响行车；

7. 地铁车辆段（场）钢轨断轨；

8. 运营时段正线树木侵限造成列车临时停车；

9. 设施、设备维护不当，造成列车临时限速运行；

10. 给水干管位移、侵限、爆裂跑水，影响行车 30 分钟以上；

11. 人工准备进路手摇道岔超过 30 分钟；

12. 列车在车辆段（场）转线或调车进入无网区；
13. 错误办理行车凭证发车；
14. 漏发、错发、错交、漏交调度命令耽误列车或导致列车超速运行；
15. 错误操纵、使用行车设备耽误列车；
16. 错办或未及时办理信号耽误列车；
17. 载客列车在停车站全列越过停车位；
18. 未经允许，列车载客进入非运营线；
19. 未撤除防溜装置动车；
20. 接地线错挂、漏挂、错撤、漏撤；
21. 应通过封闭站的列车在封闭站停车并开门；
22. 列车反方向运行时未经行调同意或车站引导进站；
23. 系统数据记录未按规定存储或数据丢失，对事故分析造成影响的；
24. 运营时段正线积水漫过轨面影响行车 30 分钟以上；
25. 列车、工作车、设施、设备、机房、车站公共区、管理区等运营场所发生起火冒烟险情；
26. 各类机柜门、检查孔盖未按规定锁闭或设施固定不牢，造成列车区间停车；
27. 列车车辆碰擦侵限物。

第十四条 因事故死亡、重伤人数 7 日内发生变化导致事故等级变化的，相应改变事故等级。

第十五条 集团公司安全委员会可对影响行车安全的其他情形，按其性质或损害后果列入相应事故。

第十六条 本规则所称的"以上"包括本数，"以下"不包括本数。

第三章 事故报告程序

第十七条 事故发生后，集团公司有关部门和个人应当及时、准确报告事故情况，积极开展应急救援，减少人员伤亡和财产损失，尽快恢复正常运营。

对迟报、隐瞒不报或不如实报告运营事故的部门和个人要严肃处理；对因失职或推诿扯皮而贻误救援时机造成后果的人员，应追究相应责任。

第十八条 发生事故后，应立即按下列程序报告事故情况：

（一）列车内发生的事故由列车司机或相关人员向行车调度员报告；
（二）车站内发生事故由车站值班员向行车调度员报告；
（三）车辆段内发生事故由车场调度员向行车调度员报告；
（四）发生火灾、爆炸或毒气袭击向环控调度员报告；
（五）供电系统的故障由变电站值班员向电力调度员报告，并向线路值班主任报告；
（六）调度员接到事故报告后，立即向值班主任报告，由总调分别向集团公司领导和有关部、室负责人报告；

（七）事故发生后，现场人员应及时向本部门负责人报告；

（八）发生一般 A 类以下事故，相关运营公司负责人应及时报告运管中心；发生一般 A 类以上事故，相关运营公司负责人应及时报告运管中心和安全质量监察部，同时报告集团分管领导；

（九）事故发生后，安全质量监察部应根据相关程序报告市级有关部门。

第十九条 报告内容。

（一）发生时间（日、时、分）。

（二）发生地点（站、区间、段、里程、股道）。

（三）列车车次、车号，报告人姓名、职务、部门。

（四）事故概况及原因：是否影响邻线列车运行、人员伤亡情况及设备损坏情况。

（五）是否需要请求救援。

第二十条 报告事故时应保持冷静、口齿清楚，认真察看事故现场，及时提供准确的事故信息，为领导决策提供依据。

第四章 运营事故的调查

第二十一条 事故调查处理应坚持以事实为依据，以法律、法规、规章为准绳，按照"四不放过"的原则展事故调查。相关运营单位应如实提供相关证据，积极配合事故调查工作，认真调查分析、查明原因、认定损失、定性定责、追究责任、总结教训、提出整改措施。

第二十二条 事故调查组有权向事故单位和相关单位了解情况和调取有关资料，事故发生单位、相关单位和有关人员在事故调查中应当接受事故调查组的询问、调查，如实提供有关情况和资料。

任何单位和个人不得干扰或阻碍事故应急救援、恢复线路开通、车辆运行和事故调查处理。

第二十三条 事故调查组应坚持公正、公平原则，严格履行调查职责，遵守事故调查纪律，保守事故调查秘密。

事故调查工作中，调查组成员应服从统一领导，密切配合，不得泄露事故的有关调查信息。

第二十四条 根据事故性质、损失和影响，上级主管部门开展轨道交通运营事故调查时，集团公司相关部门应积极配合事故调查工作。

第二十五条 发生运营行车事故后，运行公司和相关部门应在 24 小时内分别书面将《运营事故概况》（安监报-1）、《运营事故分析报告》（安监报-2）报网络运管中心；发生运营非行车事故后，相关部门应在 24 小时内书面将《运营事故分析报告》（安监报-2）报网络运管中心；由网络运管中心报安全质量监察部。

第二十六条 集团公司安全委员会认为对事故责任认定不准确时，可予以纠正，必要时可另行组织调查，并可对事故性质提级处理。

第二十七条　事故发生后,事故现场负责人应及时安排人员维护现场秩序,保护好事故现场,保存可疑物证,挽留事故目击者,并做好笔录。组织有关人员做好事故救援的前期工作,在事故调查组到达后移交给事故调查组。

第二十八条　事故现场人员应主动向调查组汇报事故情况,调查组开展事故调查工作时,任何部门和个人不得拒绝或干涉、阻碍事故调查的正常工作。

第二十九条　事故调查组到达现场后,做好以下工作:

（一）负责现场勘查、录像,检查线路、车辆和设施设备,做好调查笔录,并搜集保存事故证物,必要时设置安全警戒,绘制现场示意图。

（二）听取事故现场有关人员的汇报,收集现场负责人提供的有关资料（人证、物证和笔录）。

（三）对特别重大、重大、较大事故、一般 B 类以上事故的直接当事人进行保护隔离,责成当事人写出书面材料或口头叙述（由事故调查组组长指定人员作调查笔录,并经本人签字）。

（四）对事故相关人员,现场见证人员分别调查询问,做好调查记录。

（五）查阅有关规章制度、技术文件、操作规程、调度命令、作业记录、报表等的填写情况,必要时将原件或原件的复印件附在调查记录内。

（六）对有涂改、灭失可能或以后难以取得的相关证据进行登记封存。

（七）脱轨事故发生后,应对事故发生点前后一定长度范围内的线路设备和脱轨车辆进行检查测量,并调阅近期内该线路质量检测情况,脱轨车辆近期内运行情况监测记录。

（八）做好现场保护,防止人为破坏现场。

（九）必要时及时召开现场分析会。

（十）根据调查结果,初步判定事故原因及责任,及时向集团公司相关领导或安全生产委员会汇报。当事故责任者涉嫌犯罪时,通知公安部门按照有关司法程序查处。

第三十条　集团公司事故调查组根据事故的调查情况,适时召开事故分析会,对事故定性、定责,对事故责任单位和责任人提出处理意见,并编写运营事故调查报告。

第三十一条　运营事故调查报告应包括下列内容:

（一）事故发生经过和救援情况;

（二）事故造成的人员伤亡和直接经济损失;

（三）事故发生的原因和事故性质;

（四）事故责任人的认定以及对事故责任者的处理建议;

（五）事故防范和整改措施建议;

（六）与事故有关的证明材料。

第三十二条　事故调查期限:

（一）特别重大事故调查期限为 60 日;

（二）重大事故的调查期限为40日；

（三）较大事故的调查期限为30日；

（四）一般A类调查期限为20日；

（五）一般B类事故的调查期限为15日；

（六）一般C类事故的调查期限为10日；

（七）一般D类事故的调查期限为7日；

（八）一般E类事故的调查期限为5日。

事故调查期限自事故发生之日起计算，本条中时间均指工作日。

三十三条 《运营事故责任认定书》是事故赔偿、事故处理以及事故责任追究的依据，由集团安全质量监察部或运管中心下达至责任单位。

三十四条 事故责任单位接到《运营事故责任认定书》后于5日内填写《运营事故处理报告表》（安监报4），及时报送集团运管中心。

第五章 运营事故的判定及处理

第三十五条 发生运营事故后要认真调查，仔细分析，查明原因，判明责任。判定事故责任的依据是：执行中的各种规章、制度、规定及办法等。

根据事故性质和情节，给予事故责任人和相关负责人批评教育、经济处罚、行政处分，直至追究法律责任。

第三十六条 事故分为责任事故和非责任事故。

事故责任分为全部责任、主要责任、同等责任、次要责任和一定责任，根据事故情形，追究相关单位的管理责任。

（一）事故由一方造成的，承担全部责任。

（二）事故由两个单位的原因造成，主要原因方承担主要责任，非主要原因方承担次要责任。

（三）事故由多方原因造成，视各方责任分别承担相应责任。

（四）委外施工单位在施工中造成的事故，除追究委外单位的责任外，并要追究相关委托单位的一定责任。

（五）因设备制造工艺不良或设计缺陷造成的事故，质保期内定生产厂家（供货商）承担主要责任，设备管理单位承担次要责任，且设备所属部门须出具有生产厂家（供货商）认可的书面责任认定材料；质保期外定设备管理单位承担全部责任。

（六）因设备管理不善造成事故的，定设备管理单位责任。

（七）因外力（外因）导致的事故，相关单位防范措施不到位的，定责任事故。属不可抗力的，定非责任事故。

（八）事故调查期间，调查组通知有关单位接受调查后，有关单位未派员接受事故调查的，事故调查组可以直接定责。

（九）员工在从事与运营相关的作业过程中，由于违反操作规程、作业纪律，或生产设备设施、劳动条件、作业环境不良,或安全管理不善等造成人员伤亡,定相关部门责任事故。

(十)员工擅自动用设备设施、工具等导致伤亡的,定该员工所在单位的责任。

(十一)员工在作业中发生伤亡,经二级以上医院诊断或经法医检验、解剖,证明是因脑溢血、心肌梗塞、猝死等突发性疾病所致,并按事故处理权限得到事故调查组确认的,不定责任事故。

(十二)两个及以上单位在交叉作业中发生伤亡,定主要责任单位事故;各方责任均等,定伤亡人员所在单位责任,并追究相关单位责任。各方责任均等且都有人员伤亡,分别定责任事故。

第三十七条 事故责任的承担比例:

(一)全部责任的承担100%。

(二)主要责任的承担70%。

(三)同等责任的,各承担50%。

(四)次要责任的承担30%。

(五)一定责任的承担15%。

(六)管理责任的承担5%。

(七)无责任:由外部单位或人员承担全部责任的事故(统计事故件数,不考核部门)。

第三十八条 涉及事故的各主体单位不认真分析事故,推诿扯皮,事故责任难以分清时,集团公司安全委员会可裁定双方均承担全部责任。

第三十九条 对事故隐瞒不报、迟报、谎报,造成事故影响扩大的,由事故责任部门、事故责任人承担全部责任或相应的责任。擅自清理、破坏或改变事故现场的部门(单位)或个人,由集团公司安全委员会根据现场勘查情况,裁定其承担全部责任。

第四十条 事故涉及两个以上主体单位,则按照事故起因及最终构成的事故等级,确定相应的责任;若不是造成事故的直接原因,但与事故的发生有一定关系时,应承担一定责任。

因设备故障需降级模式操作来维持运营而发生的事故,设备部门应承担相应的责任。

第四十一条 因设施、设备质量原因造成的事故,属采购、检修等单位责任的、定相关单位责任;应采用经行政许可或强制认证的产品而采用其他产品的,追究采用单位责任;由采购不合格或不达标产品的,追究采购单位责任。

第四十二条 施工中发生运营事故,属于工程建设、设计、监理、施工等原因造成的,定上述相关单位责任;同时追究建设管理单位责任。

第四十三条 自然灾害导致的事故,因防范措施不到位,定责任事故;属不可抗拒的原因导致的事故列其他。

第四十四条 涉嫌人为破坏造成的事故，未经公安机关确认前，定发生单位的责任；经公安机关确认，属人为破坏原因造成的，定发生单位非责任事故。

第四十五条 错误办理行车凭证发车或耽误列车的事故责任划分：司机启动列车，定运行公司责任；司机发现未动车，定客运公司责任。

第四十六条 发生事故后，因发生单位未如实提供情况，导致不能查明事故原因和判定责任的，定发生单位责任。

第四十七条 集团公司安全生产委员会是事故责任的最终裁定机构，对事故的处理或定性有异议时，事故责任部门、单位或责任人可向集团公司安全生产委员会申请复议。

第四十八条 事故直接经济损失费用：

（一）车辆、线路、桥梁、隧道、通信、信号、供电、消防、通风等设备造成的报废和修复费用。

（二）事故中伤亡人员的处理、处置、医疗等费用（不含人身保险费用）。

（三）事故应急处置和救援费用。

（四）其他与事故有直接关系的费用。

第四十九条 事故发生后，相关单位迟报、漏报、瞒报、谎报事故的，由集团公司对直接负责的主管人员和其他直接责任人员给予处分。

第六章 运营事故的统计、分析

第五十条 运营各部门应建立运营事故登记簿，分类对运营事故进行登记。

第五十一条 运营各公司于每月 3 日前将本公司的《安全生产统计报表》报运管中心。

第五十二条 运管中心根据各公司报送的《安全生产统计报表》进行综合统计，并报安全质量监察部。

第五十三条 运营事故件数的统计，应以实际时间为准，即以每日零点为界限进行当日事故件数的统计。

第五十四条 集团公司运营事故的统计数据和责任部门，均以集团公司运管中心的记录为依据。

第七章 罚 则

第五十五条 凡发生运营有责事故的部门主要负责人、分管业务负责人、分管安全管理负责人、直接负责人、相关负责人和事故主要责任人、直接责任人、间接责任人，按集团公司《安全奖惩办法》进行处理。

第五十六条 集团公司以外的单位，对运营设施设备进行维修作业时，对运营安全构成危害的施工单位和个人，除按集团公司的要求停工整改外，对其进行经济处罚，并赔偿所造成的经济损失。

第五十七条 发生下列情况之一的部门或个人，将依据集团公司的规定给予处罚并通报批评：

（一）发生事故隐瞒不报、谎报或拖延报告时间的；

（二）破坏事故现场的；

（三）故意隐瞒事故真相或作伪证的；

（四）阻碍、干扰事故调查分析的；

（五）不积极配合事故调查分析的；

（六）说人情、互相包庇，谎报损失的。

第五十八条　事故调查人员在调查中由于失职，致使调查工作出现重大疏漏或索贿、受贿、借机打击报复的，由有关部门给予处罚。

第五十九条　集团公司作出事故赔偿费用的决定后，事故责任部门或个人均不得拒付，相关部门应积极配合执行。

第六十条　本规则所称的"以上"包括本数，"以下"不包括本数。

第八章　附　则

第六十一条　在运营安全生产中遇有本规则未尽事宜，经集团公司安全生产委员会研究决定后，由安保部进行补充、修订。

第六十二条　本规则是处理运营事故的基本依据，由安保部负责解释。

附录五 地铁运营公司员工绩效管理办法（部分）

第一章 总 则

第一条 目的

为规范运营公司员工绩效管理，准确了解和公正评价员工履责情况，进一步加强员工队伍管理和建设，提升员工工作绩效，特制定本办法。

第二条 适用范围

本办法适用于运营公司（以下简称"公司"）全体员工（公司领导除外），按层级分为副总工程师、部门负责人、一般管理人员（包括：科室（车间、段）负责人、业务技术员工）、生产人员。

第三条 基本原则

（一）公平、公正、客观的原则。客观、公正、实事求是地评价员工，避免因以概全、个人偏见等因素造成的误差。

（二）目标导向原则。以组织的战略目标实现为导向，引导各岗位对组织目标的二次分解、落地、实施并细化至员工的月度工作目标中，强化团队建设。

（三）绩效导向原则。以员工工作绩效为导向，对员工的工作计划完成情况、工作行为标准等采取细化、量化的评价方式，尽量减少定性评价的主观影响。

（四）过程管理原则。绩效管理是一个持续的管理过程，包括绩效计划、绩效辅导、绩效考核、绩效反馈、绩效结果运用，是各级管理者共同的职责。

第二章 机构及职责

第四条 组织机构

为加强绩效管理工作，公司绩效考核委员会下设员工绩效管理领导小组，由公司总经理、党委书记任主任，党委副书记、纪委书记、公司副总经理任副主任，副总工程师及各部门负责人任成员。各中心、部门（以下简称"各部门"）根据工作需要可自行成立员工绩效管理工作小组。

第五条 职责分工

一、公司员工绩效管理领导小组职责

1. 负责审定公司员工绩效管理相关制度。

2. 牵头组织副总工程师、部门负责人的绩效管理工作。负责副总工程师、部门负责人绩效考核结果的审定。

3. 负责员工绩效管理中员工投诉的受理及复议。

二、人力资源部职责

人力资源部是公司员工绩效管理工作的归口部门，在公司员工绩效管理领导小组的指导下，主要职责为：

1. 负责建立健全公司员工绩效管理制度。
2. 负责组织公司员工绩效管理日常工作，做好绩效管理工作的总结分析。
3. 完成员工绩效管理领导小组布置的其他工作任务。

三、各部门职责

各部门是绩效考核的实施部门，其职责为：

1. 负责根据公司的绩效管理制度，制定本部门的二级绩效管理办法，建立自主灵活、符合部门工作特点的绩效考核及绩效奖金分配机制，报人力资源部备案后执行。
2. 负责开展本部门员工的绩效管理工作。

第三章　绩效计划

第六条　绩效计划定义

绩效计划是被评估者和评估者双方对员工应该实现的工作绩效进行沟通的过程，并将沟通的结果落实为订立正式书面协议，他是双方在明晰责、权、利的基础上签订的一个内部协议。

第七条　绩效计划设立原则

绩效计划应该是自上而下逐级分解的原则。各部门根据组织绩效目标，结合员工的主要岗位职责，将组织关键绩效指标逐层分解至每位员工。员工绩效目标建议按如下层次设立：

1. 副总工程师绩效目标为所分管部门的绩效目标。
2. 部门负责人绩效目标为所属部门的绩效目标和综合衡量指标。
3. 一般管理人员绩效目标为工作计划和综合衡量指标。
4. 生产人员绩效目标为工作质量和工作行为标准。

综合衡量指标由员工与直接上级依据组织目标、岗位职责及工作中亟待解决的问题来权衡设定。

第四章　绩效辅导

第八条　绩效辅导定义

绩效辅导是指直接上级与员工讨论有关工作进展情况，潜在的障碍和问题，解决问题的办法措施，员工取得的成绩及存在的问题，直接上级如何帮助员工等信息的过程。

在一个绩效考核周期内，直接上级应及时了解员工工作任务的执行情况并做好纠偏指导并可适时调整目标，持续激励员工提升业绩水平，避免因疏于指导，导致员工工作与部门要求产生过大偏差。

第五章　绩效考核

第九条　绩效考核定义

绩效考核是在绩效考核周期结束时，依据预先制定好的工作计划，由直接上级对员工的绩效目标完成情况进行评价。

第十条　绩效考核周期

公司副总工程师、部门负责人实行半年度考核和年度综合考评，其余员工绩效实行月度考核和年度综合考评。月度考核周期为当月1日至月末，半年度考核周期为当年1月1日至6月30日、7月1日至12月31日，年度综合考评周期为当年1月1日至12月31日。

第十一条　考核对象

考核对象为公司试用期满已转正且上岗资格鉴定合格后正式聘任的员工。

第十二条　月度绩效考核

员工月度绩效考核结果直接与月度绩效奖金挂钩，根据考核结果进行奖金的分配。具体由各部门参照下述办法拟定本部门的二级绩效管理办法执行。

一、一般管理人员

遵循"员工自评、上级评价、隔级审核"的原则，月初制定《管理和业务技术员工工作计划与绩效因素评价表》（附件1），次月月初完成评价。

二、生产员工

生产员工月度绩效考核内容包括：劳动纪律、基础管理、服务质量、安全生产、生产任务和生产质量等方面。具体按各部门二级绩效管理办法执行。

第十三条　半年度绩效考核

副总工程师、部门负责人半年度绩效考核内容主要包含两个方面：一是基于部门绩效的考核指标；二是基于工作计划与绩效因素的考核指标。半年度绩效考核结果直接与绩效奖金挂钩，根据考核结果进行奖金的分配。具体考核办法如下：

遵循"员工自评、上级评价、隔级审核"的原则，考核期初制定《管理和业务技术员工工作计划与绩效因素评价表》（附件1），考核期末完成评价。

副总工程师半年度绩效考核得分=其所分管部门考核周期内月度绩效考核得分的平均分×50%+直接上级（公司总工程师）评价得分×50%。

部门负责人（正职，包含以副代正）半年度绩效考核得分=所在部门考核周期内月度绩效考核得分的平均分×60%+直接上级（分管副总经理）评价得分×40%。

部门负责人（副职）半年度绩效考核得分=半年度绩效考核得分=所在部门考核周期内月度绩效考核得分的平均分×70%+直接上级（部门负责人正职）评价得分×30%。

第十四条　年度综合考评

员工年度综合考评实行百分制，考核得分由高到低排序，并相应划分为优秀、良好、称职、基本称职、不称职五个等级，具体如下表：

绩效考核评分

考核得分（S）	考核等级	控制比例
S≥95	优秀	原则上10%以内
85≤S＜95	良好	原则上20%以内
70≤S＜85	称职	—
60≤S＜70	基本称职	—
S＜60	不称职	—

第十五条　特殊情况下的绩效考核

一、员工出现以下情况之一者，当年度绩效综合考评结果为基本称职：

1. 被公司给予通报批评的员工；

2. 在年度内因病、事假累计超过3个月不在岗的员工；

二、员工出现以下情况之一者，当年度绩效综合考评结果为不称职：

1. 被公司给予行政处分的员工；

2. 在年度内出现累计3次以上月度考核不合格的。

三、年度综合考评时，若女员工仍然在产假期间，评价等级不能为不称职，应在不称职以上范围评定。

四、年度综合考评时，已与公司解除劳动合同关系的员工不再参与年度综合考评，不享受年度绩效奖金。

五、送外培训员工在培训期间绩效考核管理按照公司教育培训管理制度有关规定执行。

第六章　绩效反馈

第十六条　绩效反馈定义

绩效反馈是通过直接上级与员工间的沟通，就员工在考核周期内的绩效情况进行面谈，在肯定成绩的同时，找出工作中的不足并加以改进，寻找继续提升的空间，制定绩效改进的方法。

第十七条　绩效反馈工作流程

绩效反馈的准备工作：直接上级须积极做好反馈面谈前的准备工作，拟定一个行之有效的面谈计划，并将计划告诉员工，让员工有一个心理和行动上的准备。员工的绩效表现既有表现优秀值得鼓励的地方，也有不足须加以改进之处，可采用"表扬—批评—再鼓励"的方式面谈。

年末综合考评结束后，直接上级应与员工共同填写《员工个人发展计划》(附件3)，结合员工岗位需要及个人发展意向，制订促使员工自身素质、技能提高的发展计划。

第七章 绩效结果运用

第十八条　绩效奖金

绩效奖金为员工工资总额中活的部分，员工绩效奖金基数由人力资源部按照《薪酬福利管理办法》相关规定核定，员工实得绩效奖金根据员工绩效考核结果核定发放：

1. 一般管理人员和生产员工绩效奖金基数的70%根据月度考核结果发放，绩效奖金基数的30%根据年度综合考评结果进行发放，具体按照各部门的二级绩效管理办法执行。

2. 副总工程师和部门负责人月度由人力资源部按照绩效奖金基数的70%进行预发，半年度考核结束后，人力资源部按照考核结果核算差异，于考核结束后的次月在工资中进行扣补。年度绩效奖金由人力资源部根据考评结果测算后发放。

各部门在核定的绩效奖金总额内，应将部门、员工的绩效奖金分配与部门职责、部门业绩、岗位职责、岗位业绩、员工实际贡献等直接挂钩，绩效奖金向在工作有突出贡献的车间（段、室）、班组和人员倾斜，充分发挥绩效奖金分配的导向和激励作用。原则上，各部门绩效奖金二次分配不允许截流，特殊情况留有余额的，由人力资源部统计余额情况，用于该部门次月绩效奖金分配，在考核年度内要及时清账。

第十九条　培训与发展

年度综合考评结果作为年度先进个人、运营标兵和后备人才库甄选的依据。

当年度绩效综合考评结果为不称职和连续两年绩效综合考评结果为基本称职的员工，应进入为期三个月的待岗期，并同时与直接上级一同填写《员工绩效改进计划书》（附件4），待岗期的工资发放标准按薪酬制度相关规定执行。待岗期满，部门根据《员工绩效改进计划书》的落实情况进行评估，评估合格后方可重新上岗，评估不合格由部门提出转岗建议，转岗按照人员调配相关规定执行。

参考文献

[1] 成立平. 实用班组建设与管理[M]. 北京：机械工业出版社，2015.

[2] 王明哲. 班组管理越简单越好[M]. 北京：企业管理出版社，2016.

[3] 刘小明. 管好班组就靠这几招[M]. 北京：人民邮电出版社，2016.

[4] 倪慧君. 高绩效班组建设路径探究[M]. 济南：山东大学出版社，2016.

[5] 金应锡. 班组现场质量管理[M]. 北京：人民邮电出版社，2015.

[6] 王佳锐. 班组现场绩效管理：实战图解版[M]. 北京：人民邮电出版社，2015.

[7] 慕庆国. 班组现场安全危机管理[M]. 北京：煤炭工业出版社，2015.

[8] 王延臣. 班组长安全管理[M]. 北京：中国铁道出版社，2014.

[9] 王静，杨纪明. 如何做最优秀的班组长：一线班组长成长手册[M]. 北京：中国经济出版社，2012.

[10] 姚小凤. 班组现场生产管理[M]. 北京：人民邮电出版社，2015.

[11] 张苏敏. 城市轨道交通班组管理[M]. 北京：中国铁道出版社，2013.

[12] 王斌，王效乾. 城市轨道交通班组管理[M]. 上海：上海交通大学出版社，2017.

[13] 李慧玲. 城市轨道交通班组管理[M]. 青岛：中国石油大学出版社，2017.

[14] 左忠义，韩萍，曹弋. 城市轨道运营管理概论[M]. 北京：北京交通大学出版社，2015.

[15] 交通运输部道路运输司. 城市轨道交通管理概论[M]. 北京：人民交通出版社，2012.

[16] 李适时. 中华人民共和国安全生产法释义[M]. 北京：中国物价出版社，2002.

[17] 马成正，张明春. 城市轨道交通运营安全管理[M]. 北京：中国电力出版社.

[18] 黄甜，韩庆艳，臧伟. 沟通技巧与团队建设[M]. 北京：人民邮电出版社，2013.

[19] 姚锋敏，王鹏程，韩宇峥. 管理学基础[M]. 杭州：浙江工商大学出版社，2016.

[20] 唐烨. 管理学概论[M]. 上海：上海财经大学出版社，2016.

[21] 永秀. 城市轨道交通车站运作管理[M]. 北京：机械工业出版社，2012.

[22] 上海申通地铁集团有限公司. 城市轨道交通车站客运服务[M]. 北京：中国铁道出版社，2010.

[23] 申碧涛. 城市轨道交通客运服务[M]. 2版. 北京：人民交通出版社，2012.

[24] 童丽，吴嘉维，王艳. 劳动关系管理[M]. 大连：东北财经大学出版社，2016.

[25] 梁艳. 生产现场管理[M]. 北京：北京理工大学出版社，2015.

[26] 姚裕群,许晓青. 团队建设与管理[M]. 4版. 北京:首都经济贸易大学出版社,2015.

[27] 余伯刚. 激励管理:激发员工潜能的管理之道[M]. 成都:四川大学出版社,2016.